思想的・睿智的・獨見的

經典名著文庫

學術評議

丘為君　吳惠林　宋鎮照　林玉体　邱燮友
洪漢鼎　孫效智　秦夢群　高明士　高宣揚
張光宇　張炳陽　陳秀蓉　陳思賢　陳清秀
陳鼓應　曾永義　黃光國　黃光雄　黃昆輝
黃政傑　楊維哲　葉海煙　葉國良　廖達琪
劉滄龍　黎建球　盧美貴　薛化元　謝宗林
簡成熙　顏厥安（以姓氏筆畫排序）

策劃　楊榮川

五南圖書出版公司 印行

經典名著文庫

學術評議者簡介（依姓氏筆畫排序）

- 丘為君　美國俄亥俄州立大學歷史研究所博士
- 吳惠林　美國芝加哥大學經濟系訪問研究、臺灣大學經濟系博士
- 宋鎮照　美國佛羅里達大學社會學博士
- 林玉体　美國愛荷華大學哲學博士
- 邱燮友　國立臺灣師範大學國文研究所文學碩士
- 洪漢鼎　德國杜塞爾多夫大學榮譽博士
- 孫效智　德國慕尼黑哲學院哲學博士
- 秦夢群　美國麥迪遜威斯康辛大學博士
- 高明士　日本東京大學歷史學博士
- 高宣揚　巴黎第一大學哲學系博士
- 張光宇　美國加州大學柏克萊校區語言學博士
- 張炳陽　國立臺灣大學哲學研究所博士
- 陳秀蓉　國立臺灣大學理學院心理學研究所臨床心理學組博士
- 陳思賢　美國約翰霍普金斯大學政治學博士
- 陳清秀　美國喬治城大學訪問研究、臺灣大學法學博士
- 陳鼓應　國立臺灣大學哲學研究所
- 曾永義　國家文學博士、中央研究院院士
- 黃光國　美國夏威夷大學社會心理學博士
- 黃光雄　國家教育學博士
- 黃昆輝　美國北科羅拉多州立大學博士
- 黃政傑　美國麥迪遜威斯康辛大學博士
- 楊維哲　美國普林斯頓大學數學博士
- 葉海煙　私立輔仁大學哲學研究所博士
- 葉國良　國立臺灣大學中文所博士
- 廖達琪　美國密西根大學政治學博士
- 劉滄龍　德國柏林洪堡大學哲學博士
- 黎建球　私立輔仁大學哲學研究所博士
- 盧美貴　國立臺灣師範大學教育學博士
- 薛化元　國立臺灣大學歷史學系博士
- 謝宗林　美國聖路易華盛頓大學經濟研究所博士候選人
- 簡成熙　國立高雄師範大學教育研究所博士
- 顏厥安　德國慕尼黑大學法學博士

經典名著文庫041

新工具

Novum Organum

培根 著
(Francis Bacon)
許寶騤 譯

經典永恆・名著常在

五十週年的獻禮・「經典名著文庫」出版緣起

總策劃 楊榮川

五南，五十年了。半個世紀，人生旅程的一大半，我們走過來了。不敢說有多大成就，至少沒有凋零。

五南忝爲學術出版的一員，在大專教材、學術專著、知識讀本出版已逾壹萬參仟種之後，面對著當今圖書界媚俗的追逐、淺碟化的內容以及碎片化的資訊圖景當中，我們思索著：邁向百年的未來歷程裡，我們能爲知識界、文化學術界做些什麼？在速食文化的生態下，有什麼值得讓人雋永品味的？

歷代經典・當今名著，經過時間的洗禮，千錘百鍊，流傳至今，光芒耀人；不僅使我們能領悟前人的智慧，同時也增深我們思考的深度與視野。十九世紀唯意志論開創者叔本華，在其〈論閱讀和書籍〉文中指出：「對任何時代所謂的暢銷書要持謹慎的態度。」他覺得讀書應該精挑細選，把時間用來閱讀那些「古今中外的偉大人物的著作」，閱讀那些「站在人類之巔的著作及享受不朽聲譽的人們的作品」。閱讀就要「讀原著」，是他的體悟。他甚至認爲，閱讀經典原著，勝過於親炙教誨。他說：

「一個人的著作是這個人的思想菁華。所以，儘管一個人具有偉大的思想能力，但閱讀這個人的著作總會比與這個人的交往獲得更多的內容。就最重要的方面而言，閱讀這些著作的確可以取代，甚至遠遠超過與這個人的近身交往。」

爲什麼？原因正在於這些著作正是他思想的完整呈現，是他所有的思考、研究和學習的結果；而與這個人的交往卻是片斷的、支離的、隨機的。何況，想與之交談，如今時空，只能徒呼負負，空留神往而已。

三十歲就當芝加哥大學校長、四十六歲榮任名譽校長的赫欽斯（Robert M. Hutchins, 1899-1977），是力倡人文教育的大師。「教育要教眞理」，是其名言，強調「經典就是人文教育最佳的方式」。他認爲：

「西方學術思想傳遞下來的永恆學識，即那些不因時代變遷而有所減損其價值的古代經典及現代名著，乃是眞正的文化菁華所在。」

這些經典在一定程度上代表西方文明發展的軌跡，故而他爲大學擬訂了從柏拉圖的《理想國》，以至愛因斯坦的《相對論》，構成著名的「大學百本經典名著課程」。成爲大學通識教育課程的典範。

歷代經典．當今名著，超越了時空，價值永恆。五南跟業界一樣，過去已偶有引進，但都未系統化的完整舖陳。我們決心投入巨資，有計畫的系統梳選，成立「經典名著文庫」，希望收入古今中外思想性的、充滿睿智與獨見的經典、名著，包括：

- 歷經千百年的時間洗禮，依然耀明的著作。遠溯二千三百年前，亞里斯多德的《尼各馬科倫理學》、柏拉圖的《理想國》，還有奧古斯丁的《懺悔錄》。
- 聲震寰宇、澤流遐裔的著作。西方哲學不用說，東方哲學中，我國的孔孟、老莊哲學，古印度毗耶娑（Vyāsa）的《薄伽梵歌》、日本鈴木大拙的《禪與心理分析》，都不缺漏。
- 成就一家之言，獨領風騷之名著。諸如伽森狄（Pierre Gassendi）與笛卡兒論戰的《對笛卡兒沉思錄的詰難》、達爾文（Darwin）的《物種起源》、米塞斯（Mises）的《人的行爲》，以至當今印度獲得諾貝爾經濟學獎阿馬蒂亞．

森（Amartya Sen）的《貧困與饑荒》，及法國當代的哲學家及漢學家余蓮（François Jullien）的《功效論》。

梳選的書目已超過七百種，初期計劃首爲三百種。先從思想性的經典開始，漸次及於專業性的論著。「江山代有才人出，各領風騷數百年」，這是一項理想性的、永續性的巨大出版工程。不在意讀者的眾寡，只考慮它的學術價值，力求完整展現先哲思想的軌跡。雖然不符合商業經營模式的考量，但只要能爲知識界開啓一片智慧之窗，營造一座百花綻放的世界文明公園，任君遨遊、取菁吸蜜、嘉惠學子，於願足矣！

最後，要感謝學界的支持與熱心參與。擔任「學術評議」的專家，義務的提供建言；各書「導讀」的撰寫者，不計代價地導引讀者進入堂奧；而著譯者日以繼夜，伏案疾書，更是辛苦，感謝你們。也期待熱心文化傳承的智者參與耕耘，共同經營這座「世界文明公園」。如能得到廣大讀者的共鳴與滋潤，那麼經典永恆，名著常在。就不是夢想了！

二〇一七年八月一日 於

五南圖書出版公司

導讀

國立臺灣師範大學教育系退休教授　林玉体

1.之所以有書名《新工具》（*Novum Organum, New Organon*），必因有「舊工具」而引發新舊兩書的對比。集希臘思想大成的亞里斯多德（Aristotle），著作浩瀚，其中之一，就是《工具》；該書從希臘文原作經中世紀學者拉丁譯爲*Organum*，英譯則爲*Organon*。爲學除了稟賦優異且用功甚勤之外，尤須有「方法」或「工具」輔佐，則成就之大，必有如虎之添翼。連中國古人也會說：「工欲善其事，必先利其器」；有繩墨或量尺圓規在手，則畫直線或圓圈，庸才也可臻上智之水準；「平等」往上拉，智愚表現也較能臻水平。可惜這個古國的學者，一向是「講得全畚箕，作不到一湯匙」；雖也難得有足以傲於外人的印刷術、火藥、及羅盤之三大發明，但對爲學之方法或工具，卻不但等閒視之，且鄙之爲雕蟲小技或無足掛齒。

亞里斯多德的工具，就是「演繹法」（deductive）。由「根本」推及「細節」，由「本」到「末」，由「全」到「部分」，由「抽象」到「具體」，由「一」到「多」。最具代表性的典型例子就是「三段論式」（syllogism）。這該是稍稔西洋學術史者所通曉。他還舉例如下：

All men are mortal.（凡人皆死）

Socrates is a man.（蘇格拉底是人）

Therefore, Socrates is mortal.（所以，蘇格拉底必死）

凡生命有始，則必有終；有生命體是「必」死的（mortal）。全部的人，及個別的蘇格拉底，必有壽命終了之時。三段論式成爲希臘、羅馬、中古世紀，及其後學校課程之一，稱爲「辯證」（dialectic），且列爲「七藝」（Seven liberal arts）之一，也是「前三藝」（trivium）之一；前三藝即文法（grammar）、修辭（rhetoric）及辯證；後四藝（quadrium）則有天文（astronomy）、算術（arithmetic）、幾何（geometry）、及音樂（music）。其後學者用心著墨於辯證者尤多，即今通稱之「邏輯」（logic）。遺憾的是，雄霸中國學術的儒家，對此卻極爲漠視。民間藝匠還暢言：「鴛鴦繡取從君看，不把金針度予人」。即令「功夫」或「醫術」超群的師父，更寧願獨門工夫失傳。祖傳祕方怎可輕易脫手？因之工具或方法在禁閉環境中，未見推陳出新，也不接受挑戰、比較、或挑剔。學術之無法長進，自是必食的惡果！

培根年僅十二即求學於英國第二最老牌的知名大學劍橋（Cambridge），當時學風是亞里斯多德當道，威權主義盛行，師生熟背古籍經典，卻不實是求是，更不尋求以「經驗」（experience）或「常識」（common sense）爲據。此種學風，怎能令這位第一位現代化科學家的年輕人心服，遂憤而退學。本書中也提到當時的最新工具望遠鏡（telescope）已發明，從中看出太陽裡有黑點，但復古又崇古的當局，竟然反譏訓斥，力闢此種新見之大謬特誤。還口口聲聲的以亞氏著作爲依，因爲亞氏書中並未提及此事。神學家更把太陽喻爲上帝，又哪有黑點玷汙？若以爲太陽有黑點，必有兩因：一是取望遠鏡視之者，自己有眼疾，其二即該望遠鏡本已受汙。中國人有句成語，「欲窮千里目，更上一層樓」。但這是苦肉計，猶如爲防讀書生厭，該置尖針於伏案前，俟昏睡時能受針刺而驚醒。試問更上十幾層樓，也無法有如同望遠鏡之功效！換言之，一只望遠鏡，就勝過千里目！且有千里目者，人間罕見，但現在一般人都會使用望遠鏡。

即使古早有對工具之重視，但培根卻譏爲「舊」，而擬以「新」代之，這就是《新工具》一書的醒目書名。他之名震學林，也因本書具有時代及歷史意義；他公然向當時的「至聖」、「絕學」或「先師」、且獨享「哲學大師」（the Philosopher）頭銜的亞氏單挑。本書寫作文字，仍本諸於當時學風，雖然母語的英語已勢力崛起，但學術壓箱物的工具語文：拉丁，仍不動如山。培根雖憤於劍橋學風，但他的古今語文造詣極佳。因此本書有兩種版本，即使在英文版中也仍不時出現拉丁語文。

漢譯譯者使用的許多譯文，不少用字遣詞或專有名詞已與今相差甚大，人名、地名也今昔有別。不過，並不減低該譯文之價值。並且，培根原作出版後，由於先看書名就令人一新耳目，故有不少名學者予以支持，但糾正或批評者也多。不過，至少他的《新工具》，已足足擺平了長久以來由舊工具所占的不當比重。

2.「舊工具」是「演繹法」，這是與「理性主義」（rationalism）相伴相隨的；英國是「經驗主義」（empiricim）的大本營，且出身英國最古老大學牛津（Oxford University）的老培根（Roger Bacon, 1214-1294）早比新培根更高舉「歸納法」（inductive）來與演繹法相頡頏。顧名思議，歸納法的爲學方向，恰與演繹法相左。注重個別的、具體的、感官的、部分的資料，作爲學的出發點。歸納邏輯對立於演繹邏輯，下例即可知其梗概：

蘇格拉底是人
柏拉圖是人
亞里斯多德是人
……
且蘇格拉底必死
……
所以，凡人必死

「新工具」與「舊工具」兩相對照，一眼即看出，二者針鋒相對。新工具要爲舊工具的「前提」（premise），找出固若磐石的推論基礎。同是英國的兩位培根，發現老工具之「演繹」（前提），若作爲推論最不可移的底座，有些是在具體經驗上無法獲得證實的。前提若動搖了，則結論又怎能屹立仍存呢？不少古訓或座右銘，人們奉之不渝的「至理名言」，不但無法經由「歸納」而得，還與具體經驗大相牴觸。演繹法之「前提」（根基），若有「反例」（counter example），且反例也不必多，一個即夠，就足以使之倒塌崩潰。尤其演繹法的不少用語，極爲不妥又不當；其中之一，即「必」。如：「話說天下大勢，合久必分，分久必合」。此種歷史「巨觀」，架勢十足，但惑人也深，誤人更大。肇禍的關鍵字是「必」。另一就是用字曖昧，如「久」，試問「久」以何標準計算？久若是無限，則了無意義；若有窮，則歷史上的反例頗多。當年波蘭天文學者哥白尼（Nicolas Copernicus, 1473-1543）提出驚天動地的地動說（heliocentric，即太陽中心說），推翻了天動說（geocentric，即地球中心說）；爲了撫平教會當局的憤怒，乃提出該說也只不過是一種「假設」（hypothesis）——有可能「假」，但也有可能「眞」啊！最能站穩腳步的論斷，是不該鐵齒，或以不充分的證據就以爲是金科玉律了。傳統權威之不足以服人，除了用語不許以「必」之外，就得傾聽來自於個人感官經驗的寶貴資料。學說之踏實紮根，經驗主義及理性主義，演繹法及歸納法，都不該「二分」（dichotomy），而該兩者得兼；這就是其後綜合兩者的「設證法」（abductive）最彌足珍貴之處。經驗主義也走向「實驗或試驗」主義（experimentalism）之路，這都得拜兩位培根的卓見。

新培根比老培根在學術造詣上，或許不相上下。但新培根是當時政界及學界紅人，因之影響力更超過老培根。其實新培根在《新工具》一書中的不少說法，甚至舉例或原則，早由老培根提起，讀者該把兩位培根的學說相互對照。

3. 本書分兩部分，首先所提的是妨礙求得眞知的心理障礙；這部分重複老培根所早已論述的「偶像」（idols）崇拜：即種族偶像（idols of the tribe）、洞穴偶像（idols of the cave）、劇場偶像（idols of the theater）、及市場偶像（idols of the market place）。

(1) 種族偶像：人不該自誇自豪是萬物之靈，反而在「實」情上，人不如動植物者多；「人，力不如牛，跑不如馬」。人的視力，晚上不如貓頭鷹或暗光鳥（夜鷺），這都是多人所知的事實；其次，有些種族狂妄的揚言，侮辱其他種族禽獸不如，鄙視他族爲、番、夷、羌、狁、狺、獞。把Hawaii譯爲「夏威夷」，自稱爲宇宙中心之國——「中國」，他國皆是邊陲，該向中國朝貢納獻。

(2) 洞穴偶像：襲自柏拉圖的洞穴寓言，視昏暗爲眞實；且控訴並迫害首見陽光的先知先覺；自己是習慣的奴隸而不自知。

(3) 劇場偶像：以虛爲實，以假爲眞，且樂在其中。

(4) 市場偶像：語文傳播二手貨的道聽塗說，謠言也難以止於智者；眾口鑠金，積非成是。

其次，培根常以三種昆蟲來比喻求學認知。有些人如蜘蛛，口中吐絲結成完密精緻的蛛網，但捕不到一隻蚊蠅；暗示此種人，就是只重形式而無補實際的書蠹或書呆子，這不是如同演繹法的重大缺陷嗎？其次，有些人努力作工，辛勤一輩子，從早忙到晚，不得休閒，似螞蟻的以堆積爲能事。至於第三種的蜜蜂，則最值得人類仿效學習，先是有所選擇的採集花粉，這是外在工夫；卻更有內在的釀蜜工作，把原料改裝成珍貴蜂蜜，也是「學」（外）「思」（內）並重的成果。螞蟻式的工作類似經驗主義者的通病，試驗或實驗主義者的爲學，則形同蜜蜂。其後英哲小米爾（John Stuart Mill）有《系統邏輯》（*A System of Logic*）一書使培根的《新工具》更臻完美；該書也令漢文學者嚴復（1853-1921）推崇有加，以《穆勒名學》漢譯之。而美國最具天分的哲學家之一，皮爾斯（Charles Sanders Peirce, 1839-1914）更以「假設」（hypotheses）連合「求證」（verification）而形構出「設證法」（abductive），把deductive，inductive兩種平階，予以超越而臻abductive，科學式的邏輯就大功告成了。歐美學術研究的推陳出新，方法的完善，設證法居功最偉。

第二部分，培根花了加倍的篇幅，具體的把自己奉獻於科學的實驗與觀察工作向學界作了一翻剖白與報告。他對火及熱最爲熱衷，此種研究當時稱爲「自然哲學」（natural philosophy）。科學與哲學相合，兩者分不了家。理科較專的讀者，看了也許認爲其中的研究成果，有點過時，且不免有謬誤，這是學術研究免不了的代價。至於以文科爲主的讀者，相信讀了有倍感吃力之痛苦，且不少科學的專有名詞甚多。不過，也該欽佩培根研究範圍之廣泛且博覽群書，見多且識廣。當時的地理大發現，提供他寶貴的一手資料。以今日科學研究的水準評之，容或有落伍之憾。但錯誤或失敗，不也是成功之母嗎？號稱第一位現代化科學家的培根，也並非十全十美者；他對英人哈維（William Harvey, 1578-1657）的血液循環之發現，卻連耳聞也無；哥白尼在天文學大發現的太陽中心說，他甚至持反對態度，更對數學不感重要與興趣。殊不知數學爲一切學科之母。晚他數年出生的法國大師笛卡兒（Rene Descartes, 1596-1650），是第一位現代化哲學家，更在解析幾何學上大有建樹，且以《方法論》（*Discourse of Methodology*）爲書名。「方法」與「工具」，兩者異名而同實。歐陸法國的笛卡兒，在數學上先見頗多，可補英吉利海峽對岸培根的不足。

4. 除了上述數項爲環球哲學史上重要的內容及範例之外，培根留下一些名言也爲後人津津樂道，其中之一就是：「知識即權力」（knowledge is power），出現在《新工具》第一部分的第三節；英文原文是Human knowledge and human power meet in one。他緊接著希臘三哲以還的重知主義（intellectualism）傳統給後繼者踵事增華，不遺餘力；迄今，此種思想仍是歐美思想主流，與東方之「泛德主義」「panmoralism」互別苗頭。嚴肅的說，德及知，都是人生兩大目標；但德如未建立在知上，則愚德、蠢行、憨忠，就接踵而至；循至於公德不彰，私德也不敢見人；而知識之倒退，民生之疾告，厲疫之橫行，暴政之頻傳，必接二連三而至；培根發出警句，享權力者該有知識；也只有眞知者，才夠資格握有權力。而尋覓眞知之途徑，非講求方法並善用工具不可。知識使人想得多、識得廣、知得深。除此之外，更要注重「實用」，須有助於民生福利、社會安寧、世界和平，並掃除不公平之階級歧視及淩虐。培根是位篤信耶教不二的虔誠教徒，對英王室也效忠無異心。具備這些條件的讀書人，一生稟其優異天分，在知上勤下功夫，又有新工具及方法佐之，則不僅「知」（knowledge）上能勝過前人，且在「智」（wisdom）上也更符合「哲學」（philosophy）之原始定義。知識人不只享有權力，且知識也與智慧相形相隨，亦步亦趨。他的著作在純科學層面上爲後學者迎頭趕上或後來居上之外，在「智慧」面上仍能大放光明。因之，他的著作列爲世界名著，令人百讀不厭，該作爲所有讀書人珍惜且時而取之作爲咀嚼的思想佳餚。哲學家當國王（philosopher-king）不正是柏拉圖的願望，不也是培根朝暮期望「智者」（哲學家）掌有「大權」嗎？而非暴君或殺人魔王登基！

研讀外文之漢譯，最「實用」的宗旨，就是他山之石可以攻錯；擷取其精華，反省種族的過去自大狂（ethnocentrism）此種心盲之「偶像」。至於工具之新舊、方法之今昔，就「進步」指標而言，一定要訴諸於「用」，否則徒託空言、紙上談兵、「滿紙荒唐言」，虛擲讀書人的心思、腦筋及時光。新舊工具，表面上只是「文化」的外層或皮相，底層才是核心果仁。底層即「觀念」也是「根本」。有根爲本的工具或方法，才能禁得起千年時光的考驗！

5. 俗云：一生玩蛇的人，命運卻結束在玩蛇上。培根熱衷科學實驗，時值最寒冬季之際，下雪盈尺，他認定冷空氣可以保存食物，乃「言出必行」，立刻動身到室外雪堆中取了不少白雪，把一隻雞殺了，塞雪於雞肚內，竟因而感冒而不治於支氣管炎（bronchitis）。

生時在政壇周旋，在法界居重要地位。一生著作很多。讀者應利用機會讀一讀他的全集。旅英的讀者，當可在倫敦街頭看到有培根的雕像。在哲學史上任何一本哲學史的寫作，培根必然占著不少頁數，他是引領歐美學界步向新旅途的一顆耀眼之熠熠巨星。對比之下，東方學界罕見此種擒賊先擒王的作風，更難出現撼動傳統思想習慣的先知先覺。儒家思想籠罩中國整個學術界，到了二十世紀初才偶見有「打倒孔家店」、「線裝書丟到毛坑去」、或「全盤西化」那種令守舊之士咬牙切齒的駭世驚俗口號；但或許力道比不上培根之具有暮鼓晨鐘之功。革命必先革心。有機會該再三的重讀培根在《新工具》一書上為「去除偶像」大展神威。十年前（2008）臺灣李日章教授付梓一本書，名為《還原儒家，告別儒家》（台北康德出版社），似乎擬步培根後塵。可惜他未能掀起旋風，刮起大浪。儒學陰影之下的學界，老氣橫秋，實有必要一再地回味培根《新工具》一書的內容及精神。

兩千多年前，蘇格拉底（Socrates, 470-399B.C.）一本希臘神諭《知爾自己》（*Know yourself*），作為一生的準則。但「知己」又何其容易，或許「知（他）人」反而較有收穫。讀洋書，旨在知別人；看譯文，也正是提供知己的一種借鏡，更是獵取新知的「工具」；工具有新舊，有好壞，一再或全面的只重古而歧視今，這是不知長進。道無「至道」，學無「至學」，聖無「絕聖」，人無「完人」。只重「傳」而貶抑「創」的國度，猶等於長不大的種子。培根為學的旨趣，或許也給馬克思（Karl Marx, 1818-1883）一盞明燈：多數哲學家的努力不應只停止在「說明」或「闡釋」歷史上，卻該「改變」歷史；而改變的旨趣，是要改「善」的。爲學的使命感也該在此，痛下功夫。歐美史上的大師所提及的「演繹法」、「歸納法」、及總其成的「設證法」，都不是三言兩語就了事，更不是如同孔子名言：「學而不思則罔，思而不學則殆」，就足以爲儒門子孫奉爲至理名言，卻需將上述各「法」（工具），撰述成洋洋數十萬言的著作。披讀譯文或外文，如不作反省自己的「工具」，則不只「方法」（means）（工具）之底蘊惘然，且「方向」（aims）也失。本短文作爲導讀，希漢文讀者能銘記於心！

此外，馬克思的徒子徒孫，竟然不明就理的把培根歸類爲唯物論者（materialists）之一，培根除了看重「物」之外，也強調「心」（或「精神」）之功能。「物」之蒐集，必賴「心」予以歸納。即令馬克思本人除了強調「物」之重要地位外，也不忽視心靈上的需求。將materialism漢譯爲「物論」，還可接受；但以「唯物論」譯之，就不妥且失眞。一字之差，漢譯者不可不愼！讀者更該省察！

二〇一八年七月四日

序言[1]

有些人自以爲是的把自然界法則作爲已被搜尋到和已被清楚瞭解而加以規定，無論是出於簡單化的保證口吻，或者是出於職業化的矯飾說法，都會帶給哲學及各門科學很大的傷害。因爲，這樣做固然能夠成功取得人們相信，卻也同樣有效遏止人們的探討；而破壞和截斷他人努力所致的害處是多於他們自己努力所獲得的好處的。另一方面，也有些人採取了相反的途徑，斷言絕對沒有任何事物是可解的——無論他們得到這種見解是出自於對古代詭辯家的憎恨，或者是由於心靈的游移無准，甚至是由於對學問的專心——他們這樣無疑是推進了理性對知的要求，而這正是不可鄙薄之處；但是他們卻既非從眞的原則出發，也沒有歸到正確的結論，熱情和驕氣又把他們帶領得過遠了。[2]較古的希臘人[3]（他們的著作已軼）

1 拉丁文爲Novum Organum，這是針對古希臘哲學家亞里斯多德（Aristotle）所著《工具論》（*Organum*）一書而命名的。——譯者

2 關於上述兩種學派，參見第一卷語錄六七。——譯者

3 參見第一卷語錄七一。——譯者

則本著較好的判斷在這兩個極端之間採取了折衷的立場：一個極端是對一切事物都妄自論斷，另一個極端是對任何事物都不抱希望瞭解。他們雖然經常痛苦地抱怨探討之不易，事物之難知，有如無耐性的馬匹用力咬其銜鐵，可是他們仍毫不放鬆緊追他們的對象，竭力與自然相搏；他們似乎認爲事物究竟是否可解這個問題不是辯論所能解決的，只有靠試驗才能解決。可是由於他們一味信賴自己理解的能力，也不曾應用什麼標準、法度，而是把一切事物都訴諸艱苦的思維，訴諸心靈的不斷動作和運用。

至於我的方法，做起來雖然困難，說明卻很容易——我提議建立一列通到準確性的循序升進的階梯。感官的證驗，在某種校正過程的幫助和防護之下，我是要保留使用的。至於那隨感官活動而起的心靈動作，大部分我都加以排除；我要直接以簡單的感官知覺爲起點，另外開拓一條新的、準確的通路，讓心靈循以行進。那些重視邏輯[4]的人們顯然早就有所感這一點的必要性；他們重視邏輯正表明是在爲理解力尋求幫助、正表明他們對於心靈的那

4 拉丁文原本中把dialectica和logica兩個名詞，有時交替使用，有時分別使用，而英文本一律譯作logie。按：dialectica是古希臘學者們以對話問難的辦法追出矛盾、求得眞理、克服論敵的一種方術（爲別於後來的名同而實異的「辯證法」起見，擬譯爲「問難術」），三段論式的邏輯是和它有聯繫但也有不同的。如本序言中所有「邏輯」字樣，似可據原本改譯。以後各條，不一一具注。——譯者

種自然的和自發的過程沒有信心。但是，當心靈經過日常生活中的交替和行事已被一些不健全的學說所占據，已被一些虛妄的想像所圍困的時候，這個藥方就嫌來得太遲而無法有所補救。因此，「邏輯」既如我所說的來救已晚，已經無法把事情改正，不但沒有發現眞理的效果，反而把一些錯誤固定起來。現在我們要想恢復一種健全和健康的情況，只剩一條途徑，那就是把理解力的全部動作另作一番開始，從一起始對心靈本身就不任其自流，而要步步加以引導；而且這事還要做得像機器所做的一樣。如同，在機械力的事物方面，如果人們不借助於工具的力量而赤手從事；如同，在智力的事物方面，如果人們也一無憑藉而僅靠赤裸裸的理解力去進行工作，那麼，縱使他們聯合起來盡其最大的努力，所能獲得的成就恐怕總是很有限的。現在且在這個例子上稍停下來深入透視一下，我們設想有一座巨大的方塔爲了要表彰武功或其他偉績而須移往他處，而人們竟赤手空拳從事工作，試問一個清醒的旁觀者是否會認爲他們瘋了呢？假如他們去招請更多的人手，以爲那樣就能把事情辦妥，試問這位旁觀者豈不認爲他們是瘋得更厲害了？假如他們又進而有所挑選，排除老弱而專用精壯有力的人手，試問這位旁觀者能不認爲他們更是瘋到空前的程度了嗎？最後，假如他們還不滿足於這種辦法而決定求助於體育運動的要領，叫所有人手都按照運動的規則把手臂肌肉抹上油、搽上藥……，試問這位旁觀者豈不要大聲喊叫，說他們只是在用盡苦心顯示自己瘋得有方法、瘋得有計畫嗎？而人們在智力的事情方面卻正以此進行——也正是同樣作發瘋的努力，也正是同樣求無用的並力。他們也是希望從人數和合作中，或者從個人智慧的卓越和敏銳中，得出偉大的事物；是的，他們也還曾力圖使用邏輯來加強理解力，正如用運動要領之加強肌肉。但是這一切的勤苦和努力，要眞正的判斷說來，只不過是始終使用著赤裸裸的智力罷了。實則，每一巨大的工作，如果沒有工具和機器而只用人的雙手去做，無論是每人用力或者是大家合力，顯然都是不可能的。

在提出這些前提之後，我還有兩件事情要提醒人們不要忽視。第一點，當我想到要減少反對和憤慨，我看到慶幸的結果是，古人們所應有的榮譽和尊崇並未由我而有所觸動或有所減少；而是既能實現我的計畫又能收到謙抑的效果的。假如我是宣稱與古人走同一道路，而我卻要產出較好的事物，那麼，在我和古人之間就必然會在智慧的能力或卓越性方面發生一種比較和競賽（無論用任何修飾的詞令也是不可避免的）。雖說這也並沒有什麼不合法或什麼新奇之處（如果古人對於某些事物有了錯誤的瞭解和錯誤的論定，我又爲什麼不可使用大家所共有的自由來和它立異呢？）但是這一爭論，不論如何正當和可恕，以我的力量來自量，終將是一個不相匹敵的爭論。但是，由於我的目的只是要爲理解力開拓一條新路，而這條新路乃是古人所未曾試行、所未曾知道的，那麼事情就完全不同了。在這裡，門戶派別的熱氣是沒有了；我只是作爲一個指路的嚮導而出現，而這又是一個權威很小的職務，依賴於某種幸運者多，依賴於能力和卓越性者少。這一點是僅關於人的方面，就說到這裡。至於我所要提醒人們的另一點，則是關於事情本身的。

希望大家記住，無論對於現在盛行的那種哲學，或者對於從前已經提出或今後可能提出的比較更爲正確和更爲完備的哲學，我都是絕不願有所干涉的。因爲我並不反對使用這種已被公認的哲學或其他類似的哲學來供爭論的題材、談話的裝飾及教授講學之用，甚至供生活職業之用。不僅如此，我還進一步公開宣布，我所要提出的哲學是無甚可用於那些用途的，它不是擺在途中的、也不是在過路時猝然拾起的；它不求合於先入的概念，以諂媚人們的理解，除了它的效用和效果可以共見外，它也不會降低到適於一般世俗的瞭解。

因此，就讓知識中有雙流兩派吧！這對兩者都好；同樣，也讓哲學家中有兩族或兩支吧！兩者不是敵對或相反的，而是藉相互服務而結合在一起的。簡言之，有一種培養知識的方法，另有一種發明知識的方法，我們就聽其並存。

誰認爲前一種知識比較可取，不論是由於他們心情急躁、或者是由於他們縈心業務、或者是由於他們缺乏智力來收蓄那另一種知識（多數人的情況必然是這樣），我都願意他們能夠滿其所欲，得其所求。但是如果另外有人不滿足於停留在和僅僅使用那已經發現的知識，而渴欲進一步有所鑽掘；渴欲不是在辯論中征服論敵而是在行動中征服自然；渴欲尋求不是那美妙的、或然的揣測而是準確的、可以論證的知識；那麼，我就要邀請他們全體都作爲知識的眞正的子民來和我聯合起來，使我們經過罪人所踏到的自然的外院，最後還能找到一條道路進入到內室。現在，爲使我的意思更加清楚並以命名的辦法來使事物變得熟悉起見，我把上述兩種方法或兩條道路之一稱作**人心的冒測**，[5]而另一個則稱作**對自然的解釋**。

此外，我還有一項請求。在我自己這方面，已決定小心和努力，不僅要使我所提出的東西是眞實的，而且還要把它們表達得在不論具有多麼奇怪的成見和障礙的人心之前都不生硬也不難受。但另一方面，我也不能說沒有理由（特別是在這樣一個偉大的學術和知識的復興工作當中）要求人們給我一種禮遇作爲報答，而這就是：假如有人要對我的那些思考提出意見和判斷，不論是出於他們自己的觀察，或者是出於權威，又或者是出於一些論證的形式（這些形式現在已經取得了像法律一樣的強制力），我懇請他不要只是在順路一過之中做這事；請他要把事情澈底考察一番；請他要把我所描寫、所規劃的道路親身小試一下；請他要讓自己的思想對經驗所見證的自然的精微熟習起來；還請他要以適度的耐心和應有的遲緩把自己心上根深蒂固的陳腐習慣加以改正：當這一切都已做到而他開始成爲自己的主人時，假如他願意，那麼就請使用自己的判斷吧！

5 拉丁文爲anticipatio，英譯文爲anticipation；培根使用這字，有其獨具的意義，第一卷語錄一九、二六中有確切的說明；通常譯作「預測」或「推測」，似不恰當；我試譯爲「冒測」，以供商榷。——譯者

目次

語錄 關於解釋自然和關於人的領域[1]

1 拉丁文爲aphorismi，英譯文爲aphorism；培根在第一卷語錄八六中對這種文體有所述說，我據以譯作「語錄」，試供商榷。——譯者

第一卷[1]

1 本卷語錄一—一三〇條，旨在「先爲人心做好準備，以便去理解並接受下卷所說的東西」。這又從兩方面來做：首先「刷洗、打掃和鏟平心的地面」，就是廓清「某些舊見解的強烈成見」（語錄一—一一五，是「破壞部分」）；然後，另一方面，「還要把心放在一個好的位置，亦可說是一個便利的方位上，去看擺在它面前的東西」，就是使人們對所介紹的新事物不先存「一種虛妄的預想或預期」而先得「一些健全的和眞確的看法」（語錄一一六—一三〇，爲下卷，或可說是「建設部分」預作交代）。前一方面或前一部分，按其內容實質說，包含著三個駁辯：一是關於任其自流的人類天然理性的駁辯；二是關於論證的駁辯；三是關於學說亦即關於公認的哲學體系和教義的駁辯。參見第一卷語錄一一五。——譯者

一

人作爲自然界的臣相[2]和解釋者，所能做、所能懂的只是如他在事實中或思想中對自然進程所已觀察到的那樣多，也僅僅那樣多：在此以外，是既無所知，亦不能有所作爲。

二

赤手做工，不能產生多大效果；理解力如聽其自理，也是一樣。事功是要靠工具和助力做出的，這對於理解力和對於手是同樣的需要。[3]手用的工具不外是供以動力或加以引導，同樣，心用的工具也不外是對理解力提供啟示或示以警告。

---

2 拉丁文爲naturae minister，英譯文作servant of nature；英譯本原注指出：據西元二世紀時希臘名醫蓋倫（Galen）在其著作中所屢次引述，希波克拉特（Hippocratos，西元前第五世紀時希臘名醫，號稱「醫學之父」）曾稱醫生爲naturae minister。這句話似乎是說醫生有「參贊謀畫」的作用；培根襲用此詞來說明人在自然中的地位，似乎亦有此意；若譯爲「臣僕」或「僕從」，似未盡達，故譯作「臣相」，試供商榷。——譯者

3 參見序言第二段。——譯者

三　人類知識和人類權力歸於一；因爲凡不知原因時即無法產生結果。要支配自然就須服從自然；[4]而凡在思辨中爲原因者在動作中則爲法則。

四　在獲致事功方面，人所能做的一切只是把一些自然物體加以分合。此外則是自然在其內部自己去做的了。[5]

4 參見第一卷語錄一二九，第七段；第二卷語錄一、二、三、四。——譯者

5 在第一卷語錄七五中，培根似乎否定了這條所說的意思。他在另一著作*De Augmentis Scientiarum*第二卷二章中又企圖結合這兩種見地。

五 著眼於事功的自然研究是爲機械學家、數學家、醫生、[7]煉金家和幻術家所從事著；但都如現在的情況，努力甚微，成功亦少。[6]

六 期望能夠做出從來未曾做過的事而不用從來未曾試過的辦法，這是不健全的空想，是自相矛盾的。

6 參見第一卷語錄八五。——譯者

7 基欽（G. W. Kitchin）評注說：說到機械學家、數學家和醫生，培根的這段評議就在他著作此書時已經被證明是錯誤的。那時，機械學方面已經產生了速度計量器、望遠鏡和其他一些有用的巧制；數學方面亦有開普勒（Kepler）和伽利略（Galileo）等人大堪矜誇；而哈維（Harvey）和吉爾伯特（Gilbert）的一些發現則爲醫學研究開闢著新的天地。

七　從許多書籍和許多製造品看來，心和手所產出的東西是很多了。但所有這些花樣乃是出於少數已知事物的精簡和引申，而無關於原理[8]的數目。

八　並且，已得的一些事功還是得自偶遇和經驗[9]而非出於科學；因爲我們現在所擁有的科學只不過是把若干已經發現的事物加以妥善調整並予以提出的一些體系，而並不是什麼發明新事功的方法或對新事功的指導。

8　參見第一卷語錄八五、一〇三、一〇四。——譯者

9　拉丁本原文爲experientiae，英文本譯作experiment。弗勒（Fowler）教授指出，這是指感覺經驗而言，有別於透過正當指導的觀察和實驗。——譯者

九

在各種科學當中，幾乎一切毛病的原因和根源都在這一點：我們於虛妄地稱讚和頌揚人心的能力之餘，卻忽略了爲它尋求眞正的幫助。

一〇

自然的精微較之感官和理解力的精微遠遠高出若干倍[10]，因此，人們所醉心的一切「像煞有介事」的沉思、揣想和詮釋等等實如盲人暗摸，離題甚遠，[11]只是沒有人在旁注視罷了。

---

10 基欽指出，關於這種自然的精微，培根似乎認爲，要查究到隱祕過程和隱祕結構，要發現出模式，就可揭示出來，閱讀第二卷可見。——譯者

11 若照拉丁本原文字面直譯，應譯作「實是發瘋的事」。揣其意思是：這些揣想既是根據對於這事的不確當的想法而作，所以必然遠遠摸不著眞理的邊，看來只像是發瘋，正如一個蒙住眼捉迷藏的人，在旁觀者看來像是在發瘋一樣。

一一[12]

正如現有的科學無法幫助我們找出新事功，現有的邏輯亦無法說明我們找出新科學。

一二

現在所使用的邏輯，與其說是說明著追求眞理，毋寧說是幫助著把建築在流行概念上面的許多錯誤固定並鞏固起來。所以它是弊多於利。

一三

三段論式不是應用於科學的第一性原理，[13]應用於中間性原理又屬徒勞；這都是由於它本不足以匹配自然的精微之故。所以它是只就命題迫人同意，而無法抓住事物本身。

---

12 弗勒指出，從語錄一一——一四應當連起來看；它們說明培根對於舊邏輯的整個非難。——譯者

13 弗勒指出，這相當於亞里斯多德所說的「最後原理」；他經常申言，這種「最後原理」既是三段論所從以出發的最後大前提，所以它本身是不容使用三段論式來證明的。——譯者

一四

三段論式爲命題所組成，命題爲字所組成，而字則是概念的符號。所以假如概念本身（這是這事情的根本）是混亂的以及是過於草率地從事實抽出來的，那麼其上層建築物就不可能堅固。所以我們的唯一希望乃在一個眞正的歸納法[14]。

一五[15]

我們的許多概念，無論是邏輯的或是物理的，都並不健全。「本體」、「屬性」、「能動」、「受動」及「本質」自身，都不是健全的概念；其他如「輕」、「重」、「濃」、「稀」、「溼」、「燥」、「生成」、「毀滅」、「吸引」、「排拒」、「元素」、「物質」、「模式」以及諸如此類的概念，就更加不健全了。它們都是憑空構想的，都是界說不當的。

---

14 這裡第一次提到眞正的歸納法。參見第一卷語錄一〇四、一〇五、一〇六；注意語錄一七、六九和一〇五中對普通歸納法的批判。——譯者

15 本條和下一條應與第一卷語錄六〇一起看。——譯者

一六

另一些屬於較狹的概念，如「人」、「狗」、「鴿」等等，以及另一些屬於感官直接知覺的概念，如「冷」、「熱」、「黑」、「白」等等，其實質性不致把我們引入迷誤；但即便是這些概念有時仍不免因物質的流動變易和事物彼此摻和之故而發生混亂。至於迄今爲人們所採用的一切其他概念，那就僅是些漫想，不是用適當的方法從事物抽出而形成的。

一七

這種任意性和漫想性，在原理的構成中也不減於在概念的形成中；甚至即在那些確實藉普通歸納法[16]而獲得的原理中也不例外；不過總以在使用三段論式所繹出的原理以及較低級的命題中多更多。

[16] 弗勒指出，這是指那種僅憑簡單枚舉的歸納法，有別於培根自己所要用以代之的科學的歸納法。參見第一卷語錄六九、一〇五。——譯者

一八

科學當中迄今所得到的一些發現大多是接近流俗概念，很少鑽過表面。為要鑽入自然的內部和深處，必須使概念和原理都是透過一條更為確實和更有保障的道路從事物引申而得；必須替智力的動作引進一個更好和更準確的方法。

一九

鑽求和發現眞理，只有兩條道路。一條道路是從感官和特殊的東西飛越到最普遍的原理，其眞理性即被視為已定而不可動搖，進而由這些原則去判斷，從去發現一些中級的公理，這是現在流行的方法。另一條道路是從感官和特殊的東西引出一些原理，經由逐步而無間斷的上升，直至最後才達到最普通的原理。這是正確的方法，但迄今還未試行過。[17]

17 參見約翰．密爾（J. S. Mill）對這條的批評，見他所著《邏輯》一書第六卷第五章第五節。（參見第一卷語錄二二、一〇四。——譯者）

二〇

理解力如任其自流，就會自然採取與邏輯秩序正相吻合的那一進程（就是走前一條道路）。因爲心靈總是渴欲跳到具有較高普遍性的地位，以便在那裡停歇；而且這樣之後不久就倦於實驗。但這個毛病確又爲邏輯所加重，因爲邏輯的論辯有其秩序性和嚴正性。[18]

二一

理解力如任其自流，在一個清醒的、沉靜的和嚴肅的心靈說來，特別是如果它沒有被一些公認的學說所阻礙的話，它亦會在另一條即正確的道路上略略試步，但淺嘗輒止；因爲除非理解力得到指導和幫助，否則是不足以匹敵、不配來抗對事物的奧祕的。

二二

上述兩條道路都是從感官和特殊的東西出發，都是止息於最高普遍性的東西；但兩者之

18 本語錄中的幾個「邏輯」字樣，在拉丁文原本均爲dialectica。——譯者

間卻有著無限的不同。前者對於經驗和特殊的東西只是瞥眼而過，而後者則是適當和按序的貫注於它們。還有，前者是一開始很快就建立起某些抽象的、無用的、普遍的東西，而後者則是逐漸循級上升到自然秩序中、先在的而爲人們較明白的東西。[19]

二三

人心的假象[20]和神意的理念[21]兩者之間有絕大的不同。這也就是說，某些空洞的教條和像在自然中所見到的那樣，標示在創造上的一些眞正的印記與標誌這兩者之間有絕大的不同。

19 參見第二卷語錄四第二段。——譯者

20 Idola一詞，在培根用來（照這裡的上下文看來），不是指什麼崇拜的對象，而是說一種幻象或假象——這是希臘字的原義。弗勒在注中指出，培根在*Cogitata et Visa*一書中（第十四段）還曾使用spectra一詞（分光景，有幻景之意——譯者）作爲和idola一詞有同樣力量的字眼。

21 神意的理念（divinae mentis ideae）這一用語系直接借自柏拉圖（Plato）；但培根在這裡用來，顯然不是柏拉圖所講的那種脫離物質的理型之本義，而具有他自己所賦予的特定意義，由本條下句的補充說明可見；又，第一卷語錄一二四中亦有大意相同的說明。——譯者

二四[22]

由論辯而建立起來的原理，不會對新事功的發現有什麼效用，這是因爲自然的精微遠較論辯的精微高出多少倍。但由特殊的東西而適當和循序形成起來的[23]原理，則會很容易的發現通到新的、特殊的道路，並從而使各門科學活躍起來。

二五

現在所使用的一些原理，因爲僅是由貧乏的和手工性的經驗[24]以及零星普遍常見的特殊的東西提示而來，故其大部分的範圍都僅恰合於這些東西而把它們包括在內；那麼，它們不會導向新的特殊的東西也就不奇怪了。而若是有些前所未察和前所不知的相反事例偶然撞來，這原理則借一些無關宏旨的區劃而獲救並得保存下去[25]；而其實只有改正這公理本身才

22 參見第一卷語錄一二一第三段。——譯者

23 拉丁本原文是abstracta，英文本譯作formed，意義不夠確切，應譯作「抽象出來的」。——譯者

24 基欽提示說，這或許是指上文第二條所論赤手做工不用工具的情況來說的。——譯者

25 弗勒注釋說：例如，在伽利略以前，人們一直認爲物體墜地的時間長短是與其重量成反比例的。但有些物

是眞正的途徑。

二六

爲區別清楚起見，人類理性以上述那種通用方式應用於自然問題而得出的結論，我名之爲**對自然的冒測**（指其粗率和未成熟而言）；至於另一種經由一個正當的和有方法的過程而從事實抽出的理論，我名之爲**對自然的解釋**。

二七

對於同意這一點說來，冒測頗是一個足夠堅實的根據；因爲即使人們都瘋了而都瘋得一樣，他們彼此之間也會充分的取得一致。

體，例如火焰，卻並非下墜而是上升。對於這一例外，人們於是就用輕浮這個原理來解釋，說輕的物體則是向上的。又如，古代天文學中有一條假設，說天體一定都是圓滿的。但伽利略卻藉由望遠鏡發現了月球存有著凹陷。這時人們便解答說，那些凹陷處必是塡滿著透明的晶體的。——譯者

二八

就著贏取同意而言，實在說來，冒測還遠較解釋爲有力。因爲冒測是蒐集爲數甚少而且其中大部分又是通常習見的事例而成，所以它能直接觸動理解力並充塡想像力；至於另一方面，解釋則是隨時隨地蒐集到處散見的各種各樣的事實而成，所以它無法陡然地打動理解力，因而在當時的意見面前，它就不免顯得粗硬和不協調，很像信仰的一些神祕的東西一樣。

二九

建立在意見和武斷的一些科學當中，冒測和邏輯[26]是有效用的；因爲在那裡目標乃是要迫人同意於命題，而不是要掌握事物。

26 拉丁本原文爲dialectica。——譯者

三〇

若是使用冒測的辦法，縱使盡聚古往今來的一切智者，集合並傳遞其勞動，在科學方面也永遠不會做出大幅的進步；因爲在人心裡早已造成的根本錯誤，這無法靠機能的精良和後來的補救能治好的。

三一

若企圖以在舊事物上添加和移接一些新事物的做法，而能在科學中取得什麼巨大的進步，這是無聊的空想。我們若是不願意老兜圈子而僅有極微小可鄙的進步，我們就必須從基礎上重新開始。

三二[27]

古代著作家——實在是一切古代著作家——的榮譽並未有所觸動；因爲我所挑起的較量

27 參見序言第三段。——譯者

並非屬於智慧和才具，而是屬於道路和方法，並且我所自任的角色又不是一個裁判官，而只是一個嚮導員。

三三

有一點必須明白聲明：要用冒測的辦法（也就是說，要用現在所通用的推論的辦法）來對我的方法或這個方法所導致的一些發現做出什麼裁判，那是不恰當的；一個自身正被審判著的法庭所做出的判詞，當然不能強迫我去服從它。

三四

即使只想把我所提出的東西對人們傳授和解說明白，也並不是容易的事；因爲人們對於那本身其實是新的事物也總是要參照著舊的事物去領會。

三五

保加（Borgia）關於法軍征義一役曾經這樣說過：他們只是手執粉筆前來畫出自己的寓

所，並不是使用武器來打開自己的進路。[28]我亦願意使我的學說同樣平靜地進入那適於接受它和能夠接受它的人心之中；因爲，凡分歧是發生在第一性原則和概念自身以及甚至是在論證的形式的時候，駁辯總是應用不上的。

三六

我們的傳授方法只有一條，簡單明瞭的說就是：我們必須把人們引導到特殊的東西本身，引導到其系列和秩序；而人們則必須強制自己暫把他們的概念撇在一邊，而開始使自己與事實熟習起來。

---

28 基欽指出：這個保加就是亞歷山大第六（Alexander VI）；所說法軍征義一役是指查理第八（Charles VIII）於一四九四年，在五個月之內就征遍了義大利。——譯者

三七[29]

有些人主張確實性是絕對不能獲致的，[30]這學說和我所採取的進行途徑在其最初起步時也有一些一致之處；但這兩個學說在結局上卻遠遠地分開了，並且是相互反對。主張那種學說的人們只是簡單地斷言，一切事物都是不可解的；而我固亦斷言，若用現在所通用的方法，則的確是無法瞭解多少自然中的事物。但是由此，他們卻進至根本破除感官和理解力的權威；而我呢，則進而籌劃要提供他們幫助。

三八[31]

現在挾持著人類理解力並在其中扎下深根的假象和錯誤的概念，不僅圍困著人們的心靈

---

29 本條應與第一卷語錄六七末段以及語錄一二六一起看。——譯者

30 拉丁本原文在這裡使用了acatalepsia一字。參見第一卷語錄六七和注。——譯者

31 弗勒在注中說：培根的最著名的、無疑亦是《新工具》全書中最重要部分之一的假象學說於本條開始。這裡要指出的是，培根所舉的諸種假象，其較早的形式（從*Advancement of Learning*一書中所舉可見）乃相當於族類假象、洞穴假象和市場假象三種，而「這一學說所經歷的一個實質變化則為劇場假象之隨後加

以致眞理不得其門而入，而且即在得到門徑以後，它們也還要在科學剛剛更新之際聚攏一起來攪擾我們，除非人們預先得到危險警告而盡力增強自己以防禦它們的猛攻。

三九

圍困人們心靈的假象共有四類。[32]爲區分明晰起見，我各給以定名：第一類叫作**族類的**

入」。這個假象學說遍見於*Va Lerius Terminus*、*Advancement of Learning*、*Temporis Partus Masculus*、*Partis Secundae Delineatio*、*Distributio Operis*和*De Augmentis*等書，而以在《新工具》中所論最爲完整。人們常說，這假象學說在此以前早經培根的那位偉大的同姓者，即羅傑·培根（Roger Bacon）提出過，他在*Opus Majus*一書中曾指出人心的障礙（offendicula）有四種，就是引用不夠格的權威、習慣、俗見和掩飾無知並炫示表面知識。但是艾利斯（R. Ellis）對這點作了正確的辯駁。他說，一則*Opus Majus*這書當時還僅有手稿，培根恐怕不會看到；二則這位培根所說的「假象」與那位培根所說的「障礙」兩者之間並無多大相應合之處。人們之所以想到前者是襲自後者，或許是因爲有鑑於兩者所共有的四分法；但我們看到，「假象」在這學說的原始形式下，卻是僅有三種而並沒有四種。——譯者

32 弗勒指出，培根原先曾把這四種假象分爲兩組，這在第一卷語錄六一開頭處還留有痕跡。在介紹劇場假象時，他寫道：「劇場假象不是固有的，亦不是隱祕地滲入理解力之中，而是由各種哲學體系的『劇本』和走

假象，第二類叫作**洞穴的假象**，第三類叫作**市場的假象**，第四類叫作**劇場的假象**。[33]

四〇

以眞正的歸納法來形成概念和原理，這無疑乃是排除和肅清假象的對症良藥。而首先指出這些假象，這亦有很大的效用；因爲論述「假象」的學說之對於「解釋自然」正和駁斥「詭辯」的學說之對於「普通邏輯」[34]是一樣的。

入岔道的論證規律所公然印入人心而爲人心接受進去的。」從這句話可以看出，四種假象曾分爲固有的和外來的兩組，前者包括前三種假象，後者則就是劇場假象一種。這種分法在*Distributio Operis*一書中曾見採用。還可參見*Partis Secundae Delineatio*一書中的說法（見艾利斯和斯佩丁（J. Spedding）所編《培根哲學論著全集》第三卷第五四八頁）。在《新工具》當中，這個更高一層的分法卻不見了。這是因爲，誠如斯佩丁所說：「當培根要把這些假象分別一一加以描述時，他察覺到，若把市場假象劃入固有的一組則有邏輯上的矛盾，若把它劃入外來的一組又有實際上的不便；於是便決定根本放棄這個對分法而把四種假象通列起來了」。——譯者

33 弗勒指出，這在*Valerius Terminus*一書中叫作宮殿的假象。——譯者

34 拉丁本原文爲dialectica。——譯者

四一

族類假象植基於人性本身中，也就是植基於人這一族或這一類中。若斷言人的感官是事物的量尺，這是一句錯誤的話。那麼，恰好相反，不論感官或者心靈的一切覺知總是依個人的量尺而不是依宇宙的量尺；[35]而人類理解力則正如一面凹凸鏡，它接受光線既不規則，於是就在反映事物時摻入了它自己的性質而使得事物的性質變形和褪色。

---

35 本句中的兩個「量尺」，在拉丁本原文均爲analogia；第二卷語錄四〇條末句有相同的話，原文亦均爲analogia。而英文本在這裡則譯作according to the measure of，在那裡則譯作with reference to。這樣，同一原文的兩處譯文就有分歧，兩句之間意義就有不同；而就本句來說則與原文就有出入，並且還和上句中的「量尺」（拉丁本原文爲mensuram）混淆，以致本條整個意義不明。按：analogy一字，在這裡也和在三四條當中一樣，是用其一般的意義，即「參照」、「比照」之意。據此，故本句應照拉丁本原文以及第二卷語錄四〇正確的英譯文改譯爲「不論感官或者心靈的一切覺知總是參照著人而不是參照著宇宙」。這樣，才合乎原本，前後之間才無歧義，而本語錄的意義亦才得澄清。——譯者

四二

洞穴[36]假象是每個人的假象。因爲每一個人（除普遍人性所共有的錯誤外）都各有其自己的洞穴，使自然之光曲折和變色。這個洞穴的形成，或是由於這人自己固有的獨特的本性；或是由於他所受的教育和與別人的交往；或是由於他閱讀一些書籍而對其權威性發生崇敬和讚美；又或者是由於各種感知，這些感知又是因人而異，有的人是「心懷成見」和「胸有成竹」，有的人則是「漠然無所動於衷」；以及類此等等。這樣，人的元精[37]（照

36 弗勒指出，這個譬喻是襲自柏拉圖所講的洞穴的神話，見*Republic*一書第七卷開頭的一段。但是如漢彌爾頓（W. Hamilton）所指出，柏拉圖的原喻實相當於族類假象而非本條所述的這類假象。

37 元精這概念在第一卷語錄五〇以及第二卷語錄七和四〇中屢次講到，尤其在後兩條中有些頗爲怪誕的說法。這學說是這樣的：一切物體之中都包有元精，滲透於可觸分子，它是完全觸不到的，亦沒有任何重量，只借動作或作用來顯示它自己；活的物體之中更有兩種元精：一種是粗重的，就像其他質體中所有的那樣，另一種是動物元精或有生命力的元精，爲肉體與靈魂之間交通的媒介，爲生命現象的基礎，培根深信此說，但並沒有說出根據。基欽指出，這是學院派的用語和學說，而培根由於既看到自然過程中有些事物未得說明，又提不出什麼較好的見解，於是就樂意依從他們。艾利斯說，作爲培根壽命論的基礎的這一概念，似乎是和揣想生理學的開端同一時代的產物。弗勒則說，這一學說或許是直接襲自帕拉塞爾斯（Paracelsus，一四九三—

各個不同的人所秉受而得的樣子）實際上是一種易變多擾的東西，又似爲機運所統治著。因此，赫拉克利特（Heraclitus）[38]曾經說得好，人們之追求科學總是求諸他們自己的小天地，而不是求諸公共的大天地。

四三

另有一類假象是由人們相互間的交接和聯繫所形成，我稱之爲市場的假象，取人們在市場中有往來交接之意。人們是靠談話來聯繫的；而所利用的文字則是依照一般世俗的瞭解。因此，選用文字之失當就會阻礙著理解力。有學問的人們在某些事物中所慣用以防護自己的定義或注解也絲毫不能把事情糾正。而文字仍公然強制和統轄著理解力，弄得一切混亂，並把人們岔引到無數空洞的爭論和無謂的幻想上。

一五四一年，瑞士醫學家和煉金家），亦或許是襲自當時的物理哲學；他還指出，這種學說亦可視爲原始的物神崇拜思想的一種殘存。——譯者

38 古代唯物主義哲學家，伊弗所（Ephesus）人，約西元前五三六—四七〇年。他認爲「世界是包括一切的整體，它並不是由任何神或人所造成的，它過去、現在和將來都是按規律燃燒著、按規律熄滅著的永恆活火」。——譯者

四四

最後，還有一類假象是從哲學的各種各樣的教條以及一些錯誤的論證法則移植到人們心中的，我稱這些爲劇場的假象。[39]因爲在我看來，一切公認的學說體系只不過是許多舞臺戲劇，表現著人們自己依照虛構的布景的式樣而創造出來的一些世界。我所說的還不僅限於現在時興的一些體系，亦不限於古代的各種哲學和宗派；有鑑於許多大不相同的錯誤卻往往出於大部分相同的原因，我看以後還會有更多的同類的劇本編制出來並以同樣造作的方式排演出來。我所指的又還不限於那些完整的體系，科學當中許多由於傳統、輕信和疏忽而被公認的原則和原理也是一樣的。

關於上述各類假象，我還必須更擴大、更確切的加以論列，以使理解力可以得到恰當的警告。

四五

人類理解力依其本性容易傾向於把世界中的秩序性和規則性設想得比所見到的多一

---

[39] 弗勒指出，這在*Temporis Partus Masculus*一書中叫作劇幕的假象。——譯者

些。雖然自然中許多事物是單獨而不配對的，人的理解力卻總愛爲它們想出一些實際上並不存在的平行物、連屬物和相關物。由於這樣，人們就虛構出一切天體都按正圓軌道而運動之說，而完全排拒了（除在名字上外）螺旋線和龍頭龍尾的想法。[40]由於這樣，人們就把「火」這一元素列了進來，以與感官所知覺到的其他三種元素配在一起，硬湊成四。[41]由於

40 其實，正當培根著此書時，開普勒已論證了關於行星按橢圓軌道運動的三大法則；而培根沒有引爲論據，看來他似乎不曾知道或者不曾同意於這個發現。（雙曲的螺旋線畫在軌圈上面就表現出天體緯度中的不平均，參見第二卷語錄四八關於自發的旋轉運動中所說螺旋線對運動軌圈的關係各點。古天文學有一種想法，認爲黃道與月底軌圈以及諸行星的軌圈相切，上下各有突出於軌圈的部分；上部的突出圈叫作龍頭，下部的突出圈叫作龍尾。上述兩點都說明著天體運動不是按正圓軌道進行的，所以培根在指出人們從愛好整齊的本性出發而作出正圓運動的虛構時，指責他們完全否認了這兩點想法。——譯者）

41 弗勒指出，古人們想像四大元素各有其自然的地位，其自下而上的層次爲土、水、空氣、火；火圈高於空氣之上（基欽則說，古人們把四大元素想像爲共繞一個中心的四套圈盤，其自內而外的層次爲土、水、空氣、火，火圈遠在空氣之外），所以和前三種元素不同，是人們的感官知覺不到的。元素數目之所以爲四，是源於元素性的屬性之數有四，那就是：熱、冷、溼、乾。這四種屬性每兩種輪番相互結合，計有六種不同的花樣；其中除冷與熱、乾與溼兩種因本身矛盾不能成立外，其餘四種結合正分別相當於四大元素。

這樣，人們還把這些所謂元素的密度比例強制規定爲十比一。[42]諸如此類的其他夢囈還有許多。這些幻想不僅影響著教條，並且影響著簡單的概念。

四六

人類理解力一經採取了一種意見之後（不論是作爲已經公認的意見而加以採取或是作爲合於己意的意見而加以採取），便會牽引一切其他事物來支持、來強合於那個意見，即使在另一面可以找到更多的和更重的事例，倒也不是忽略、蔑視它們，而是藉一點什麼區分而將它們撇開和排除，竟將先入的判斷持守到很大且有害的程度，爲的是使原有結論得以保持權威不受觸犯。以一個故事作爲譬喻：有一次，有些人把一個廟中所懸的一幅許願得逃船禍圖指點給某人看，問他還承認不承認諸神的威力；這人卻反問道：「不錯，但那些許願之後而仍然溺死的人又在哪裡畫著呢？」[43]這句話乃是一個很好的回答。其實，一切迷信，不

---

42 弗勒指出，此說盛行於經院派，實導源於對亞里斯多德的一段文字的誤解。亞里斯多德在*De Generatione et Corruptione*一書第二章第六節曾提到「什一比例」之說，但他是爲著舉例當作假設而提出的。——譯者

43 弗勒指出，西塞羅（Cicero）在*De Natura Deorum*一書第三章第三七節曾述及這個故事，據說這「某人」乃是戴高拉斯（Diagoras，西元前第五世紀希臘哲學家，以「無神論者」作爲姓氏）。狄奧根尼·拉爾修

論占星、解夢、預兆或者神籤以及其他等等，亦都同出一轍；由於人們快意於那種虛想，於是就只記取那些相合的事件，其不合者，縱然遇到得更多，也不予注意而忽略過去。至於在哲學和科學當中，這種禍患則潛入得深更詭巧；在那裡，最先的結論總是要把一切後來的東西（縱使是更好、更健全的東西），染過一番而使它們與自己符合一致。此外，無關於如上所寫的那種快意和虛想，人類智力還有一種獨特的、永久的錯誤，就是它較易被正面的東西所鼓舞，較難被反面的東西所鼓舞；而實則它應當使自己臨對兩面無所偏向才對。平心而論，在建立任何眞的原理當中，反面的事例倒還是兩者之中更有力的一面呢！[44]

四七

人類理解力最容易被同時而陡然打入心中從而足以充塡想像力的一些事物所引動；經此之後，它更假想一切其他事物和那些包圍著它的少數事物多少總有些相似，雖然它並不能看出如何相似。至於說到要往復從事於許多遠隔而相異的事例，俾使原理得像入火一樣受到一

（Diogenes Laërtius，西元二世紀希臘歷史學家，著有《哲學家傳記》十卷）在略有變化的形式下亦講到這故事，則指其人爲犬儒學者狄奧根尼（Diogenes the Cynic）；但他同時說戴高拉斯亦有此事。——譯者

44 弗勒指出，培根在這裡似指排除法，這在第二卷中是講得很多的。參見第一卷語錄一〇五。——譯者

番考驗，[45]那麼人的智力就完全遲鈍而不相適，除非有嚴格的法則和統治性的權威來強制它到那裡去。

四八

人類理解力是不安定的；它總不能停止或甘休，而老要推向前去，但卻又是徒勞。正由於這樣，所以我們總是無法想像世界是否有末端或界限，而永遠禁不住想著總還有什麼在外邊。我們也總是無法想那悠悠永古如何而流到今天；一般所認定把時間劃爲過去的無限和未來的無限的那種想法是無法站得住的，因爲那樣勢必發生無限有一大一小之別，而無限就繼續消失而趨向於成爲有限。[46]關於一條線的無限可分割性，[47]同樣由於思想欲罷不能之故，

---

45 本書第二卷從語錄二一到五二就是這種努力的例示。——譯者

46 說無限沒有大小之別，一分大小，就失其爲無限而趨爲有限，這是對的。至於說無限一分過去和未來就要發生一小一大之別，這卻不合邏輯。這話不外兩個意思：或者把過去的無限誤想爲極大的有限，因而當然要說未來的無限遲早要大過於它；或者因爲未來無限的轉爲過去，就誤以爲過去必然要大過於未來。前者是把最大的有限與無限混爲一談；後者是沒有見到：假定一條線是無限長而沒有上下兩端，就根本無所謂中點（即上下各半），因之更無所謂偏上偏下（即上短下長或下短上長）的。——譯者

47 這是指亞里斯多德的話；他的著作中有幾處都說，在理論上，每一尺一寸都是可以無限分割下去的。

也有著相同的微妙情形。而在追查原因時，這種欲罷不能的情形則作祟更甚：對於自然中的最普遍的原則，本只該照著它們被發現的樣子認定它們就是絕對的，而無法再以什麼道理來將它們歸到某個原因；可是人類理解力由於自己不能甘休之故，卻仍要尋求自然秩序中的某些先在的東西。結果，它在努力追求較遠的東西中卻回頭落到近在手邊的東西上，就是說，落到目的因上；而這種原因分明是與人的性質有關而與宇宙的性質無關，而正是從這個根源上就把哲學攪得不成樣子了。[48]可以說，把一個對於最普通的東西還要尋求原因的人和一個對於附屬的、特稱的[49]東西也不想尋求原因的人相比，前者並非就是較不拙劣和較不膚淺的哲學家。

四九

人類理解力不是乾燥的光，[50]而是受到意志和各種情緒的浸淫的；由此就出來了一些可

---

48 參見第二卷語錄二。——譯者

49 弗勒說，這是邏輯上的一個名詞，指與相應的普遍命題處於對待關係中的特殊命題，例如，對於「一切甲都是乙」這一全稱命題來說，「有些甲是乙」就是特稱命題。

50 弗勒指出，這一用語是借自赫拉克利特，他有一句常被引用的名言「最聰明的心乃是一種乾燥的光」。

以稱爲「如人所願」的科學。但凡人對於他所願其爲眞的東西，就比較容易去相信它。因此，他排拒困難的事物，由於不耐心於研究；他排拒清明的事物，因爲它們對希望有所局限；他排拒自然中較深的事物，由於迷信；他排拒經驗的光亮，由於自大和驕傲，唯恐自己的心靈看來似爲瑣碎無常的事物所占據；由於要順從流俗的意見，他排拒不爲一般所相信的事物。[51]總之，情緒是有著無數的而且有時覺察不到的途徑來沾染理解力。

五〇

人類理解力的最大障礙和擾亂卻還是來自感官的遲鈍性、不稱職以及欺騙性；這表現在那打動感官的事物竟能壓倒那不直接打動感官的事物，縱然後者是更爲重要。由於這樣，所以思考總是隨視覺所止而告停止，竟至對看不見的事物就很少有所觀察或完全無所觀察。由於這樣，可觸物體中所包含的元精的全部動作就隱蔽在那裡而爲人們所不察。由於這樣，較粗質體的分子[52]中的一切較隱微的結構變化（普通稱爲變化，實際則是透過一些極小空間

---

51 拉丁本原文是paradoxa，應據以改譯爲「他排拒似非而是的事物」。——譯者

52 弗勒指出，培根在物質的最後構成的問題上似乎採取了在某些方面與德謨克利特（Democritus）的原子論相同的學說；這就是說，他認爲一切物質都是若干極小的分子在一定的排列之下所組成。他與德謨克利特不同

的位置移動）也就同樣爲人所不察。可是恰是上述這兩種事物，人們如不把搜到並揭示出它們，則在自然當中，就著產生事功這一點來說，便不能有什麼巨大成就。同是由於這樣，還有普通空氣以及稀於空氣的一切物體（那是很多的）的根本性質亦是人們所幾乎不知的。感官本身就是一種虛弱而多誤的東西；那些放大或加銳感官的工具也不能多所施爲；一種比較眞正的對自然的解釋只有靠恰當而適用的事例和實驗才能做到，因爲在那裡，感官的裁斷只觸及實驗，而實驗則是觸及自然中的要點和事物本身的。

五一[53]

人類理解力依其本性傾向於作些抽象而賦予流逝的事物以一種本體和實在。但是，把自然化成一些抽象實不如把自然分析爲若干分子爲合於我們的目的，如比其他學派探入自然較深的德謨克利特[54]學派就曾是這樣做的。我們所應注意的對象，與其是模式，不如是物質，

之處則在：他否認存在虛空的假設；他亦不承認物質是不可變的。參見第二卷語錄八。——譯者

53 本條爲第二卷二至七各條對隱祕過程和隱祕結構的論述準備了張本。——譯者

54 古希臘哲學家，唯物論者（西元前四六〇年生）；最著名的學說爲原子論。與第一卷語錄五七條一起看，可看到培根對這個學派的全面評價，從而領會培根自己研究自然的態度。——譯者

不如是物質的結構和結構的變化，不如是單純的活動，[55]不如是活動或運動的法則；因爲模式只是人心的虛構，[56]除非你將活動的那些法則稱作模式。

55 拉丁本原文爲actus purus，英文本在這裡譯爲simple action，在第一卷語錄七五又譯爲pure act，我統一譯作「單純活動」。基欽注釋說，所謂單純活動，是指一物體在自身之內由自身所作的活動或進展，如植物的生長就是。——譯者

56 培根之使用模式（form）一詞，他自己在第二卷語錄二中說：「是因爲它沿用已久成爲熟習之故」，在第二卷語錄一七中又警誡人們，「不要把我所說的話應用到他們的思辨迄今所慣想的那種模式上去」。於是同一「模式」之名，在培根用來就有兩種迴不相同的意義：有時就是所謂「沿用已久」、「人們所慣想」的那種「模式」（而這又是培根所要否定的），有時則是他自己所講的具有特定意義的「模式」。他在這裡以及在別處所否定的，誠如弗勒所指出，是像柏拉圖所講的理念（idea），即「那種在物質上不是全無界定，就是界定不當的抽象模式和理念」（見第二卷語錄一七）；他更反對「模式產生存在」的意見，認爲那是人心本身的一個錯誤（見第二卷語錄二）。至於培根自己所講的模式（在哲學術語上稱爲「培根式的模式」），用他自己的話來說，則是「絕對現實的法則和規定性」，是物質中的單純性質和單純活動的法則，是「事物的眞正區別性」，是「眞正的種屬區別性」。參見第一卷語錄六六、七五、一二四，第二卷語錄一至二〇，特別是第二卷語錄一七。——譯者

五二

綜上所述，我所稱為**族類假象**的假象就是這些樣子。它們或者起於人類元精本質的齊一性、[57]或者起於它的成見性、或者起於它的狹窄性、或者起於它的不知甘休的運動、或者起於情感的注入、或者起於感官的不稱職、或者起於感受的樣式。

五三

洞穴假象起於每個人的心或身的獨特組織；也起於教育、習慣和偶然的事情。屬於這一類的假象，數目很大，花樣也很多；我將僅舉那攪亂理解力最甚和最須指出加以警惕的幾條為例。

57 上文第四五條指出「人類理解力依其本性容易傾向於把世界中的秩序性和規則性設想得比所見到的多一些」，這裡進一步說明這種本性的根源是在人類元精本質的齊一性。培根在*Advancement of Learning*一書中說過：「由於人的元精具有平均和劃一的本質，所以往往就自然中設想出並杜撰出較實際為大的平均性和劃一性」，這話可資參證。——譯者

五四

有些人留戀於某種特定科學和思索，這或者由於他們幻想自己就此成爲有關的著作家和發明家，或者由於他們曾在那些東西上面下過最大的苦功，因而對它們有了極深的習慣。這類人若再從事於哲學和屬於普遍性質的思索，則會在服從自己原有的幻想之下把這些東西加以歪曲和染色。在亞里斯多德那裡就特別可以看到這種情況，他把他的自然哲學塑造成屬於他的邏輯的奴隸，從而把它弄成富於爭辯而近於無用。[58]又有一幫化學家從火爐中的少量實驗就建立起一個異想天開的哲學，僅以少數參考事物爲骨架；[59]又如吉爾伯特，他也是十分努力致力於磁石的研究之後，進而建造了一個合於自己所心愛的題目的整個學說體系。[60]

---

58 關於培根對亞里斯多德的意見，參見第一卷語錄六三、六七以及第一卷一一至一四關於批評舊邏輯的各語錄。——譯者

59 參見第一卷語錄六四、七〇。——譯者

60 吉爾伯特，英國伊莉莎白女王和詹姆士一世的御醫，著有《磁論》（*De Magnete*）一書（一六〇〇年出版）。基欽引哈勒姆（Hallam）的話說，吉爾伯特的《磁論》「集合別人關於這個題目的所有的知識，而他同時就成了英國實驗哲學之祖」（見哈勒姆所著《歐洲文學史》第二卷第二部第七章第二一節）。培根在本書中許多地方（第一卷語錄六四、七〇，第二卷語錄三五）講到他，總是指責他所用方法的狹隘

五五

涉及哲學和科學方面，不同的人心之間有著一個主要的也可說是根本的區別，那就是：有的心較強於和較適於察見事物的相異之點，有的心則較強於和較適於察見事物的相似之點。但凡沉穩的和敏銳的心能夠固定其思辨而貫注和緊盯在一些最細微的區別上面；而高昂的和散遠的心則擅長見到最精純和最普通的相似之點，並把它們歸納在一起。但這兩種心都容易因過度而發生錯誤：一則求異而急切間誤攫等差，一則求似而急切間徒捉空影。

五六

還可看到，有的心極端地崇古，有的心則如饑如渴地愛新；求其秉性有當，允執厥中，

性。英譯本原注就此評論說，實則「他的《磁論》一書經得起科學的考驗，比培根自己的多數科學揣想還強得多」。基欽亦指出，吉爾伯特是哥白尼（Copernicus）體系的堅強支持者，還遠遠走在培根之前。基欽說：「他的錯誤（假如可以算是錯誤的話）乃在過多的自縛在磁力這一個題目上，而又傾向於期待從這裡得到過大的結果」。基欽又提到，伽利略在其第三篇對話中討論到吉爾伯特的體系時，亦是帶有很大敬意的。他還指出，培根在*De Augmentis Scientiarum*一書第三卷中卻亦承認了吉爾伯特應得的讚揚。——譯者

既不吹求古人之所制定，也不鄙薄近人之所宣導，那是很少的了。這種情形是要轉爲有大害於科學和哲學的；因爲，這種對於古和新的矯情實是一種氣味相同者彼此間的呼應，談不上什麼判斷；並且眞理也不能求之於什麼年代的降福——那是不經久的東西，而只能求之於自然和經驗的光亮——這才是永恆的。[61]因此，我們必須誓絕因意見或理念不同而引起的爭執，必須小心勿讓智力爲它們所促而貿然有所贊同。

五七

專就自然和物體的單純法去思索自然和物體，這會使理解力破碎和散亂；專就其組合與結構去思索，則又會壓垮理解力而使之崩解。這種分別在留基伯（Leucippus）[62]和德謨克利特學派與其他哲學相比之中就可看得清楚。那一學派是如此之忙於分子，以致很少注意到結構；其他學派則迷失於讚歎結構，以致沒有鑽研到自然的、單純的東西。因此，這兩種思辨應當交替見用，俾使理解力既能深入又能概括，俾使上述那些不利之點以及由之而來的一

61 參見第一卷語錄八四。——譯者

62 古希臘哲學家（西元前約四五〇年生），阿勃德拉學派（Schoof of Abdera）的創始人，首創原子論；德謨克利特則是這學說的主要闡發者。——譯者

些假象得以避免。

五八

綜上所述，**洞穴假象**大部分生於幾種情況：或者先有一個鍾愛的題目占著優勢，或者在進行比較或區分時有著過度的趨勢，或者對於特定的年代有所偏愛，或者所思辨的對象有偏廣偏細之病。這些就是我們爲要摒絕和剔除洞穴假象而應在思想上有所準備和加以警戒的。概括說來，凡從事於自然研究的人都請把這句話當作一條規則：「凡是你心所占據、所關注而特感滿意者就該予以懷疑，在處理這樣問題時就該特加小心來保持理解力的平衡和清醒。」

五九

市場假象是四類假象當中最麻煩的一個。它們是透過文字和名稱的聯盟而爬入理解力之中的。人們相信自己的理性管制著文字，但同樣眞實的是文字亦起反作用於理解力；而正是這一點就使得哲學和科學成爲詭辯性的和毫不活躍的。且說文字，它既是照著流俗的能力而構制和應用的，所以它所遵循的區分線也總是那對流俗理解力最爲淺顯的。而每當一種具有較大敏銳性或觀察較為認眞的理解力要來更動那些界線以合於自然的眞正的區劃時，文字就攔在路中來抗拒這種改變。因此我們常見學者們的崇高而正式的討論，往往以爭辯文字和名稱而告結束；按照數學家們的習慣和智慧，從這些東西來開始討論本是更為愼重的，所以就要用定義把它們納入秩序。可是在處理自然的和物質的事物時，即使有定義也醫治不了這個毛病；因為定義本身也是文字所組成，而那些文字又生出別的文字。這就仍有必要回到個別的事例上來，回到那些成系列有秩序的事例上來。關於這一點，等我討論到形成概念和原理的方法與方案時就會談到。

六〇

文字所加於理解力的假象有兩種。有些是實際上並不存在的事物名稱（正如由於觀察不足就把一些事物置而不名一樣，由於荒誕的假想也會產生一些有名無實的名稱）；有些雖是存在著的事物的名稱，但卻是含義混亂，定義不當，又是草率且不合規則的從實在方面而得的。屬於前一種的有「幸運」、「原始推動者」[63]、「行星的軌圈」[64]、「火之元素」[65]以及導源於虛妄學說的其他類似的虛構。這一種的假象是比較容易驅除的，因爲要排掉它們，只須堅定拒絕那些學說並把它們報廢就可以了。

至於後一種，即由錯誤和拙劣的抽象而發生的那一種，則是錯綜糾結，並且扎根很深。請以「潮溼的」這樣一個詞爲例，試看它所指稱的幾個事物彼此間有多少一致之處，就會看到「潮溼的」一詞乃只是這樣一個符號，被人們鬆散和混亂的使用著，來指稱一大堆無法歸結到任何一個恆常意義的活動。它可以指稱一種容易把自己散布於任何其他物體周圍的東西；也可以指稱一種本身不定而且無法凝固的東西；也可以指稱一種易向各方縮退的東西；也可以指稱一種容易把自己分開和拋散的東西；又可以指稱一種容易把自己聯結和集合

63 基欽引《新工具說明》中的解釋說：托勒密（Claudius Ptolemy）的天文學體系設想，有一個至大無外的圈子或空球，把一切圈子，即行星和恆星的各個軌圈都包收在內，它自己帶動著所有這些圈子每二十四小時繞行地球一周；它就叫作「原始推動者」。——譯者

64 基欽注釋說：據設想，這些軌圈乃是實在的晶樣的圈子，眾星都安置在裡面；在行星的那些圈子外面還有一個圈子，所有的恆星都在上面，彌爾頓（John Milton）有詩云：「那些恆星，固定在它們那飛行的軌圈中」。見《失樂園》第五卷一七六行。——譯者

65 參見第一卷語錄四五和注。——譯者

起來的東西；它還可以指稱一種易於流動並易被挪動的東西；還可以指稱一種易於貼附他物而把它浸溼的東西；也還可以指稱一種易於做成液體或本是固體而易於溶化的東西。這樣，當你來使用這個詞的時候，如用這一個意義，則火焰可以說是潮溼的；如用另一個意義，則空氣可以說不是潮溼的；如再換用一個意義，則微塵可以說是潮溼的；如另換用一個意義，則玻璃亦可說是潮溼的。在這裡，我們就很容易看出，原來這個概念只是從水和一般普通液體抽象而得，並未經過什麼適當驗證的。

不過文字中的歪曲性和錯誤性是有若干不同程度的。錯誤最少的一類之一是些實體的名稱，特別是那最低一種並經過充分演繹而得的名稱（如「白堊」和「泥」這概念就是妥當的，「地」這概念就是不妥當的）；錯誤較多的一類是關於活動的字眼，例如「生成」、「毀滅」、「改變」等等；至於錯誤最甚的則是關於屬性（作爲感官的直接對象的屬性除外）的字眼，如「重」、「輕」、「稀」、「濃」之類。不過在所有這些情形當中，總有一些概念必然比另一些概念略好一點，這個差別是與人類感官接觸事物的豐富程度不同是成比例的。

六一

劇場假象不是固有的，也不是隱祕地滲入理解力之中，而是由各種哲學體系的「劇本」

和走入岔道的論證規律所公然印入人心而爲人心接受的。若企圖在這事情上進行辯駁，那是與我以前說過的話相違了，我曾說過：我和他們之間既然在原則和論證上都無一致之處，那就沒有辯論的餘地[66]。而這樣卻也很好，因爲這樣便不致對古人的榮譽有所觸動。古人們並未遭受任何的貶抑，因爲他們和我之間的問題乃僅是取徑的問題。常言說得好，在正路上行走的跛子會越過那跑在錯路上的快腿。不但如此，一個人在錯路上跑時，愈是活躍，愈是迅捷，就迷失得愈遠。

我所建議的關於科學發現的途程，殊少有賴於智慧的銳度和強度，卻倒是把一切智慧和理解力都置於幾乎同一水準上的。譬如要畫一條直線或一個正圓形，若只用自己的手去做，那就大有賴於手的穩定和熟練，而如果借助於尺和規去做，則手的關係就很小或甚至沒有了；關於我的計畫也正是這樣的情形[67]。但是，雖說針對某種特定對象的駁斥實屬無益，關於那些哲學體系的宗派和大系我卻仍須有所論列；[68]我亦要論到那足以表明它們是不健全

---

66 參見第一卷語錄三五。——譯者

67 參見第一卷語錄一二二。——譯者

68 參見第一卷語錄六二至六五。——譯者

的某些表面跡象；[69]最後我還要論列所以發生這樣重大的立言失當和所以發生這樣持久而普遍一致錯誤的一些原因。[70]這樣，可使對於眞理的接近較少困難，並可使人類理解力會比較甘願去滌洗自身和驅除假象。[71]

六二

劇場假象或學說體系的假象，是很多的，而且甚至是將要更多的。迄今多少年代以來，若不是人心久忙於宗教和神學；若不是政府，特別是君主政府，一向在反對這種新異的東西，甚至連僅僅是思考的東西也反對，以致在這方面辛苦從事的人們都有命運上的危險和損害，不僅得不到報酬，甚至還遭受鄙視和嫉視；若不是有這些情形，那麼無疑早就會發展出許多其他哲學宗派，有如各家爭鳴燦爛一時的古代希臘一樣。正如在天體的現象方面，人們可以構出許多假設，同樣（並且更甚）在哲學的現象方面當然亦會有多種多樣的教條被建立起來。在這個哲學劇場的戲劇中，你會看到和在詩人劇場所見到的同樣情況，就是，爲

---

69 參見第一卷語錄七一至七七。——譯者

70 參見第一卷語錄七八至九二。——譯者

71 參見第一卷語錄七〇末尾。——譯者

舞臺演出而編制的故事要比歷史上的眞實故事更爲緊湊、更爲雅致及更爲合於人們所願的樣子。

一般說來，人們在爲哲學採取材料時，不是從少數事物中取得很多，就是從多數事物中取得很少；這樣，無論從哪一方面說，哲學總是建築在一個過於狹窄的實驗史和自然史的基礎上，而以過於微少的實例爲權威來做出斷定。唯理派的哲學家們只從經驗中攫取多種多樣的普通事例，既未適當加以核實，又不認眞加以考量，就放任智慧的沉思和鼓舞來辦理其餘一切的事情。

另有一類哲學家，在努力和仔細對於少數實驗下了苦功之後，便從中大膽冒進去導引和構造出各種體系，而硬把一切其他事實扭成怪狀來合於那些體系。

還有第三類的哲學家，出於信仰和敬神之心，把自己的哲學與神學和傳說融合；其中有些人的虛妄竟偏差到要在精靈神怪當中去尋找科學的起源。

這樣看來，這種種錯誤的這株母樹，即這個錯誤的哲學，可以分爲三種：就是**詭辯的**、**經驗的**和**迷信的**。

六三

第一類中最顯著的例子要推亞里斯多德。他以他的邏輯[72]敗壞了自然哲學：他以各種範疇鑄造出世界；他用二級概念的字眼強對人類心靈這最高貴的實體賦予一個屬性；[73]他以現實對潛能的嚴峻區分來代行濃化和稀化兩者的任務（就是去做成物體體積較大或較小，也即占據空間較多或較少）；[74]他斷言單個物體各有其獨特的和固有的運動，而如果它們參加某

---

72 拉丁本原文爲dialectica。——譯者

73 基欽指出，這或許是指亞里斯多德在*De Anima*一書第二卷第一章第七和第十一節中對心靈所下的定義而言。按：那個定義是說：「心靈乃是自然有機物體中的潛在心靈的現實化」；這樣一來，就把心靈分爲現實的和潛在的兩個屬性，亦就是對心靈多賦予了後者一個屬性。而所謂「現實」和「潛在」則是二級概念的字眼。按經院派的邏輯術語說，凡關於具體事物的性質、類別以及具體事物與具體事物之間的關係的概念，叫作初級概念（first intention）；凡關於初級概念的性質、類別以及初級概念與初級概念之間的關係的概念，則叫作二級概念（second intention），例如「現實」對「潛在」就正是指稱這類關係的字眼。——譯者

74 弗勒指出，這似乎是指亞里斯多德在*Physica*一書第四卷第五章中的一種說法而言。按：愛歐尼亞學派的安那克西曼尼斯（Anaximenes）曾首先提出濃化與稀化來說明某些元素的相互轉化，例如水是濃化了的空氣，空氣是稀化了的水。亞里斯多德有鑑於此，認爲兩者是互爲潛能與現實，於是就把濃化和稀化這兩個性質轉爲

些別的運動之中，則必是由於一個外因；此外他還把無數其他武斷的限制強加於事物的性質。總之，他之急切於就文字來對問題提供答案並肯定一些正面的東西，實遠過於他對事物的內在眞理的注意；這是他的哲學的一個缺點，和希臘人當中其他著名的體系一比就可以清楚明白。如安那撒格拉斯（Anaxagoras）的同質分子遍在說、[75]留基伯和德謨克利特的原子

現實對潛能這一對概念。培根對這一點的指責似乎是說：濃化和稀化是物質的性質，有著自己的任務，就是去做成物體體積較大或較小，亦即占據空間較多或較少，這些正是自然哲學所應觀察和研究的；而在亞里斯多德的物理學中卻把它們化爲邏輯的字眼，這是亞里斯多德以他的邏輯敗壞自然哲學的又一點。——譯者

[75] 古希臘哲學家（西元前約四三〇年）。他的學說，要點如下：一切東西都由與它同質的分子（homaeomera）所構成，例如：骨的分子同於骨，血的分子同於血，這叫作「種子」；和安庇多克里斯所講的火、空氣、土、水四種元素各爲一個「根子」不同，「種子」是每一個都包含著這四種元素；因此，「在一個世界裡的東西不是可以像用一把斧子般把它們分開或切斷的」，每一東西當中都有其他東西的「部分」在內；至於「種子」與「種子」之間以及東西與東西之間的不同，則是因爲它們彼此間相互含有的「部分」多少不同：這就是安那撒格拉斯的同質分子遍在說。——譯者

說、[76]帕米尼底斯（Parmenides）的天地說、[77]安庇多克里斯（Empedocles）的愛憎說，[78]以及赫拉克利特所主張的物體皆可融解爲無所差別的火質而複重鑄爲各種固體的學說[79]等等，他們都有些自然哲學家的意味，都有些屬於事物性質、屬於經驗和屬於物體的味道；而在亞里斯多德的物理學中，則除邏輯字眼之外便幾乎別無所聞；而這些字眼，在他的形而上

---

76 關於這兩位哲學家，參見第一卷五一、五七兩條的注腳。他們的原子論要點如下：一切物體都由一些小到知覺不到的、不可分的、堅固不變的分子即原子所構成；這些原子在質上沒有差別，差別只在形狀、方位和排列，在這些方面的千差萬別的花樣就形成物體的千差萬別的屬性；這些原子，透過虛空，遊蕩於無限的空間之中，一切東西之生成乃是它們運動和偶然湊攏的結果。——譯者

77 古希臘哲學家（西元前第六世紀至第五世紀），伊里阿學派領袖。亞里斯多德在*Metaphysica*一書第一卷第五章曾有如下的敘述：帕米尼底斯既然宣稱除存在外別無不存在的東西存在，所以他就認爲存在必然爲一，而別無其他東西存在；可是他又被迫遵循眼見的事實，假認在模式上爲一的東西在我們感覺上則多於一，於是他就舉出兩個原因亦即兩個原理，那就是熱和冷，亦即火和土；並把前者列於存在，把後者列於不存在。培根所說帕米尼底斯的天地說（coelum et terra），或許是據此而言。——譯者

78 古希臘哲學家（西元前約四九〇—四三〇年）。他提出土、水、空氣和火爲四大元素的學說，認爲一切東西都由這四者混合而成；而愛和憎則爲運動的原因，從而亦爲這些元素所以混合的原因。——譯者

79 參見第一卷語錄四二注腳。——譯者

學當中，在這一更莊嚴的名稱之下，以居然較像一個實在論者而不像是一個唯名論者的姿態，還又把它們玩弄了一番。在他的關於動物的著作[80]和問題集以及其他論著當中，誠然常常涉及實驗，但這事實亦不值得我們予以任何高估。因爲他是先行達到他的結論的；他並不是照他所應做的那樣，爲了建構他的論斷和原理而先就商於經驗；而是首先依照自己的意願規定了問題，然後再訴諸經驗，卻又把經驗扭曲得合於他的同意票，像牽一個俘虜那樣牽著遊行。這樣說來，在這一條罪狀上，他甚至是比他的近代追隨者——經院學者們根本拋棄經驗所犯的罪更大。

六四

經驗派哲學所產生的教條卻比詭辯派或唯理派還要畸形怪狀。因爲它的基礎不是得自普通概念之光亮（這種光亮雖然微弱和膚淺，但卻是普遍的，並且這種概念的形成是參照到許多事物的），而只是得自少數實驗之狹暗。因此這樣一種哲學，在那些日日忙於這些實驗而

80 在生物學方面，亞里斯多德有*Historia Animalium*，*De Partibus Animalium*，*De Motu et De Incessu Animalium*，*De Generatione Animalium*等著作。——譯者

其想像力又被它們所沾染的人們看來是可然的，並且只能是準確的；而在一切其他的人看來則是虛妄的和不可信的。關於這方面，在煉金家及其教條當中有著顯而易見的例子，雖然在這些時候除在吉爾伯特[81]的哲學當中很難在別處找到這種例子了。對於這一類的哲學，有一點警告是不可少的：我已先見到，假如人們果眞爲我的忠告所動，竟認眞投身於實驗而與詭辯的學說宣告永別，但隨即跟著理解力不成熟的躁進而跳躍或飛翔到普遍的東西和事物的原則，那麼這類哲學所孕的莫大危險是必須顧慮的。對於這個毛病，我們甚至在此刻就該準備來防止它。

六五

迷信以及神學之融入哲學，[82]這對哲學的敗壞作用則遠更廣泛，而且有著最大的危害，不論對於整個體系或者對於體系的各個部分都是一樣。因爲人類理解力之易爲想像的勢力所侵襲正不亞於其易爲普通概念的勢力所侵襲。那類好爭的、詭辯的哲學是用陷阱來困縛理解

81 參見第一卷語錄五四和注腳。——譯者

82 參見第一卷語錄八九——譯者

力；而這類哲學，由於它是幻想的、浮誇的和半詩意的，則是多以諂媚而將理解力引入迷途。因爲人在理解方面固有野心，而在意志方面的野心也不弱，特別在意氣昂揚的人更是如此。

關於這類哲學，在古希臘人當中有兩個例子：畢達哥拉斯（Pythagoras）[83]是一個引人注目的例子，他把自己的哲學和一種較粗糙的、較笨重的迷信聯結在一起；另一個是柏拉圖（Plato）及其學派，[84]則是更爲危險和隱微的。在其他哲學的部分當中，同樣也表現出這個

---

83 古希臘哲學家（西元前約五七二—四九七年）；曾在義大利南部克魯頓（Kroton）地方聚徒結社，既是宗教團體，又是學術宗派，稱爲「畢達哥拉斯之徒」（Pythagoreans），興盛於西元前第六世紀後五十年，至第四世紀末葉漸熄。培根指責他以迷信或宗教融入哲學，又稱他爲神祕主義者（見第一卷語錄七一），他把宗教上的潔淨觀念引入生活和學術：除奉行某些食戒和某些儀式外，並認定以藥物潔淨肉體、以音樂潔淨靈魂。他主張輪回說或再生說。他的數理哲學亦帶有神祕主義：認爲奇數與偶數的對立同於模式與質料的對立，認爲「一」同於理性，「二」同於靈魂。——譯者

84 古希臘哲學家（西元前四二八〔七〕—三四八〔七〕年），雅典（Athens）人；二十歲從學於蘇格拉底（Socrates）；三十出遊，學到蘇格拉底以前一些學派的哲學知識；四十返雅典，創立學園（Academy），聚徒講學，亞里斯多德即其弟子之一。

情形，如人們引進了抽象的模式，引進了目的性原因和第一性原因，而在最多數情節上卻刪除了中間性原因，以及類此的情況。在這一點上，我們應當加以最大的警惕。因爲要尊奉錯誤爲神明，那是最大不過的禍患；而虛妄之易成爲崇敬的對象，卻正是理解力的感疫性的一個弱點。而且現代一些人們[85]正以極度的輕浮而沉溺於這種虛妄，竟至企圖從《創世記》第一章中、從《約伯記》中，以及從聖經的其他部分上建立一個自然哲學的體系，這乃是「在活人中找死人」。[86]正是這一點也使得對於這種體系的禁止和壓制變得更加重要，因

培根指責柏拉圖的哲學有迷信和宗教成分，具體地說，是指他的憶往說（doctrine of Reminiscence，見Meno和Phaedo兩篇對話）；但主要是指他的絕對理念說（doctrine of absolute Ideas）。培根還說過，柏拉圖以自然神學敗壞了自然哲學（見第一卷語錄九六），這話可資參證。至西元第三世紀，新柏拉圖主義更發展了柏拉圖思想的神祕的一面。——譯者

85 基欽指出，這或許是指弗拉德（Robert Fludd，一五七四—一六三七年，醫生和通神學者）而言；他著有《摩西哲學》一書，就是根據《創世記》頭幾章建立起一個物理學概略。還有哈欽森（John Hutchinson，一六七四—一七三七年，一個神學狂熱者，著有《關於宗教的一些思想》一書，從聖經引繹出一切宗教和哲學），亦屬這一流人物。——譯者

86 此成語出自《路加福音》第二四章第五節。培根在*De Augmentis Scientiarum*一書第九卷中曾再次引用。（按：照上文讀來，似乎應說是「在死人中找活人」才對。——譯者）

爲從這種不健康的人、神融合中，不僅會產生荒誕的哲學，而且還會產生邪門的宗教。因此，我們要平心靜氣，僅把那屬於信仰的東西交給信仰，那才是恰當的。[87]

六六

以上略論或是建立在普通概念上，或是建立在少數實驗上，或是建立在迷信上的各種體系的一些爲害不淺的權威，就講到這裡。剩下要講的還有思辨的錯誤題材，特別是自然哲學中的錯誤題材。人類理解力有見於在機械性技術當中物體變化主要在於合拼或分離，爲這一觀感所沾染，就進而想像事物的普遍性質中亦有類似情形。元素的構想以及元素會合乃成自然物體的構想，就是由這個根源而來的。再者，人們既思想自然是自由地動作，同時又遇見各類事物的不同種屬，動物有若干種，植物有若干種，礦物有若干種；由此他們就很方便的過渡到一種想法，認爲自然中原有某些始基模式是自然意欲加以推演的，而其餘的花樣則是出於自然在實現其工作的過程中受阻出軌，或是出於不同種屬的相互衝突和相互串種。由

87 基欽指出，這是暗指《馬太福音》第二二章第二一節。弗勒提示說：「我們必須記住，這種情操，在我們今天已經成爲老生常談，在培根的時代卻是新奇的，幾乎講不通的。」——譯者

於前一個揣想，我們就有所謂元素性的始基屬性；[88]由於後一個揣想，我們就有所謂隱祕本性[89]和種屬特性；而兩者實都屬於思想的空洞綱目，心靈於此獲得休歇，也因此而捨其較堅實的事業。醫生們致力於物質的二級屬性，即致力於吸力、拒力、稀化、濃化、膨脹、收縮、消散、成熟以及其他類似的動作，這是較爲合於目的的；若不是有上述兩點綱目（即元素性屬性和種屬特性）把他們的正確觀察敗壞在這些別的事情上——即不是把這些二級屬性歸結到始基屬性及其隱微而無從較量的混合物，就是不去用更深和更努力的觀察來把它們推展到三級、四級的屬性，而使這種鑽研在中途夭折——則他們早就做出更大得多的進步了。並且上述這一類相似的力量（我不說相同的，而說相似的）還不應僅在有關人體的醫藥方面來尋求，在一切其他物體的變化方面也是應當去尋求的。

但遠遠更大的一個毛病還在於：他們所取作思辨對象和探究對象的乃是事物「所從以」

88 元素性屬性（見第一卷語錄四五注腳）就叫始基屬性。物體的一切其他屬性，凡由這些始基屬性配合和互化而成的，則叫作二級屬性。——譯者

89 弗勒引牛頓在《光學》第三卷中的一段話說：「亞里斯多德學派所謂隱祕本性，不是指各種明顯的性質，而是說各個物體中隱有一些性質，爲產生明顯結果的一些不可知的原因。這種隱祕本性的說法阻礙了自然科學的進步，所以近代人排斥它。若只告訴我們說，一切事物都有一種隱祕的種屬本性，會產生出明顯的結果，這等於什麼也沒有告訴我們。」——譯者

產生的一些靜的原理，而不是事物「所藉以」產生的一些動的原理。[90]前者只歸趨於談論，後者才是歸趨於事功的。至於在自然哲學方面已被公認的體系當中所有關於運動的一些流俗的區分，如所謂生成、毀滅、增多、減少、變易和位置移動等，也沒有任何價值可言。他們的意思無疑只是這樣：一個物體如在其他各方面都無變化而卻從它的地位上動了，這就是「位置移動」；它如在地位上沒有改變，在本質方面也沒有改變，而卻在屬性中有所改變，這就是「變易」；一個物體如果由於有所改變而體積和容量不同於前了，這就是「增多」或「減少」；它如果改變到一種程度以致本質和實質都變掉而轉為另一個東西，這就是「生成」和「毀滅」。所有這些都只是通俗之說，絲毫沒有深入到自然中，因為它們都只是運動的度量和界限，而不是運動的種類。他們所示及的乃是「到何程度」，而不是「用何方法」或「從何根源」。因為他們沒有提示到任何關於物體的欲求和關於物體各分子的發展的東西；他們只是當運動已使事物在感官面前呈現為顯然大異於前時，才開始標誌其區分。[91]即當他們願就運動的原因有所提示並據以樹立一種區劃時，他們卻又以極度的疏忽只提出了

---

90 弗勒注釋說，這個毛病是說人們只注意於資料因而忽略成因。——譯者

91 基欽指出，培根在這裡所非難的正是亞里斯多德在*Categories*一書中所舉的六種運動。——譯者

自然運動與強力運動之分；[92]這區分實乃完全出自流俗概念，因爲一切強力的運動事實上也是自然的，外來的力量只不過是促使自然動作異於故常罷了。但是，抛開這一切不談，如果有人觀察到物體中有一種欲求要相互貼靠，俾自然的統一體不致大有間離和斷裂而造成一個虛空；如果又有人說物體中有一種欲求要保持其自然的體積或張度，所以每當遭到向裡壓縮或向外擴展的時候就立刻起而奮鬥以圖恢復其自己，並重複回到原來的容量和廣袤；或者如果再有人說物體中還有一種欲求要趨聚於性質相類的塊體，例如濃厚的物體趨聚於地的球面，稀薄的物體則趨聚於天的圓周；那麼，所有這些和類似的運動才眞正是屬於物理一類的運動；[93]而另外的那些則完全是邏輯的和繁瑣哲學的東西，這從比照當中也可以看得十分明白。

此外還有一個並非較小的毛病，就是：在他們的哲學和思辨當中，他們的努力都用在對事物的第一性原則和對自然中具有最高普遍性的一些東西的查究和處理；而其工作的效用和方法都是完全出自中間性的事物。由於這樣，所以人們一方面則要對自然進行抽象，不達到那潛而不現、賦形缺如的物質不止；另一方面則要把自然剖解到直抵原子方休。而這兩個東

92 關於這一點，參見第二卷語錄四八中所論第三種運動即自由運動，那裡有進一步的說明。——譯者

93 參見第二卷語錄四八，培根在那裡舉出了十九種眞正屬於物理一類的運動。——譯者

西又如何呢？它們即使是眞的，也不能對人類福利產生有多少作用。

六七

那些哲學體系還有一種任性無度的情形表現在給予同意或拒予同意，這亦是應當對理解力提出警告的；因爲這種任性無度，由於它阻擋了通往假象而加以剔除的道路，似乎多多少少助使假象得以確立並長存。

這種逾度的情況有兩種：第一種表現在這樣一派人，他們輕於有所決定，因而使各種科學都成爲武斷和欽定的；另一種表現在另一派人，他們否認我們能夠瞭解什麼東西，從而宣導了一種漫無目的也終無所達的探究。在這兩種之中，前者壓制了理解力，後者削弱了理解力。[94]亞里斯多德的哲學，在以敵意的痛駁毀滅了一切其餘的哲學（如阿圖曼諸王對待其弟兄那樣）之後，就在所有各點上都立下了法則；這樣做了以後，他又進而端出一些自己所提示的新問題，而又同樣地予以解決。這樣一來，就再沒有什麼東西不是確定的了。這種做法至今還刁難著他的繼承者並在他們當中使用著。

---

94 關於這兩種學派的劃分，序言中一開頭就已提出。——譯者

另一方面，柏拉圖學派卻宣導了不可解論。[95]這派最初是譏嘲和鄙視那些較老的詭辯家們，如普羅泰格拉（Protagoras）、[96]希庇亞斯（Hippias）[97]和其餘等人，認爲他們最可恥之處乃在於對任何事物都抱懷疑。但新學園派卻正以此做成一個教條，並當作一種主義來加以主張。[98]雖然他們說絕沒有像比羅（Pyrrho）[99]及其皈依者那樣破壞任何研究，而倒承認，固然沒有一個事物可視爲眞理來加以主張，卻也有些事物可視爲可然而加以追求；雖然

---

95 原文在第一卷語錄三七和這裡都使用了acatalepsia一字。據基欽指出，培根在*Advancement of Learning*一書中，自己把這字譯爲incomprehensibleness。按：培根使用這字，是指這樣一種學說：認爲自然事物不可理解，特別認爲感覺知識不確定又靠不住。柏拉圖的理念說就否認感官世界中能有什麼確定的東西，能有什麼眞正的知識，所以培根說他宣導了這個學說。這與後來康德（Kant）所講的以自在事物根本爲人類認識所不能及的「彼岸」那種「不可知論」有所不同，所以試譯爲「不可解論」。——譯者

96 古希臘詭辯派大師（西元前約四八〇—四一〇年）；他有一句名言，說「人爲萬物之尺度」。——譯者

97 古希臘詭辯家之一，以博學多能著稱，創有一套記憶術。——譯者

98 新學園派發展爲懷疑主義和折衷主義，大盛於西元前第三、第二兩世紀，其主要代表爲阿斯西老斯（Arcesilaus）和卡爾內阿德斯（Carneades）。——譯者

99 古希臘哲學家（西元前約三六五—二七五年）；澈底的懷疑論者，認爲事物的眞實性質是不可能知道的，因此對一切事情都只可存疑而不應判斷。這樣講來，當然任何研究都被破壞了。——譯者

他們的這種辦法比那種強制的論斷看來像是比較持平；但是，儘管這樣，只要人心一經絕望於尋求眞理，那麼它對一切事物的關注就會變得較淡；結果是人們就模糊焦點成爲快意的爭辯和談論，就像是飄蕩於對象與對象之間，而不在一條嚴謹審究的途程上堅持前進了。實則，如我在開始就說並一貫力主的，人類的感官和理解力縱然較弱，也不應剝奪它們的權威，而應當提供它們助力。[100]

六八

關於幾類假象及其輔翼，概如上述。我們必須以堅定的和嚴肅的決心把所有這些東西都棄盡摒絕，使理解力得到澈底的解放和滌洗；因爲建立在科學之上的人間大門正和天國大門無異，那就是說，沒有人會走得進去，除非像一個小孩一樣。[101]

---

100 參見第一卷語錄一二六。——譯者

101 基欽指出，「非像赤子一樣就走不進天國的大門」這句話出自《馬太福音》第一八章第三節。——譯者

六九

邪惡的論證可以說是假象的堡壘和防線。我們在邏輯[102]中現有的論證不外是把世界做成人類思想的奴隸，[103]而人類思想又成爲文字的奴隸。[104]實在說來，論證實際上就是哲學和科學本身。因爲論證如何，端視其是樹立好或壞，隨之而來的思辨和哲學體系也會是如何。現在，在從感官和對象到原理和結論的整個過程中，我們所使用的論證都是欺騙性和不稱職的。這個過程包含著四個部分，也就有著同數的錯誤。第一點，感官的印象本身就是錯誤的，這是因爲感官既不得用，又欺騙我們。不過，感官的缺陷是要予以彌補的，它的欺騙是要加以糾正的。[105]第二點，從感官的印象來抽取概念，這做得很惡劣，以致概念都是不明確的，都是混亂的，而實則它們應當是明確而有清楚界限的。[106]第三點，現在的歸納法是無當的，它是以簡單的枚舉來推斷科學的原則，而不是照它所當做的那樣使用排除法和性質分解

---

102 拉丁本原文爲dialectica。——譯者

103 參見第一卷語錄五四、六三。——譯者

104 參見第一卷語錄四三、五九、六〇。——譯者

105 參見第一卷語錄三七、四一、五〇、六七、一二六。——譯者

106 參見第一卷語錄一五、一六、六〇。——譯者

法（或分離法）。[107]最後，第四點，那種用以發現和證明的方法，即首先樹立最普遍的原則而後據以考證中間原理的那種方法，實乃一切錯誤之母，全部科學之祟。[108]關於這些事情，我現在只是約略提及，等到進行了人心的補過和洗滌以後，進而要提出關於解釋自然的眞正道路的時候，我還會更詳細的加以論說。[109]

七〇

最好的論證當然就是經驗，只要它不逾越實際的實驗。因爲我們如搬用經驗於認爲類似的其他情節，除非經由一種正當的、有秩序的過程，否則便不免是謬誤的事。可是現在人們做實驗的辦法卻是盲目的和愚蠢的。[110]他們是漫步歧出而沒有規定的途程，又是僅僅領教

---

107 參見第一卷語錄一七、一〇五。——譯者

108 參見第一卷語錄一九、一〇四。——譯者

109 詳細論說見第一卷語錄一〇〇至一〇六。——譯者

110 基欽提示說，這裡指出人們做實驗時常有的四個毛病：一、缺少一種選擇定向的方法（這要靠一些享有優先權的事例來救活）；二、用力薄弱，做實驗沒有足夠的多樣變化；三、僅僅追求一種實驗或一個題目，而忽略一切其他；四、急於得到實踐上的應用。——譯者

於一些偶然自來的事物，因而他們雖是遊歷甚廣、所遇甚多但進步卻少；他們有時是滿懷希望，有時又心煩意亂，而永遠覺得前面總有什麼尚待尋求。就一般情況來看，人們之做試驗總是粗心大意，彷彿是在遊戲；只把已知的實驗略加變化，而一當事物無所反應，就感到煩倦而放棄所圖。即使有些人是較爲嚴肅、誠懇和努力的投身於實驗，也只是注其勞力於做出某一個實驗，如吉爾伯特之於磁石、化學家之於黃金，都屬此例。這種前進的途程實是企圖既小、設計也拙的。因爲一個事物的性質若僅就那個事物本身去查究，那是不會成功的；我們的探討必須放大，才能成爲更較普遍的。[111]

即使人們有時企圖從他們的實驗中抽致某種科學或學說，他們卻又幾乎永是以過度的躁進和違時的急切偏向實踐方面。這尚非僅從實踐的效用和結果著想，而亦是由於急欲從某種新事功的形跡中使自己獲得一種保證，知道值得繼續前進；亦是由於他們急欲在世界面前露點頭角，從而使人們對他們所從事的業務提高信任。這樣，他們就和亞特蘭大（Atalanta）一樣，跑到岔路去拾金蘋果，同時就打亂了自己的途程，致使勝利從手中跑掉。[112]在經驗的

---

111 參見第一卷語錄八八。——譯者

112 基欽指出，這個譬喻是培根所喜愛的，見第一卷語錄一一七，在*Advancement of Learning*和*Filum Labyrinthi*兩書中亦曾說到。按：這故事是這樣的：亞塔蘭塔是希臘一位美麗的公主，以捷足著稱。凡求婚者，競走

眞正的路程中，在把經驗推進至產生新事功的過程中，我們必須以神的智慧和秩序作我們的模範。且看上帝在創世的第一天僅只創造了光，把整整一天的工夫都用於這一工作，並未造出什麼物質的實體。同樣，我們從各種經驗中也應當首先努力發現眞正的原因和原理，應當首先追求「光」的實驗，而不追求「果」的實驗。[113]因爲各種原理如經正確的發現和建立，便會提供實踐以工具，不是一件又一件的，而是累累成堆的，並且後面還帶著成行成隊的事功。關於經驗的一些途徑，其被阻與受困一如判斷之被阻與受困的一些途徑，我在後面還要講到；[114]這裡只是把通常的實驗研究作爲一種壞的論證來提一下罷了。現在，依照手中問題的順序，我還須就另外兩點有所闡說：一點是前文剛剛提到的**跡象**（表明現在通行的思辨和哲學體系是情況惡劣的一些跡象），[115]另一點是那種初看似覺奇怪難信的情況所以存在的**原**

能勝則許嫁，敗則死。最後，有名喜普門尼（Hippomenes）者冒險應賽。他懷有愛神供給的金蘋果數枚，投之路旁誘她岔出拾取。她第一次拾取後仍能領先；經再三誘擾，終於在競走進程中落後，遂爲求婚者所得。——譯者

113 參見第一卷語錄九九、一一七、一二一。——譯者

114 參見第一卷語錄八二、八三、九八至一〇三。——譯者

115 參見下文七一至七七。——譯者

因。[116]指出跡象就能醞釀人們的同意；說明原因則能免除人們的驚奇：這兩件事都大有助於從理解力當中根絕假象的工作，使這工作較爲容易並較爲溫和一些。

七一

我們所擁有的科學大部分來自希臘人。羅馬、阿拉伯或後來的作者們所增加的東西是不多的，也沒有多大重要性；而且不論所增加的是什麼，也是以希臘人的發現爲基礎。[117]現在且看，希臘人的智慧乃是論道式的，頗沉溺於爭辯；而這恰是和探究眞理最相違反的一種智慧。這樣看來，詭辯家這一名稱，雖爲那些願被認作哲學家的人們輕蔑地拋回而轉敬給古代修辭學者高嘉斯（Gorgias）、[118]普羅泰格拉、希庇亞斯和普拉斯（Polus）

---

116 參見下文七八至九二。——譯者

117 弗勒評注說，這種責備是過分了。我們至少可以說，羅馬人一定發明了一些機械性技術，才能建造那樣大的道路、水渠、橋梁和大劇院等。阿拉伯人則發明了現在使用的數位、代數、蒸餾法；在醫藥學方面亦有貢獻；而化學的研究亦是由他們開始的。——譯者

118 高嘉斯（西元前約四八〇—三七五年），生於西西里（Sicily），長居雅典；著名的演說家、修辭學家和哲學家，是詭辯派的重要代表之一。——譯者

等人，實也大可適用於這類人全體，包括柏拉圖、亞里斯多德、齊諾（Zeno）、[119]伊比鳩魯（Epicurus）、[120]泰奧弗拉斯托斯（Theophrastus）[121]和他們的繼承者克律西波斯（Chrysippus）、[122]卡爾內阿德斯（Carneades）[123]以及我在內。這兩群人的不同之處僅在：前者是漫遊的、圖利的，往來於各城市之間，出售他們的智慧，並且收取價錢；而後者則高自位置、表現尊嚴、有固定的寓所，開設學校講授他們的哲學而不收取報酬。這兩種人在其他方面雖不相等，卻同是論道式的、同是把事情弄成爭辯、同是樹立哲學宗派以至異端邪說而爲之哄鬥；所以他們的學說大部分只是（如狄奧尼修斯〔Dionysius〕對柏拉圖

---

119 古希臘哲學家（西元前三四一—二七〇年）；創學於雅典，稱伊比鳩魯學派（Epicurean School）；他認爲求樂是人生的自然目的，而心靈方面的愉快遠高於物質方面或感官方面的享樂。——譯者

120 古希臘哲學家（西元前約三四〇—二六五年）；創學於斯多阿（Stoa），稱斯多阿學派（Stoic School），其說以遵奉理性，苦樂無動於衷爲主。——譯者

121 泰奧弗拉斯托斯（西元前三七〇—二八七年）；亞里斯多德的大弟子和繼承人；著作甚富，以《論人的性格》爲最著。——譯者

122 克律西波斯（西元前二八〇—二〇九年）；繼克林席斯（Cleanthes）之後爲斯多阿學派的領袖。——譯者

123 卡爾內阿德斯（西元前約二一五年至一二五年）；繼阿斯西老斯之後爲新學園派的領袖。——譯者

嘲笑得很對的說法）「無聊老人對無知青年的談話」。[124]但是較早的希臘哲學家們，如安庇多克里斯、安那撒格拉斯、留基伯、德謨克利特、帕米尼底斯、赫拉克利特、色諾芬尼（Xenophanes）、[125]菲洛勞斯（Philolaus）[126]以及其餘諸人（至於畢達哥拉斯，我把他當作一個神祕主義者置而不論），[127]以我們所知，則都不曾開設學校；而是較沉默、較嚴謹和較單純的，也就是說，帶有較少的虛矯和炫示的意味投身於對眞理的審究。正因如此，照我看來他們也是比較成功的；不過他們的事功卻在時間進程中被那些有較多東西來投合流俗能力和嗜好的瑣碎之輩所掩蔽了，時間有如河水，總是把輕的、虛幻的東西流傳給我們而任有分量的東西沉沒。[128]但儘管這樣，他們也仍未能完全免於他們民族的通病，還是太過傾倒於野

124 基欽指出，這裡提到的是老狄奧尼修斯（狄奧尼修斯父子兩個，都是Syracuse的暴君）；他和柏拉圖的會見以及他所說的這句話，見狄奧根尼·拉爾修所著《哲學家傳記》第三卷第一八章。——譯者

125 古希臘哲學家（西元前約五七〇—四八〇年）。他考查自然現象，認爲凡有生物都有一個根源，植物和動物各有其自然的根源。據稱他曾說過這樣幾句話：「衣索比亞（Ethiopia）人的神是黑皮膚、扁鼻子；色雷斯（Thrace）人的神是好看的、藍眼睛的；假如牛會繪畫，它們的神就會是牛。」——譯者

126 畢達哥拉斯學派後期學者之一。——譯者

127 參見第一卷語錄六五和注腳。——譯者

128 基欽指出，以輕浮重沉的現象比擬學術眞理的存廢，是一個荒唐的謬誤；而培根似乎頗歡喜這個論據，在第

心和虛榮，要建立宗派以譁眾取寵。而眞理的審究如竟偏差到這類細事方面，那就不得不令人絕望了。還有一點非提不可，那就是如埃及僧侶給希臘人下的評語，或毋寧說是一種預言：「他們永遠是孩子，既無知識之古，也無古之知識。」[129]的確，他們眞是具有孩子的特徵，敏於喋喋多言，不能有所製作；因爲他們的智慧是豐足於文字而貧瘠於動作。這樣看來，從現行哲學的源頭和產地看到的一些跡象是不好的。

七二[130]

時間和年代的特性也不比國度和民族的特性給出較好的跡象。因爲在那個時期，人們無論對於時間或地方都僅有一種狹窄而貧弱的知識，這乃是最壞的一種情況，特別是對於那些把一切寄託於經驗的人們。回溯至千年以上，他們就沒有配稱爲歷史的歷史，而只有一些古代的寓言和傳聞。至於說到世界的領域和地區，他們則僅知道一小部分；他們把一切在北方

一卷語錄七七中又這樣說，在*Advancement of Learning*和*Filum Labyrinthi*兩書中亦有此說。——譯者

129 這句話出於柏拉圖對話集中Timaeus一篇。

130 參見第一卷語錄八四。——譯者

的人籠統稱爲塞西人（Scythians），[131]把一切在西方的人都稱爲塞爾特人（Celts）；[132]他們對於非洲南至伊西奧庇亞（Aethiopia）以外，對於亞洲東至恆河（Ganges）以外，就一無所知；關於新世界各地，他們所知就更少了，甚至在道聽塗說中或根據有限的傳聞中都不曾聽到過；不僅如此，世界上有多種氣候和地帶，有無數民族呼吸生活於其中，這在他們竟稱爲是不可居的；至於像德謨克利特、柏拉圖和畢達哥拉斯諸人的遊歷，[133]實在不過是一種郊外散步，說不上什麼長程旅行，可是在他們卻作爲壯舉來談說了。另一方面，在我們的時代，新世界的許多部分以及舊世界的各方的界限都是已經知道的了，我們的經驗庫藏也增加到無限的數量。這樣說來，如果我們（像占星家一樣）從那些哲學體系的出生年月汲取一些跡象，那對它們是推算不出任何偉大之處的。

---

131 古時所謂塞西（Scythia）地方，包括歐洲東南部以及亞洲西部以東這一大片地區；住在這區域裡的人有許多種族，統稱爲塞西人。——譯者

132 在史前時代，歐洲西部曾兩次爲雅利安（Aryan）各族所侵入，現在把這些移民統稱爲塞爾特人。——譯者

133 基欽注明，德謨克利特曾遊歷到亞洲大部分，有人說他甚至到過印度和伊西奧庇亞。柏拉圖只到過西西里、埃及和塞倫尼（Cyrene）。畢達哥拉斯則到過埃及、亞拉伯、弗尼夏（Phoenicia）、巴比倫，可能還到過印度。——譯者

七三

在所有跡象當中，沒有比從成果方面看到的跡象更確實或更顯赫的了。因爲成果和事功可說是哲學眞理的保證人和擔保品。現在且看，從希臘人的所有那些體系當中，以及從它們所衍出的各別科學當中，過了這麼多年，竟指不出一個實驗是趨向於救濟和嘉惠於人類情況的，也指不出一個實驗是眞可歸功於思考和哲學理論的。塞爾薩斯（Celsus）[134]坦白的承認了這一點，他告訴我們：醫學的發現，其實驗部分是在先的，此後人們才去對它作哲學的研究，才去追求並賦予各種原因；而不是經由相反的過程，不是由哲學和對於原因的認識引導到其實驗部分的發現和發展的。[135]這樣看來，在埃及人以神聖的尊榮和禮儀所崇拜的那些發明家當中畜類的偶像竟多於人的偶像，這就不足爲奇了；這是因爲畜類以其自然本能曾做出了很多發現，而人們以其理性的討論和結論則很少有所發現或完全無所發現。

---

134 塞爾薩斯是奧古斯都（Augustus）時代（或者稍晚）的羅馬名醫。他遵循希波克拉特的方法，觀察和注視自然的動作，予以規限而不加以違反。著有《論醫》（*De Medicina*）一書，爲研究古代醫學的寶貴資料。——譯者

135 這段話，塞爾薩斯並不是作爲他自己的意見來說的；相反，他是在表述醫學方面的經驗學派所抱持的見解，而這恰是他所反對的。培根在他的著作中有好幾處重複了這種引述上的錯誤。

化學家們的努力誠然亦產生了一些成果，[136]但這乃是偶然產生、順便產生的，或是由於像機械學所做的那樣把一些實驗加以變化而產生的，而不是由任何技術或理論所產生的。因爲他們所提出的理論，與其說是幫助實驗，毋寧說是攪亂。至於那些從事於他們所謂自然幻術的人們，也只能拿出極少的發現，而那又是很膚淺和像是騙人的。這樣看來，正如在宗教方面我們受到警告要以行爲來表示自己的信仰，同樣，在哲學方面我們也應當依照相同的規則要以成果來評判學說體系；而假如這體系是沒有成果的，我們就應當宣告它毫無價值，特別是當它不僅不產生葡萄和橄欖等果實反而帶有爭執、辯論之荊棘和蒺藜時，我們就更應當作這樣的宣告。

七四

我們還要從哲學體系和各種科學的增長與進步這一方面抽取跡象來看。凡建築在自然上的東西都會生長和增加；凡建築在意見上的東西則只有變化而無增加。因此，那些學說假如

---

136 基欽指出，他們已經發明了酒精、硝酸、硫酸、揮發性鹼、火藥和其他一些東西；這雖然還不能與近代化學的發明相比，卻已是不可輕視的了。——譯者

不是像一棵植物扯斷了根，而是保持緊密連接於自然的胎宮並繼續從那裡吸到營養，那麼就不可能發生如我們現在所看到的兩千年來的經過情況，就不可能是：各種科學都停滯在原來的地方而幾乎原封不動，不僅沒有顯然可見的增長，而且相反，只在最初創立者手中繁榮一時之後隨即衰落。且看各種機械性技術，由於它們是建築在自然和經驗之光上，就有著相反的情況，它們（只要一天保持其通俗性）是一貫在繁榮和生長著，彷彿其中有一種生命的氣息；它們起初很粗糙，然後又便利些，後來又得到潤飾，是時時都在進步著的。

七五

還有一個跡象，與其稱作跡象，毋寧說是證據，而且是所有證據中最有力的一個，就是人們現在所追隨的那些權威人士們的自白。即使那些勇於自信而爲一切事物訂立法則的人們，當其在比較心沉氣靜的狀態時，也常常抱怨自然之隱微、事物之難知以及人心之疲弱無力。假如他們止於說到這裡，那麼，固然有些秉性怯弱之輩會被嚇到而不再前進尋求，卻亦有些比較熱情而富有精神的人們會更加激奮而勇往直前。但他們尚不甘於僅爲自己解嘲而已，他們還進而認定，凡在他們自己或者老師的知識所及之外者都是根本在可能界限之外，並且好像是根據著他們學術的權威來宣告那是不可解或不可能做的；這樣，他們就最擅斷和最無分際的把自己之無力發現轉爲對自然本身的指控，轉爲對世上餘人的絕望。那個尊奉不可解論爲主義而判處世人於永久黑暗的新學園派就是由此而來的。那種認定模式[137]或事物的眞正區別性（那事實上就是單純活動的法則）爲人力莫及、不能找出的見解也是由此而來的。由此而來的還有關於活動和動作部門的一種見解，認爲太陽的熱和火的熱在種類上大有區別，唯恐人們會想像到能夠借火的動作來演出和形成什麼有似自然作品的東西。由此而來的還有一種概念，認爲人的工作僅僅是去組合，至於混合工作則非自然莫屬，[138]這又是唯恐人們會向技術要求什麼能夠產生和改變自然物體的力量。這樣說來，從這個跡象來看，人們大可得到一種警告，不要把自己的前程和努力混纏於那些不僅令人感到絕望而且自趨於絕望的教條。

七六

另有這樣一個跡象，也必須談論，就是：以前在哲學家中間曾存在過這樣大的分歧以及

---

137 這裡所說的模式是培根式的模式，與第一卷語錄五一所否定的模式完全不是一回事。參見前條和注腳。——譯者

138 這是指蓋倫而言，他在De Naturalisbus Facultatibus一文中曾把自然內在的形成力量與技術外加的動作對立。參見第一卷語錄四，培根在那裡肯定了他卻在這裡所否定的這同一命題。

五花八門的學派，這一事實充分表明了那由感官到理解力的路徑不是畫定得很精細，而哲學的共通的基礎（即事物的性質）則被割切而破碎成許多含糊而繁複的謬見。這些時，關於第一性原則和整個體系上的意見分歧雖已大部分消滅，但在哲學的一些部分上仍存在著無數問題和爭執。由此就可清楚看出，無論在那些體系本身當中，或是在論證的方式當中，都沒有任何準確的或健全的東西。

七七

一般意見認爲，關於亞里斯多德的哲學無論如何總是有著很大程度的一致同意。因爲在它一經發表之後，舊哲學家們的體系即告衰亡，而其後也沒有更好的東西出現；這樣，它就像是規建得非常好以致能收前後兩代於扈從之班。對於這種見解，我要有所答覆。首先，一般所謂隨亞氏著作問世而舊體系即告消亡之說根本就是一個錯的觀念；事實是，此後很久甚至直到西塞羅（Cicero）時代以及其後若干年，舊哲學家們的著作還是依然無恙的。139

139 基欽指證說，不僅培根所喜愛的較早的希臘哲學家們的著作存在無恙，就是斯多阿學派和伊比鳩魯學派的著作也存在無恙，還有新柏拉圖派的著作亦是這樣。——譯者

只是到了以後，當野蠻人氾濫到羅馬帝國使人類學術遭到沉溺之禍的時候，亞里斯多德和柏拉圖的體系乃像幾塊較空、較輕的船板漂浮於時間的浪頭而獨獲保存下來。至於說到眾皆同意一層，如果我們更犀利深查，則人們也是受了欺蒙的。因爲眞正的同意乃是各種自由的判斷透過恰當的考驗而歸於一致。而人們同意亞里斯多德的哲學卻絕大多數是出於先入爲主的判斷和依於他人的權威；所以這只是一種苟從與附和，而說不上是同意。再說，即使那是一種眞正和廣泛的同意，我們也不應把同意當作可靠和堅固的證實；相反，事實上它只是一種強有力的臆測。而在一切臆測當中，尤以在知識問題上（神學除外，政治也除外，因爲那裡有投票權）[140]而以同意爲根據的臆測爲最壞。因爲，如我以前所說，凡能取悅於眾的東西只是那打動想像力或以普通概念的鎖鏈來束縛理解力的東西。[141]因此，我們正可恰當地把弗雄（Phocion）關於道德問題的話語移用於知識問題上來說：人們如果得到群眾的贊同和喝

---

140 培根的意思不是說，在神學問題和政治問題上多數票就一定正確有效；他只是說，從事情的性質來看，在那些問題上，以同意作爲論據這一點，比在純粹學術問題上更有分量。（關於在神學問題上進行投票這一點，基欽指出，培根無疑是指某些教會會議靠參加者投票來對教義問題和紀律問題做出決定這種情況而言，甚至像尼斯會議〔Council of Nice〕就是用多數表決來肯定眞正信條以反對阿呂亞斯主義〔Arianism〕的。——譯者）

141 參見第一卷語錄二八。——譯者

彩，就應當立刻檢查自己可能已經犯了什麼錯誤。[142]這樣看來，這個跡象可以說是最爲不利的一個了。

以上七節所論是從現行哲學和科學的根源、成果、進步、創始人的自供以及一般人對它們的同意等等幾點來看它們的跡象，表明它們的眞理性和健全情況都不是良好的。[143]

七八

現在要進而說明這些錯誤爲何產生以及它們爲何經歷這多年代而長久存在的**原因**；這些原因不僅多而且都很有力。說明了這點，人們就會不再詫異我所提出的這些考慮迄今不曾爲人所注意；而唯一詫異的只在它們爲何又在今天終於進入了某個人的頭腦而成爲其思想的主題；就我而言，我認爲只是某些可喜機緣的結果而非由於我的才具有任何優越之處，只是時

142 弗雄是古時雅典的一位將軍和政治家，反對雅典的民主制。這裡所引述的這句話出於普魯塔克（Plutarch）所著《偉人列傳》中的〈弗雄傳〉。——譯者

143 這幾句話在原本（基欽注本）和英譯本都是接排在上句之後，並未分節；這樣分節，是譯者根據文義和結構，爲醒目起見，擅自處理的。——譯者

間的產物而非智慧的產物。[144]

現在且說第一點原因，所謂那麼多的年代，假如認眞衡量一下，就縮到一個很小的範圍。在人們的記憶和學術所展延到的二十五個世紀之中，我們好不容易才能挑出六個世紀是豐產科學或利於科學的發展的。因爲在時間中和在地域中一樣，也有荒地和沙漠。算來只有三次學術革命，亦即三個學術時期是可以正經算數的：第一時期是在希臘人；第二時期是在羅馬人；第三時期就在我們，即西歐各民族了。而這三時期中的每一時期只能勉強算有兩個世紀，至於介於這三個時期中間的一些年代，就科學的繁榮成長這一點來說，那是很不興盛的。無論阿拉伯人或者經院學者們都提不到話下，他們在這些中間時期，與其說是對科學的分量有所增加，毋寧說是以大堆論文把科學磨損得像一條被踐踏了的道路一樣。這樣看來，科學進步之所以如此貧弱，首先可以理所當然的說是由於過去有利於科學的時間十分有限之故。

144 參見第一卷語錄一二一。——譯者

七九

第二點，還有一個從各方面呈現出來的重大原因，就是，即使在人類智慧和學術最發達（假如眞可算是發達的話）的那些時代裡，人們也只以最小部分的苦功用於自然哲學方面。而其實正是這個哲學才應被尊重爲科學的偉大的母親。因爲一切學術和科學如果被拔離了這個根本，縱然它們被打磨、剪裁得合於實用，卻是不會生長的。[145]現在且看，大家都知道，自從基督教取得信仰，力量強大以來，絕大多數的才智之輩都投身神學了；最高的報酬都施於這個事業，各種各樣的幫助也都極其豐富提供給這個事業；這種對於神學的專注主要占據了屬於我們西歐人士的那歷史的第三階段或時期；而就在此時文獻亦正開始蓬勃，宗教的爭論也正開始興起，這就又加強了這種情況。另一方面，說到此前一個時期，即以羅馬人爲主體的第二時期，那時哲學家們的思考和勞力主要是使用和消耗在道德哲學上面（道德哲學之對於異教徒，就如神學之對於我們一樣）。並且，在那些時候，最優秀的才智之士又普遍投身於公共事務之中；這是因爲羅馬帝國的廣度需要大量的人去服務。至於再說到希臘時期中自然哲學看來算是最發達的年代，那只不過是短短一瞬的時間；因爲在早期，所謂七

145 參見第一卷語錄七四。——譯者

哲，[146]除泰利斯（Thales）[147]外，都是投身於道德學和政治學的；而在後期，當蘇格拉底把哲學從天上拉到地上以後，[148]道德哲學就更空前的流行，從而使人心對自然哲學背離得愈遠了。

不僅如此，即使在自然研究發達的時期，由於人們的無謂爭論和誇炫新意，也使得那個時期本身敗壞而無結果。

這樣看來，在那三個時期當中，自然哲學在很大程度上不是被人忽視，就是受到阻礙。我們既已看到這點，那麼，對於人們之不會在其所不注意的事物上做出什麼進展也就不必感

---

146 希臘七哲是：（一）梭倫（Solon），他的格言是「認識你自己」；（二）契羅（Chilo），他的格言是「考慮結局」；（三）泰利斯，他的格言是「凡有擔當的人就是穩固的人」；（四）畢亞斯（Bias），他的格言是「多數人是壞的」；（五）克留勃拉（Cleobulus），他的格言是「避免極端」；（六）庇塔喀斯（Pittacus），他的格言是「緊握時機」；（七）佩里安德（Periander），他的格言是「在勤勞努力面前，沒有不可能的事」。——譯者

147 泰利斯（西元前六世紀），希臘哲學家，屬米勒塔學派（Milesian School）。據說他曾預言到西元前五八五年五月二八日的日蝕。據亞里斯多德稱述，他首先提出了宇宙有一種單一的物質元素的設想，並且說那就是水。——譯者

148 基欽指出，這話出於西塞羅所著*Disputationes Tuscalanae*一書第五卷第四章第十節。——譯者

到詫異了。[149]

八〇

此外還須添述一個原因，就是：自然哲學即使在對它注意的人們之間，特別在那後兩個時期，也始終不曾擁有一個擺脫一切而全力從事的研究者（除了某個在僧房中從事研究的僧侶或某個在別墅中從事研究的士紳），[150]而一直是被僅僅當作通往其他事物的便道或橋梁。這樣，這個偉大的科學之母就因橫來的侮辱而被貶黜到僕役的職務上，只去伺候醫學或數學的業務，也只去以一種打底子的染料來浸染幼稚而不成熟的智慧，使它以後更適於接受他種染色。平心而論，除非把自然哲學貫徹並應用到個別科學上，又把個別科學再帶回到自然哲學上，那就請人們不必期待在科學當中，特別是在實用的一部分科學當中，會有多大進步。因爲缺少了這個，則天文學、光學、音樂學、一些機械性技術以及醫學自身——還不止此，人們將更覺詫異的是連道德哲學、政治哲學和邏輯科學也都在內，將一併都缺乏深

---

149 這幾句話在原本和英譯本都未分節；這樣分節，是譯者擅自處理的。——譯者

150 基欽指出，前者無疑是指在牛津書齋中的羅傑・培根，後者或許是指笛卡兒（Descartes）。

刻性，而只在事物的表面和花樣上輕輕帶過。因爲這些個別科學在經過分工而建立起來之後，已不再受到自然哲學的滋養；而其實，自然哲學從它對於運動、光線、聲音、物體的結構和裝配以及人的情感和理智的知覺等等的眞正思辨當中，是應當能夠汲取對個別科學灌注新力量和生機的。這樣看來，科學既已與它的根子分離，則它之不復生長也就不足爲奇了。

八一

科學過去之所以僅有極小的進步，還有一個重大、有力的原因，就是下面這點。但凡走路，如果目標本身沒有擺正，要想取一條正確的途徑是不可能的。科學眞正的、合法的目標說來不外是這樣：把新的發現和新的力量惠贈給人類生活。但對於這一點，絕大多數人卻沒有感受到，他們只是僱傭化和論道式的；只偶然有智慧較敏，又貪圖榮譽的工匠投身於新發明，而他這樣做時多半是以自己的財產爲犧牲。一般說來，人們絕無以擴增技術和科學的總量爲己任之意，所以即在手邊已有的總量當中，他們所取和所求的也不外是對他們的演講有用、能使他們得利、得名或取得類此便宜的一點東西。即使在公眾之中居然有人以誠實的愛情爲科學而追求科學，他的對象也還是寧可在五花八門的思辨和學說而不在對眞理的嚴肅而嚴格的尋求。又即使有人偶然以誠意追求眞理，他所擔任的卻又不外是那種替早已發現的事物安排原因以使人心和理解力得到滿足的眞理，而並不是那種足以導致事功的新保證和原理的新光亮的眞理。這樣說來，既然科學的目的還沒有擺對，那麼人們在辦法上發生錯誤也就不意外了。

八二

正如人們已把科學的目的和目標擺錯了，同樣，即使他們把目標擺對了，他們所選取的走向那裡的道路又是完全錯誤而走不通的。若正確把情況想一下，就會看到如此令人詫異的事：一直以來竟不曾有人認眞從事於藉由一種布置井然的實驗程式而直接從感官出發來替人類理解力開闢一條道路；而竟把一切不是委棄於傳說的迷霧，就是委棄於爭論的漩渦，再不然就是委棄於機會的波動以及模糊而雜亂的經驗的迷宮。現在，讓任何人沉靜和努力的觀察一下人們在對事物進行查究和發現時所慣走的是什麼道路，他必定會看出，首先是一個極其簡單而質樸的探索方法，一個最通常的方法。它不外是這樣：當人們從事於發現什麼事物時，他首先要找出並且看看別人對這事物所曾發表過的一切說法，然後自己開始沉思，以其智慧的激盪和活動來籲請，亦可說是來召喚他自己的元精來給以神示。這種方法是完全沒有基礎的，是只建築在一些意見上而受意見所左右。

其次，又或許有人把邏輯[151]召進來替他做這發現。但邏輯除了名稱之外，是完全與這事無關的。因爲邏輯的發明並不在發現出學術所由以構成的一些原則和主要的原理，而只在發現看來是協合於那些原則和原理的一些事物。假如你是更好奇、更渴求和更好事一些，硬要去追問邏輯是如何檢驗和發明原則或始基原理，則它的答覆是眾所皆知的：它只是把你推到你對於每一個學術的原則所不得不有的信任上去。

最後還剩下單純經驗這一條道路。這種經驗，如果是自行出現的，就叫作偶遇；如果是刻意去尋求的，就叫作實驗。但這種經驗只不過是一種暗中摸索，一如處在黑暗中的人摸觸其周圍一切，希冀碰到一條出路；而其實他不如等到天明，或點起一支蠟燭，然後再走，要好得多。眞正的經驗方法則恰與此相反，它是首先點起蠟燭，然後以蠟燭爲手段來照明道路；這就是說，它首先從適當的整列和類編過的經驗出發，[152]而不是從隨心硬湊的經驗或者漫無定向的經驗出發，[153]由此汲取原理，然後再由已經確立的原理進展至新的實驗；這甚

151 本節中的「邏輯」，在原書中均爲dialectica。——譯者

152 參見第一卷語錄一〇二。——譯者

153 隨心硬湊的經驗，原文爲praepostera，基欽注釋說，這是說人心先定了主見，然後去找適合於它的事例；第一卷語錄六三在批判亞里斯多德的實驗時對此有詳細的論述。關於所謂漫無定向的經驗，參見第一卷語錄七〇第一段。——譯者

至像神諭在其所創造的總體上的動作一樣，並非是沒有秩序和方法的。[154]這樣看來，人們既已經誤入歧途，不是把經驗完全棄置不顧，就是迷失於經驗之中而在迷宮裡來回亂走，那麼，科學途徑至今還未得完整的遵行也就是必然的了。而一個安排妥當的方法呢，那就能夠以一條無阻斷的路途透過經驗的叢林引領到原理的曠地。

八三

還有一種見解或虛驕之氣，雖屹立已久但是卻非常虛妄而有害，也無端加強了上述的毛病。那就是：人們認為，若與那種局限於感官、物質的一些實驗和特殊的東西保持長久而密切的接觸，就有損於人心的尊嚴；特別是因為那些東西要尋求是費力的、要沉思是不值的、要講述是粗俗討厭的、要實踐是不夠曠放的，而其數目又是無限，其精微處又是過於纖細。這樣，對於經驗，且不說是予以放棄或處理不善，乃竟是以鄙視的態度而加以排斥；因而最後就走到了「眞正的道路不只是被放棄，而竟是被阻斷和堵絕了。」這種境地。

---

154 參見第一卷語錄七〇末段。——譯者

八四

人們之所以在科學方面停滯不前，還由於他們像中了蠱術一樣被崇古的觀念、被哲學中所謂偉大人物的權威、和被普遍同意這三點所禁制住了。關於最後一點，我在前面已經講過。[155]

說到所謂古，人們對它所懷抱的見解是很粗疏而且無當於這字眼本身的。因爲只有世界的老邁年齡才算是眞正的古，而這種高齡正爲我們自己的時代所享有，並不屬於古人所生活過的世界早期；那早期對我們來說雖是較老，從世界自身說來卻是較幼的。[156]我們向老年人而不向年輕人求教有關人類事物的更多的知識和較成熟的判斷，因爲老年人經驗豐富，所

---

155 參見第一卷語錄七七。——譯者

156 這點見解在培根雖非引述而來，也或許並非襲自前人，但在培根以前或同時的一些作家中確有不少所見略同的說法。其中可指稱的，有吉爾伯特、伽利略、堪帕奈拉（Campanella）所著*Apologia pro Galileo*一書和勃魯諾（Giordano Bruno）所著*Cenadi Cenere*一書。至於以歷史早期爲世界的幼年之說，更見於伊斯德拉（Esdras）的著作第二卷；又，一五四六年出版的開斯曼（Casmann）所著*Problemata Marina*一書中也有此說。（基欽又指出，塞尼加〔Seneca〕亦有較晚時期才眞是較老年齡的想法，曾爲羅傑·培根在「*Opus Majus*」一書中所稱引。——譯者）

見所聞所思想的事物都是多而且博，這是很對的；同樣，我們也有理由希望從我們的這個年代——只要它知道自己的力量並願奮發表現出來，得到遠多於從古代所能得到的東西，因爲它正是這個世界的較高年齡，其中已堆積和貯藏著許多實驗和觀察。

在我們的時代，由於人們經常遠航和遠遊，自然中可能對哲學引進新光亮的許多事物已經擺明和發現，這一點也不能是毫無所謂的。很明確，在我們這時代，當物質的、地球的領域，即指大地、海洋以及星宿等領域，已經大開和敞啟，而我們智力的地球若仍自封於舊日一些發現的狹窄界限之內，那實在是很可恥的。

至於說到權威一層，人們若如此折服於作家而卻否認時間的權利，這只表明他智力薄弱；因爲時間乃是眾作家的作家，甚至是一切權威的作家。有人把眞理稱作時間之女，[157]而不說是權威之女，這是很對的。

這樣看來，人們的力量既經這樣被古老、權威和同意這三種蠱術所禁制，他們就像中了魔魘的人一樣而變得虛弱無力，也就必然無法追伴事物的本質了。[158]

157　見吉里阿斯（Aulus Gellius）所著*Noctes Atticoe*一書第十第二卷第十一章。

158　這裡的分段，是譯者擅自處理的。——譯者

八五

指使人們的努力滿足而停止於現有發現的還不止上述崇古、權威和同意三點，另外還有就是對於人類久已保有的一些事功本身的讚賞。因爲人們看到機械性技術所提供人們利用的供應是如何多樣和美好，自然會傾向於讚賞人類的富有而少有感於他之所缺乏；就不復想到人們對於自然的創造性的觀察和動作（這些乃是那一切繁多花樣的生命和動因）實在不多而且也不是深入掘得的；也就不復想到其餘一切能事不過只是耐心以及手和工具的精微而規矩的運動，就以製造鐘錶爲例，這無疑是一件精微而細密的工作：其機輪似在模仿天體的軌道，其往復有序的運動似在模仿動物的脈息；可是即使像這樣的工作，它所依據的有關自然的原理也不過只是一、兩條。

再說，你如果就著文化性學術的精化程度，或甚至亦就著那有關對自然質體加工的機械性技術的精化程度來考察一下；具體地說，關於前者，就是把天文學中關於天體運動的發現，音樂學中關於諧音學的發現和文法學中關於字母系列中各個字母的發現（中國人至今還未採用）等類之事觀察一下；關於機械性事物者，就是把巴克斯（Bacchus）和西律斯

（Ceres）[159]工作上的發現，即發現製酒和製麵包、發現珍饈美味，以及發現蒸餾法和類似的東西等等技術；並且與此同時你如果再想一想這些技術之達到現有的完美程度是經過何等漫長的時間（除蒸餾法外，它們都是很古老的[160]），再想一想，如上面所講關於鐘錶，這些技術所借於對自然的觀察和有關自然的原理者是何等之少，也想一想這些技術之得以發明又是如何輕易和明顯的出於偶然的提示；你如果這樣考察一番，將會對人類的情況停止驚歎，反而發生憫憐，因爲你看到在這多歲月的進程當中技術和發明方面竟有這大的饑荒和歉收。可是以上所提到的這些發現卻還是在哲學和知識性學術之前的。這樣看來，假如必須說出實情，就應當說，當唯理和教條的科學一經開始，那有用事功的發現就告結束了。

再看，假如有人又從作坊轉入圖書館而驚訝於所見書籍門類之浩繁，那麼只須請他把它們的實質和內容仔細檢查一下，他的驚訝一定會調轉方向。因爲，他一旦看到那些無盡的重複、一旦看到人們老是在說著和做著前人所已經說過和做過的東西，他將不復讚歎書籍的多

---

159 巴克斯是希臘神話中的酒神，其形象是坐一輛馴虎所駕的車子，手執一條纏滿了常春藤葉子的長矛。西律斯在希臘神話中稱爲地母，是司農的女神，凡大地之上的一切穀物果實皆她所賜。——譯者

160 據說坡森（Porson）曾肯定，蒸餾法是古人早就知道的。狄湯（Dutens）在*Origine des Découvertes*一書中亦主張此說。

樣性，反要驚訝於那直到現在還盤踞並占有人心的一些題目是何等的貧乏。

假如他再往下看看那些可稱怪異而不可靠的方術，把煉金家們和幻術家們的工作更切近地考察，則他可能不知應當對他們笑還是應當對他們哭。煉金家是在培育著永久的希望，事情不成時，總是歸咎於自己的某種錯誤：不是唯恐自己沒有充分瞭解這個方術或其著作者的語意（因而他就轉向對古法和祕傳的追求），就是唯恐自己在製煉中時分量上或時間上有毫釐分秒的差池，因而他就無限地重複試驗；而同時，當他在試驗過程的一些機會中居然達到一點新的或尚屬有用的結論時，他又認真地把它們看作是大功將至，以它們來滿足其如饑如渴的心，極度的膨脹它們，而盡將餘事寄於希望之中。誠然，煉金家們不是沒有許多的發現，不是沒有帶給人們有用的發明；不過他們的情節卻如寓言中所講的一個老人的故事：那老人以其葡萄園中的窖金留給諸子，卻故稱不知確切地點，於是諸子就努力從事於翻掘園地，雖然沒有找到什麼金子，可是葡萄卻由於這次翻掘而變得更加豐茂了。

再說到自然幻術的一流人物，他們是以交感和反感[161]來解釋一切事物的；這乃是以極無聊和最怠惰的構想把奇異的特性和動作強賦予質體。假如他們也曾產出一些事功，那也只是

---

161 關於培根對交感和反感的見解以及他自己所講的自然的相應性，參見第二卷語錄五〇第六段。——譯者

旨在標奇取譽而在得用致果的一些東西。[162]

至於說到迷信的幻術（假如我們也必須說到它的話），特別應當指出，它不過只是那些荒誕迷信的方術在各民族、時代以及宗教中所曾從事過或玩耍過的某一特項而已。這些都是可以略過不談的。

綜上所述，人們對於豐富的見解正是形成貧乏的原因，也就不令人感到意外了。[163]

八六

更進一步說，人們這種對於知識和技術的讚賞——這種讚賞本身是很脆弱而且近於幼稚的，又被那處理和傳授科學的人們的一種手法和造作所加強著。這就是說，他們在把科學提到世人眼前時是如此虛誇和賣弄，又如此裝扮和粉飾，竟把科學弄得像是各部齊全，已告完工。你若看一看它們的方法和門類，它們看似已經應有盡有、包羅萬象。雖然這些門類是內容敗壞，僅如空箱，但在常人看來總是表現著一個完整科學的形式和計畫。應當指出，那最

---

162 關於培根對自然幻術的見解，參見第一卷語錄七三、第二卷語錄九和三一末段。——譯者

163 這裡的分段，是譯者擅自處理的。——譯者

早和最古的尋求眞理的人們卻是帶著較好的信條，也帶著較好的前程，樂於把他們從對事物的思辨中所集得並且意在儲以備用的知識裝在語錄裡面，也就是說，裝在簡短而零散的語句裡面，而並不用造作的方法編串起來，也不號稱或自命包羅了全部技術。不過若就現狀而言，人們既把傳給他們的東西當作早臻完美全備，必然就不復在其中尋求進步。

八七

還有一層，這些舊體系的信譽又在新體系提倡者的虛妄和輕浮的襯托之下而獲得了不少的增添，特別以在自然哲學的活動的、實踐的部門中爲尤甚。世間歷來不乏夸談之流和夢囈之輩，部分出於輕信、部分出於欺騙，在人類面前許了不少願，說什麼能使人延年益壽、能使人減少病痛、能修整殘缺肢體、能迷騙感官；又宣稱有方術足以約束和刺激感情、足以啟發和提高智慧、足以改變質體、足以任意加強和放大各種運動、足以在空氣中造成印象和引起變化、足以把天體力量引取下來而加以處理；又宣稱還有方術能預言未來事物，能把遠處的事物搬近、能使隱祕的事物顯現；以及其他種種。關於這些胡謅的許願家，我們可以大致無誤這樣來論斷：在哲學方面，他們的這種虛妄與眞正方術之間的差別，正如在歷史方面，凱撒（Julius Caesar）或亞歷山大大帝（Alexander the Great）的業績與高盧的阿瑪迪斯（Amadis de Gaul）[164]或不列顛的亞瑟（Arthur of Britain）[165]的業績是不可同日而語一樣。當然因爲這些傑出的將軍們確曾實際做出了比那些虛構的英雄們在杜撰中所做到的還要偉大的事情，還特別因爲那些事情又是以並非荒誕怪異的行動爲手段和方法來做出的。當然，眞正歷史的信譽若因其有時曾爲寓言所傷、所誣而遭到貶抑，那是不公平的。但同時我們也要知道，一些新的擬議，特別是當它們連帶涉及新的事功之時，由於那些騙子們過去亦曾作過同樣企圖之故就引起人們成見上的很大反感而遭到反對，那也是不足爲奇的；因爲那些騙子們的過度虛妄以及由此而引起的厭惡，對於一切眞正從事這種企圖的人的偉大用心，迄今還是有其破壞性的影響。

---

164 「高盧的阿瑪迪斯」是中世紀一部有名的散文體傳奇，第一版於一五一九年印行。故事概略如下：號稱「獅騎士」的阿瑪迪斯愛上了大不列顛的公主歐呂安娜（Oriana），可是她已被許婚於羅馬皇帝，而阿瑪迪斯又救公主於難，於是情敵發生了衝突。羅馬皇帝率軍艦來戰，戰敗被殺，阿瑪迪斯取得了勝利。——譯者

165 傳說中的亞瑟十五歲就做了不列顛王，正當第六世紀撒克遜人（Saxon）入侵的年代，他率其騎士戰勝攻取，開疆拓土，其英雄業績遂匯爲《圓桌故事》（*The Round Table*）一書；詩人丁尼生（Tennyson）曾爲此作《亞瑟王之歌》。——譯者

八八

使知識受制更甚的還在於人類氣魄的渺小及其所任工作的微細和瑣碎。而尤其壞的是，這氣魄渺小本身卻還帶著一種傲慢和自尊的神氣。

首先，我們看到，在一切學術中都有一個共同的並已成爲很熟習的伎倆，就是作者總把自己學術的弱點諉責於自然，這就是說，凡爲其學術所無法達到的，他就以那個學術自身爲權威斷言那在自然中是不可能的。當然，如使各該學術自任裁判，那就沒有一個學術能被判處。再看，現在時髦的哲學又在哺育著某些教義，其宗旨（如果審慎考察）乃在對人們勸說，凡困難的事物、凡足以支配和征服自然的事物，都是不能期之於學術或人的勞力的；如前面所論，日熱、火熱不同類的學說，以及關於混合工作的學說，就是屬於此例。這些事情，正確看來，完全導向對人類權力的無理限制、導向一種經過考慮的和出於人爲的絕望；這不僅破壞了希望的預測，並且還切斷了努力的動脈和鞭策，把經驗本身的許多機會都拋擲掉；[166]而所以致此的緣由，則在於人們把自己的學術認爲已臻盡善盡美，也在於人們有一種糟糕的虛榮心，要使人相信，凡迄今尚未發現和尚不瞭解的事物在此後也永不能發現和

166 關於以上各點，參見第一卷語錄七五。——譯者

永不能瞭解。

即使有人相當投身於事實，努力要找出一點新的東西，他們的目的和意願卻又局限於僅僅查究和做出某一發現而不澤及其他，如磁石的性質、海潮的漲落、天體的系統，以及諸如此類的事物，看來多少有些奧祕而一向又未理出什麼成績的事物。而其實，要僅就某一事物自身來查究該事物的性質，這乃是最笨不過的做法。因為同一性質可以在某些事物當中是隱而不露，而在另一些事物當中則是顯而易見；正因如此，於是在前者就產生驚奇，在後者則刺激不起注意。即如我們在黏合性這一性質上所見的情況就是這樣：在木頭或石頭當中，黏合性是看不出的，我們也就在「堅實」這一名稱之下將它放過，也不進一步探討連續性的分離或分解又為何得以避免；而關於水泡，則因我們有見於它形成了薄膜，又很古怪地形成了半圓，以致連續性的分解得以暫時避免，遂認為是極盡微妙之事。總之，事實上有些在某些事物中看來是隱祕的而在另一些事物中則屬顯著而周知的性質，人們的實驗和思想若永遠僅僅投在前一些事物上，那麼他就永遠不會認識到其中的這些性質。

但是一般來說，在機械學方面，如果有人只消把一些舊的發現精化一下，裝飾一下；或者把幾個合為一個；或者把它們裝配得更合於實用；或者把作品的容積改得比前較大或較小一些；或者有其他類此的情形，那也就算是新的發現了。

這樣看來，人們既是自足和自喜於這樣瑣細而帶有稚氣的工作，甚至還想像自己在其中已經是在努力追求著，假如還不是已經完成了不起的大事，那麼，高貴的和對人類有價值的發明至今不得出現也是必然的了。

八九

還有一個不應忘記的情況，就是自然哲學在各個時代中都曾有一個麻煩而難對付的敵人，那就是迷信和對於宗教的盲目而過度的熱情。我們在希臘人中看到，那首先向當時尚未開竅的聽眾陳說雷、電、風、雨的自然原因的人們是算犯了不敬神明的大罪。[167]就是以後到了基督教時代，當有人以最能令人信服的根據（即沒有一個正常的人現在會想到去反對的那種根據）來主張大地爲圓形並從而斷言對庶人的存在時，那基督教會有些神父們也不曾表現較多的寬容。[168]

167 這可舉阿里斯托芬（Aristophanes）的劇本《雲》爲例。（阿里斯托芬是西元前第五世紀時雅典的喜劇作家，他反對任何人對當時的宗教、哲學、政治、社會以至文學的信條作任何改變或修正；《雲》這一劇本就是諷刺蘇格拉底的。——譯者）

168 這可舉拉克坦夏斯（Lactantius）和奧古斯丁（St. Augustine）爲例。（奧古斯丁在*De Civitare Dei*一書第一四卷第九章中曾說：「即使世界是圓的，我們也不能就說對面有陸地；即使對面有陸地，我們也不能就說上面有人住著。」——譯者）

此外，就現在情況而論，由於有了經院學者們的總結和體系，就使得關於自然的談論更爲困難和危險，因爲那些經院學者們已經盡其所能把神學歸成極有規則的一套，已經把神學規劃成一種學術，結局並還把亞里斯多德的好爭而多刺的哲學很不相稱的和宗教的體系融合在一起了。[169]

別有一些人的思考以另一條不同的道路走向同一的結果，他們要從哲學家的一些原則中演繹出基督教的眞理，並以它們的權威來證實那眞理。他們把感官和信仰的這種結合作爲合法的婚姻而鋪張的加以莊嚴化，他們拿這種可喜的花樣翻新來娛悅人心，但是同時他們也以人神的交混而把神的事物貶低了。還要知道，在這種神學與哲學的混合物當中，還只有那些已被公認的哲學學說是被收羅進去的；至於一些新的學說，縱然是較好的改變，也無不被趕盡殺絕。

最後，你還會看到，由於某些神學家的鄙陋，任何一種無論多麼純潔的哲學的通路都幾乎全被封閉了。有些人是脆弱害怕，唯恐對於自然更深入一步的尋求將會逾越所批准給澄澈深思的界限，於是就不正當地扭曲並搬運《聖經》之言來反對那窺測神聖奧祕、探入自然隱

169 參見開普勒所著*De Stell Martis*一書的引論。

微的人們，而不知這些實並不爲何種禁令所取締。[170]還有些較爲細膩的人則忖度並熟慮到一點，認爲如果第二性的原因能不爲人所知，則一切事物就能較方便的被歸結到神聖的手和杖上；這一點在他們認爲是大有關於宗教的，而其實這無異是以謊言去取悅上帝。又有些人根據過去的例子，顧慮到哲學中的運動和變化終將不免成爲對宗教的侵襲。還有些人更是十分擔憂，唯恐在自然研究當中會找到什麼東西來推翻或至少是搖撼宗教的權威，尤其在不學之人更甚。這後兩種的恐懼，在我看來，實饒有俗世智慧的意味；彷彿人們在其心思深祕之處對於宗教的力量和對於信仰對感官的統治權先有所懷疑而不信任，因而才恐懼對自然眞理的查究將會危及它們。若認眞的把事情想一想，按照上帝的話來說，自然哲學實在既是醫治迷信的最有把握的良藥，同時又是對於信仰的最堪稱許的營養品，因而就應當被撥給宗教充當其最忠誠的侍女，因爲宗教是表現上帝的意志，後者則是表現上帝的權力。有人說得好，「你們錯了，既不知道《聖經》，也不知道上帝的權力」，[171]這話是一點也不錯的。若是那樣，就把關於上帝意志的消息和關於上帝權力的思量兩者融合在一起而成爲一個不可分的結

170 基欽指出，這大概是暗指聖保羅（St. Paul）的《致哥羅西人書》（*The Epistle to the Colossians*）第二章第一八節而言。——譯者

171 基欽指出，這句話出於《馬太福音》第二二章第二九節。——譯者

合體了。不過就現狀說來，那在人心方面具有最大威力的宗教既經由於某些人的鄙陋和狂熱而被拉來參加反對自然哲學，那麼自然哲學的生長之遭受阻遏自是不必詫異的了。

九〇

再說，學校、學園、大學，以及類似的爲集中學人和培植學術而設的各種團體中，一切習慣、制度都是與科學的進步背道而馳的。在那裡，演講和實習都排定得如此嚴整，致使任何人都難在這常規以外去思考或揣想什麼事物。若有一、兩人竟有勇氣使用一點判斷的自由，那他們須是全由自己獨任其事，不能得到有人相伴之益。而如果他們對此也能忍受下去，他們又會覺到自己的這種努力和氣魄對於自己的前程卻是不小的障礙。因爲在這些地方，一般人的研究只是局限於也可說是禁錮於某些作家的著作，而任何人如對他們稍持異議，就會被指控爲反動者和革新家。其實，在國事和學術之間是有很大區別的；由新運動而來的危險與由新見解而來的危險根本不是同回事。在國事方面，即使是旨在改善的變革也是不被信任的，因爲這總會攪動那已經確立的東西；因爲這一方面的事情是依靠於權威、同意、信譽和意見，而不依靠於論證。而學術和科學則應如礦穴一樣，從四面八方聽到新事功和新進步的喧聲。可是，這事情儘管在正當理性上說來是如此，在實踐上做的卻並非這樣。上述關於管理和管制學術各點，對於科學的進步是加上了一道嚴厲的限制。

九一

進一步說，即使嫉妒消除了，只要人們在科學園地中的努力和勞動得不到報酬，那仍是足以阻遏科學成長的。現在的情況是耕耘科學和報酬科學兩事不落在同一人身上。科學的成長是出於偉大的才智之士，對科學的獎勵和報酬則握在一般人民或大人物之手，而他們除極少數外是連中等學問都沒有的。並且，這類的進步不僅得不到獎勵和實在利益，就是連輿情讚揚都得不到。因爲這種事情高於人們的一般水準，爲他們所不能接受，而反要被輿論的狂風所壓倒、撲滅。這樣說來，一個事物不被人尊崇自然也就無法興盛。

九二

但是，對於科學的進展以及對於科學當中新事業和新職務的承擔，遠遠甚於上述諸點的最大障礙還在於這一點，就是人們對那些事感到絕望並認爲不可能。聰明的和嚴肅的人們在這些事情方面往往是全無信心，他們總是想到自然之難知、生命之短促、感官之富於欺騙性、判斷之微弱無力、實驗之難於進行等等；從而就認爲在世界悠悠運轉的時間和年代當中，科學自有其漲潮和退潮，一時生長和繁榮，一時又枯萎和衰落，而在達到某一點和某一情況時就無法再進一步。因此，假如有人所信或所許有過於此，他們就認爲這是出於無羈勒和未成熟的心靈，並且認爲這類嘗試總是開始時順利，走下去困難，而終於陷入混亂。現在，正因這些思想是自然投合於持重而善判斷的人們，所以我們就更須注意，切不可被那種對於最美最精的對象的愛好之情所吸引，以致鬆懈或減低判斷的嚴肅性；我們必須嚴謹考察究竟有何足資鼓勵我們的東西現出曙光以及出現在哪一部分；我們並須撇開那些飄風般、比較輕浮的希望來澈底篩檢那些提供較大穩定性和較大恆常性的希望。不僅如此，我們還必須效法那種老成謀國的智慮，其規則就是對於人事不予信賴，並就比較不利之處去作估計。[172]

於是我就必須論到**希望**一事[173]，特別因爲我不是許願大家，既不願強制也不願困縛人們的判斷，而要拉著手引導他們欣然行進。雖然說，要鼓舞人心最有力的辦法是把他們帶到特殊的東西上，特別是帶到我在「發現表」中所類編和排列出的那些特殊的東西（一部分見於《復興論》的第二部，大部分見於其第四部）[174]上，因爲這已不僅是就事物的許願而直接是事物自身。但爲「事緩則圓」起見，我仍將按照我的計畫先爲人們作心理準備，而在這項準

---

172 以下的分節是譯者擅自處理的。——譯者

173 下文語錄九三至一一四。——譯者

174 基欽注明，據培根自己在*Distributio Operis*中所說，所謂《復興論》的第二部就是本書《新工具》；所謂第四部則是第二部的特定應用，其中蒐集了許多爲進行探究之用的例，就像本書第二卷語錄一三中所列關於「熱」的那些事例。

備當中，灌注希望乃是一個非常重要的部分。因爲若不灌注希望，則其餘一切只將反倒令人擔憂（由於給予人們一種看法，比他們現在所保有的看法把事物看得更糟和更加輕蔑，並使得他們更加澈底感到和知道他們自己處境的不快），而不會引起人們的活躍或激發他們努力去嘗試。因此，我應當宣布和提示我的一些構想，這足以表明我們有理由對這種事情懷抱希望。這正和哥倫布（Columbus）的做法一樣，他在進行橫渡大西洋的驚人壯遊以前就先說明他所以堅信必能於已知地域以外發現新陸地和新大洲的種種理由，這些理由起初雖遭拒絕，其後終爲經驗所證實，並且成爲許多偉大事蹟的前因和端始。

九三

事端出於上帝[175]：我們手中的這個任務既如此強烈地標誌有善的特性，可見分明是由上帝那裡發出，因爲上帝才正是善的主宰、光的父親。我們又知道，在神的動作當中，即使最小的開端也必走到它的結局。而且，正如人們關於精神的事物所說：「上帝的統治行於

175 這句話出於阿雷塔斯（Aratus，希臘詩人，著有兩首教訓詩，曾爲聖保羅所稱引——譯者）所作Phenomena一詩中。

不知不覺之中」，[176]在上帝一切更大的工作當中也是這樣；一切都平滑的、無聲的流過，而工作在人們未覺其開始以前就在順利進行。在這裡，我們還不可忘記但以理（Daniel）關於世界最後一些階段的一件預言，那是說：「許多人將來來往往，而知識將增加。」[177]這明白暗示出，世界的全部通行（這一點現在似乎已由許多的遠端航行來完成了，或正在完成過程中）和科學的向前進步這兩件事乃是被命運，亦即被上帝所命定要在同一時期之內交會的。

九四

其次，還要提到一點極其重要的原由，作爲關於希望的一個論據。這論據是就過去的錯誤和迄今所踏過的道路著想而得出的。從前曾有人對於一個管理不智的政府提出檢討，說得對極了：「凡就著過去說來是最壞的事情，對於將來都應當看作是最好的事情。因爲，假如你確實已做盡你的職務所要求的一切，而事情仍然並不見好，那麼，在你手上連可能進一步

176　基欽指出，這句話出於《路加福音》第一七章第二〇節。——譯者

177　但以理是希伯來的一位先知。《舊約》中有但以理書；這句話出於該書第一二章第四節。——譯者

改善的希望都是沒有的了。但現在是，你的許多不幸之事並非由於環境的力量所使然，而是出於自己的錯誤，那麼，你就可以懷抱希望，一旦消除或改正這些錯誤，便會做出一番大革新來。」[178]同樣，在發現和培養科學方面，人們在這樣漫長的歲月歷程中，假如是已經走了正確的道路而還未能有所進展，那麼，向前進展仍屬可能之說無疑可算是大膽而輕率的。但如果是道路根本就走錯了，而人們的勞力是花費在不當的對象上，那麼，這說明困難並非起於事物本身——那就不在我們的權力之內，而是出於人的理解力以及理解力的使用和應用——這卻是大有可能補救和醫治的。因此，把這些錯誤指陳出來，這會有很大的用處。因爲，這同一原因在過去所造成的障礙有多少，對將來給希望所提供的論據也就有多少。關於這些錯誤，雖然我在前面已經提到一部分，我認爲在這裡還應當用簡單明白的話語再表述一番。

---

178 基欽注明，這段話出於德謨辛尼斯（Demosthenes，古希臘大演說家，西元前三八五—三二二年，對企圖征服雅典的馬其頓國王菲力普進行了長期的揭露和譴責，著有極其出色的三大演講。——譯者）《反菲力普演詞》第三講。

九五[179]

歷來處理科學的人，不是實驗家，就是教條者。[180]實驗家像螞蟻，只會採集和使用；推論家像蜘蛛，只憑自己的材料來織成絲網。[181]而蜜蜂卻是採取中道的，它在庭園裡和田野裡從花朵中採集材料，而用自己的能力加以變化和消化。哲學的眞正任務就正是這樣，它既非完全或主要依靠心的能力，也非只把從自然歷史和機械實驗收來的材料原封不動、囫圇吞棗累置在記憶當中，而是把它們變化和消化過而放置在理解力之中。這樣看來，要把實驗的和理性的這兩種機能，更緊密、更精純的結合起來（這是迄今還未做到的），我們就可以有更多的希望。

179 自語錄九五—一〇八所舉各點錯誤，與前文論假象各條所提到者頗多相同之處，雖有重複之病，也可互相闡發。——譯者

180 參見第一卷語錄七〇、八二。——譯者

181 參見序言和第一卷語錄六七。——譯者

九六

直到現在，我們還沒有一個純粹的自然哲學，所有的都是被點染過並被敗壞了的：亞里斯多德學派，它是被邏輯所點染敗壞[182]；柏拉圖學派，它是被自然神學所點染敗壞；在後期新柏拉圖學派，如普羅克洛斯（Proclus）[183]及其他諸人那裡，它又是被數學（那是只圖給予自然哲學確切性，而並不圖發展或產生它）[184]所點染敗壞。若有一個純而不雜的自然哲學，則較好的事物是可堪期待的。

九七

我們至今還不曾遇到一個心志堅定的人能毅然決然掃蕩一切陳舊學說和普遍概念，並以由此而致的公正平衡的理解力去對特殊的東西作嶄新的考察。也因此，像我們現在所有的人類知識還只是雜七雜八、編列未當的一堆，其中包含著許多輕信和偶然事項，也包含著我們

182 參見第一卷語錄五四、六三。——譯者
183 參見第一卷語錄六五。——譯者
184 參見第二卷語錄八。——譯者

起始時所吸得的一些幼稚概念。

現在，如有年齡成熟、感官健全、心靈純淨的人投身於經驗和特殊的東西而從頭做起，則較好的希望是可以寄託在他身上的。在這一點，我以和亞歷山大大帝相同的命運期許我自己；希望人們不要在未聽完以前就以虛妄見責，因爲我所想說的意思正是趨向於驅除一切虛妄的。關於亞歷山大及其事業，伊斯金尼斯（Aeschines）曾說過這樣的話：「當然，我們不過那『與草木同朽』的人們的生活；我們是爲著這一目的而生的，就是要使後世之人可以來談論我們的奇蹟」，這話意味著亞歷山大所做的事在他看來是很神奇的。[185]而在後一年代，李維亞斯（Titus Livius）對這事情又有較好和較深刻的見解，他實際是說：「亞歷山大所做的不過只是鼓起勇氣來蔑視那虛假的可畏現象罷了」。[186]我想，與此相似的論斷也會由後世之人加到我自己身上，就是說：我並不曾做出什麼偉大的事，只不過把被認爲偉大的

185 伊斯金尼斯（西元前三八九—三一四年），希臘大演說家，與德謨辛尼斯爲敵。當Ctesiphon提議以雅典名義授予後者以金冠時，伊斯金尼斯曾痛斥他爲違法。他在這段演詞中曾說到雅典力量之虛弱，並說到亞歷山大之毀滅西比斯（Thebes）。這裡所引的這句話，據原書注明，見於*De Corona*一書，第七二頁（H.Stephan本）。——譯者

186 李維亞斯（西元前五九—西元後一七年），羅馬著名歷史家，著有《羅馬史》。這裡所引的話，據原書注明，見於第九卷第一七章。——譯者

事認爲較小一些罷了。同時，我還要說，如我曾說過的，除非有科學的新生，否則希望是沒有的。而所謂科學的新生則是把它從經驗上有規則的提升並重新建造，這一工作，我想沒有人會說是已經有人做過或想過的。

九八

現在，說到經驗的根據——因爲我們總是要歸到經驗來的，直到目前，我們不是還沒有根據，就是只有極其薄弱的根據。還不曾有人做過搜尋的工作，去蒐集起一堆在數量、種類和確實性上，足夠的、關於個別事物的觀察，或者採用其他任何適當的方法來指導理解力。相反，有學問的人們，但亦是輕忽而又懶惰的人們，在建立或證實他們的哲學時，卻採用了某些無稽的謠傳、含糊的流言，或者經驗的一些假態，並賦予它們合法證據的重量。譬如一個國家指揮百僚、處理庶政，不以大使和可靠使者的報告爲憑，卻以街談巷議爲據，現在在哲學當中處理對經驗的關係時所採用的辦法正是如此。現在在自然歷史當中找不出一個事物是適當查究過、證明過、算過、或衡量過的。當然，凡在觀察中是粗疏模糊的東西在指教時就一定是欺罔和無信的。有人或許認爲我這話說得很怪，而且近於不公平的指責，因爲他看到亞里斯多德以如此偉大之身，得如此偉大君王財富之助，已經纂成一部如此精確的動物史；而繼起的人們又以更大的努力，也以較少的矯飾，做了很多的補充；而且此外還有別人對於金屬、植物以及化石也做出了富贍的歷史和敘述。如果有人這樣想，那麼他似乎沒有正確領會到我們現在要做的是什麼。要知道，爲作自然史而作的自然史與那種爲對理解力提供消息以期建立哲學而集成的自然史是迴不相類的。兩者之間有許多不同之處，尤其是這一點：即前者僅僅包含著各式各樣的自然種屬，而不包括著機械性技術的各種實驗。而正如在生活事務方面，人的性情以及內心和情感的隱祕活動尚且是當他遇到麻煩時比在平時較易發現，同樣，在自然方面，它的祕密就更加是在技術的擾動下比在其自流狀態下較易暴露。這樣說來，在作爲自然哲學的基礎的自然歷史一旦在較好的計畫上纂成之後，亦只有到了那個時候，我們是可以對自然哲學懷抱更多希望的。

九九

再者，即在極其豐富的機械性的實驗當中，那種對於指教理解力方面最爲有用的實驗卻是尤爲稀少。因爲機械學者由於不肯自苦於查究眞理，總是把他的注意力局限於那些對自己的特殊工作有關係的事物，既不提起他的心也不伸出他的手去接觸任何其他事物。但是，只有到了自然史當中已經接受並集合起多種多樣的本身無用而專能幫助發現原因和原理的實驗時，[187]我們才有良好的根據去希望知識的進一步發展。這一類的實驗，我稱它爲光的實驗，以別於另一類所謂的果的實驗。[188]

這一類的實驗具有一種大可讚美的性質和情況，就是它們永遠不會錯誤或失敗。這是因爲，人們應用它們時目的不在於產生什麼特定的結果，而在於爲某種結果發現其自然的原因，所以不論結局如何，都同樣符合人們的目的；因爲它們解決了問題。

一〇〇

但是，我們不僅要謀求並占有更大數量的實驗，還要謀求並占有一種與迄今所行的實驗不同種類的實驗；還必須宣導一種完全不同的、足以促進和提高經驗的方法、秩序和過程。因爲當經驗循著自己的軌道漫行時，如我在前面所說，只是一種暗中摸索，只足以混淆人心而不足以教導人。但是一旦它能照著確定的法則，守著有規則的秩序，並且中途不遭阻擾而向前行進時，那麼，知識方面是可以期待有更好的事物的。

187 基欽指出，像培根爲發現「熱」而蒐集的若干事例，就是這種實驗之一例。參見第二卷語錄一一一二〇。——譯者

188 關於所謂光的實驗和果的實驗，參見第一卷語錄七〇、一一七、一二一。——譯者

一〇一

但是，即使理解力或哲學進行工作時所需要的自然史方面的以及經驗上的一堆材料已經準備在手，理解力若是一無裝備而僅靠記憶去對付它們，那還是無法勝任的，正如一個人不能希望用記憶的力量來保持並掌握對天文曆書的計算一樣。可是在發明方面的工作迄今始終是思維多於寫作，經驗是還不曾學會其文字的。而我們知道，發明的歷程若非由文字記載保其持續推進，總是無法圓滿的。一旦文字記載廣被採用而經驗變成能文會寫時，就可以希望有較好的事物了。

一〇二

再者，特殊的東西乃是數目極其龐大的一支軍隊，而且那支隊伍又是如此星羅棋布，足以分散和擾亂我們的理解力，所以我們若只憑智力的一些小的交戰、小的攻擊以及一些間歇性的運動，那是沒有多大希望的。要想有希望，必須藉著那些適用的、排列很好的、也可說是富有生氣的「發現表」，把與探討主題有關的一切特殊的東西都擺開而列隊，並使我們的心就著那些「發現表」所提供的、經過適當整理和編列的各種補助材料而動作。

一〇三[189]

即使特殊的材料已經恰當有序擺列在面前，我們還不應一下子就過渡到對於新的特殊東西或新的事功的查究和發現；或者，假如我們這樣做了，無論如何亦不應停止在那裡。雖然我不否認，一旦把一切技術的所有實驗都集合起來，加以編列，並盡數塞入同一個人的知識和判斷之中，那麼，藉著我上面所稱作「能文會寫」的經驗，只須把一種技術的實驗搬到另一些技術上去，就會發現許多大有助於人類生活和情況的新事物——雖然我不否認這點，可是從這裡仍不可能希望得到多麼偉大的東西；只有從原理的新光亮當中——這種新原理只要經過一種準確的方法和規律之下從那些特殊的東西汲取出來，就轉過來又指出通向新的特殊東西的道路，如此方能期待更偉大的事物。我們的這條路不是一道水平線，而是有升有降的，首先上升到原理，然後降落到事功。

189 本條和下一條充分表明培根是如何把演繹法與歸納法結合起來，而並非只要歸納法而捨棄演繹法；充分表明他並非不要最普遍的原理，而是只要那種從特殊的東西出發、透過真正的歸納法、經由正當的上升階梯而最後達致的非抽象的最普遍的公理，然後它就轉過來又指出通向新的特殊東西的道路。——譯者

一〇四[190]

但我們卻又不允許理解力由特殊的東西跳到和飛到一些遙遠的、接近最高普遍性的原理上（如學術和事物的所謂第一性原則），並把它們當作不可動搖的眞理而立足其上，進而以它們爲依據去證明和構成中級原理。這是過去一向的做法，理解力之被引上此途，不僅是由於一種自然的衝動，亦是由於用慣了習於此途和老於此道的三段論式的論證。但我們實應遵循一個正當的上升階梯，不打岔、不越級，一步一步由特殊的東西進至較低的原理，然後再進至中級原理，一個比一個高，最後上升到最普遍的原理；唯有如此，我們才能對科學懷抱好的希望。因爲最低的原理與單純的經驗相差無幾，最高的、最普遍的原理（指我們現在所有的）則又是概念的、[191]抽象的、沒有堅實性的。唯有中級公理卻是眞正的、堅實的和富有活力的，人們的事務和前程正是依靠著它們，也只有由它們而上，到最後才能有那眞是最普遍的原理，這就不再是那種抽象的，而是被那些中間原理所切實規限出的最普遍的原理。

190 參見第一卷語錄一九、二二。——譯者

191 拉丁文爲notionalia，英譯文爲notional。基欽指出，這是繁瑣學派所喜用的一個字眼，這裡的意思則只是說「居於人心的概念之中，而不是居於實存的事物之中」。

這樣說來，對於理解力切不可賦予翅膀，倒要繫以重物，以免它跳躍和飛翔。這是從來還沒有做過的；而一旦這樣做了，我們就可以對科學寄予厚望。

一〇五[192]

在建立公理當中，我們必須規劃一個有別於迄今所用的、另一形式的歸納法，其應用不應僅在證明和發現所謂第一性原則，也應用於證明和發現較低的、中級的原理，實在說就是一切的原理。那種以簡單的列舉來進行的歸納法是幼稚的，其結論是不穩定的，大有從相反事例遭到反駁的危險；其論斷一般是建立在為數過少的事實上，而且是建立在僅僅近在手邊的事實上。對於發現和論證[193]科學技術真能運用的歸納法，必須以正當的排拒法和排除法來分析自然，有了足夠數量的反面事例，然後再得出根據正面事例的結論。這種辦法，除柏拉

192 培根在這裡述明自己的真正歸納法，參見第一卷語錄一七、四六、六九、七〇、八八，以便從普通歸納法與它的對比中加以理解。——譯者

193 拉丁文為demonstratio，英譯文為demonstration。基欽指出：培根在這裡把這一術語錯用到指稱相反的東西上，照以前的邏輯著作家們的用法，「論證」一詞是嚴格專用於演繹法的，由於培根根本否認演繹法為達致真理的有系統的方法，所以就把「論證」一詞照近代的意義來使用，等於「嚴格證據」的同義語。——譯者

圖一人之外（他是確曾在一定程度上把這種形式的歸納法應用於討論定義和理念的[194]）至今還不曾有人實行過或者企圖嘗試過。但是爲要對這種歸納法或論證作很好的和很適當的供應以便利它的工作，我們應當準備許多迄今還沒有人想到的事物，因此也就必須在此中比迄今在三段論式中作出更大的努力。我們還不要把這種歸納法僅僅用於發現原理，也要把它用於形成概念。正是這種歸納法才是我們的主要希望之所託。

一〇六

我們在用歸納法建立原理時，還必須檢查和核對這樣建立起來的原理，是僅僅恰合於它所依據的那些特殊的東西，還是範圍更大和更寬一些。若是較大和較寬，我們就還要考究，它是否足夠對我們指明新的特殊東西作爲附有擔保品的擔保來證實那個放大和放寬。這樣，我們才既不致拘執於已知的事物，也不致只是鬆懈抓著空虛的影子和抽象的模式而沒有抓住堅實的和有其物質體現的事物。一旦這種過程見諸應用，我們就將看到堅實希望的曙光。

194　這又是若干段文字之一，足以表明培根毫無自命爲歸納法的創見者之意。

一〇七

在這裡，還應當回憶一下前面所說過的一點，就是：要推展自然哲學的界線俾把各個特定科學包羅進來，也要把各個特定科學歸到或帶回到自然哲學上；這樣才使知識的枝葉不致從它的根幹劈開和切斷。沒有這一點，也就不會有很好的進步希望。[195]

一〇八

以上只是從消除或修正過去的錯誤方面來解除絕望並鼓起希望。現在要再看看還有什麼道路成爲希望的根據。在這裡，這樣一個想法立刻就出現了：既然當人們還並非著意尋求有用的發現而是另忙於其他事物的時候，僅僅出於偶然和機遇，尚且有許多有用的發現產生，那麼，如果人們投身於追求它們並以此爲其專業，又是本著方法和依著秩序而不是憑著間歇性的衝動去做，當然無人能夠懷疑他們是會做出超出更多的發現。雖然有一、兩次人們也會於偶然中碰到苦求不得的事物，但是整體說來情況無疑是與此相反的。由此可見，要以較短的間歇得到更好而且較多的事物，應當期望於人們的理性和努力、期望於人們的指導有

195 參見第一卷語錄七四、七九。——譯者

方和用志專一，而不應期望於偶然的機遇、動物的本能等等，而以往的發明卻竟是以這些為其根源。

一〇九

希望的另一論據可以由下述事件中獲得：有些已知的發明在其被發現前是很難進入任何人的頭腦而被人所想到的；它們總是直接被認為不可能而擱置。因為人們凡在構想會出現什麼時，總是把曾出現的東西擺在面前做樣子；凡在預度新的東西時，總是浮現先被舊的東西所盤踞、所渲染過的想像。形成意見的這種方法是很謬誤的，因為從自然這一泉源所發出的水流並不是永遠束在舊的渠道裡面而流動的。

舉例來說，在發明大砲以前，假如有人從它的效果上來描述這東西，說有一種新的發明能在遠距離外撼動以至摧毀最堅固的碉堡和城垣；人們聽了，必定首先就想到砲弩和其他機械，想用一切方法及能撞擊、能發射的重物、輪盤和類似的機器來加倍想像它們的力量；至於說會有一股帶火焰的疾風，猛然而暴烈的發出並爆炸，這個想法就很難進入任何人的想像或幻想；因為除地震和閃電之外，人們從來不曾見過與這些相仿的東西，而地震和閃電則是自然的偉作和神奇，為人所無法模擬，於是這個想法就直接被人們否決了。

同樣，在發明蠶絲以前，假如有人說，有一種線發明出來了，可以供衣著和鋪陳之用，比麻線和毛線都精細且結實、美觀和柔軟得多；人們一聽，必會直接想到某種絲狀的植物、某種走獸的毛、或是某些飛禽的羽片和綿毛；至於說是一個小小蟲兒所作的繭，這種小蟲又是如此之多，並且是一年一度重生，那無疑是他們從來也沒有想過的。甚至，即使有人說到什麼小蟲，人們必定還要加以嘲笑，又認爲他在夢想一種新的蜘蛛網呢！

同樣再說一例，在發現磁石以前，假如有人說，某種工具已經發明，能夠用來精確觀察和辨認天體的部位和方向；人們聽了，一定是聽其想像所至作出各式各樣的猜想，想到一些天文儀器的更精巧的構制；至於說能發現出一種東西，其運動悉合於天體但本身卻非一個天體，而只是一種金屬或石類的質體，則他們必斷定爲是完全不可信的。上述三種東西以及類似的東西，自有世界以來多少年都是隱而不顯，而其最後被人發現亦非由於哲學和理性的學術，而是出於偶然和機遇；原因如我在前面所說，它們與以前所知的任何東西是完全不同種類，相去甚遠，所以導致它們的發現，人們沒有一種預先存想的概念。

這樣看來，我們就有很多的根據期望在自然的胎宮中還貯有許多極其有用的祕密東西，與現在已知的任何東西都不相仿，也無可比擬，而完全處於人們想像之外，迄今尚未被發現出來。無疑，在此後若干年月的行進和運轉當中，這些祕密遲早會與其他已經現出的東西一樣自行顯露出來；不過若是使用我們現在所論的方法，就能迅速、痛快、同時的把它們引現出來和提前促成罷了。

一一〇

還有屬於另一種類的發現尚待指出，它們證明著有許多高貴的發明可能就在我們眼前，而人們卻踏過而無所見。儘管在火藥、蠶絲、磁石、糖、紙等等的發現方面看來是有賴於事物自身的以及自然的某些性質，說到印刷這個技術，無論如何總沒有什麼不是顯明易見的東西了。但是就在這裡，由於人們沒有見到：排版雖比手寫較難，但兩者卻有一種區別，即一版排出可有無數印本，而手寫則只能有一本；也或者又由於人們沒有見到：墨水可以濃化到能印而不流（在字型朝天由上下印時更是如此）；我說，只是由於人們沒有見到這些事情，就空過了這麼久的悠悠歲月，而沒有做出這一大有助於傳播知識的最美妙發明。

在這一種發明的進程中，人心方面有著這樣一種彆扭情況和不順當的根性，開始是不信賴它自己，隨後又蔑視它自己：起初不相信任何這類事物能被發現，既經發現以後則又不能理解何以人世與它迷失如此長久。正是這一情況本身大可取作希望的又一論據；這就是說，還在大量可以發明的東西剩留在那裡，不僅可用那些尚待發現的做法，就是借助於上文所說的「能文會寫」的經驗來把那些已有的做法搬運、比較並應用一番，也能把它們推演而揭露出來。

一一一

希望的根據還有一點也必須談論。讓人們想一想他們在效用很差、價值很低的事情和業務上對於理解力、時間以及資料的無限耗費吧！只要把其中一小部分移用於健全而堅實的研究，就沒有任何困難是無法克服的了。加論這一層，我想是有好處的，因爲我承認要照我所設想的亦是它所應有的樣子來集成一部自然史和實驗史，[196]確實是一件偉大的，亦可說是莊嚴的工作，而且也是需要很多勞力和費用的。

一一二

同時，人們切不必因特殊東西之繁多而感驚慌，卻反而應以此鼓勵自己懷抱希望。技術所從事的和自然當中所有的特殊現象誠然繁多，而人的智慧在脫離了事物證據時所虛構出來的東西則多更多。[197]再說，前一條路像在廣場上明設標的，而且並非遙遠；後一條路則絕無

196 基欽注明：培根意圖把這一資料集作爲《復興論》的第三部分，《復興論》共六部分，但他只完成了其中的第一、第二部分。——譯者

197 基欽提示說：這樣，所以要選擇適合的事例，即所謂享有優先權的事例。

標的，而只有無盡的糾纏。人們一向都只和經驗短短接觸，都只把經驗輕輕撇過，而在智慧的沉思和思索上所浪費的時間則屬無限。其實，如果有人眞能以此來解答我們的問題並在每一細節上都能告訴我們自然中的眞相是什麼，那麼一切原因和一切科學的發現便應是短短幾年就能完成的工作。

一一三

此外，我想人們還可從我本人這個例子得到一些希望。我說這話，並非出於自誇，乃是因爲說來有用。如果有人沮喪失望，就請他看看我是如何的。在與我同時的一切人當中我是國務最忙的一個；[198]我的健康也不理想（因此也就浪費了許多時間）；在所說的這件事上我又完全是一個開拓者，既無他人的軌道可循，也未得到任何人參與商榷；只是由於我堅決走上眞路，使我的心服從於**事物**，我想我尙且把這事多少也推進了一些。那麼，就請人們再想一想，當道路已經這樣指明之後，在人們富有閒暇，加以共同勞作，加以屢代相承等等條件

198 基欽說：培根在這裡這樣說到他自己，是完全正確的。他的前人和後人，有誰像他既這樣深研洞察到科學的一切部門，而同時又那樣活躍投身於社會生活的事務呢？

下，我們的希望又當如何？希望當然是更大的！因爲這條道路原非一個人在一個時代所能走完（如同在推理方面所有的那種情形），而是需要把許多人的勞動和努力在最大效果下先行分工，然後再行集合起來（關於蒐集經驗尤其應當如此）。不要很多人都做相同的事，而要每個人各管一件事，只有到這時人們才會開始知道自己的力量。[199]

一一四

最後，由新大陸向我們吹來希望的風信[200]即使是較其實際爲微弱而難於覺察，我們（假如我們的精神不是完全沮喪）也必須用一切辦法嘗試一番。要知道，不嘗試的損失與不成功的損失兩者之間是無可比較的，不嘗試是根本拋棄了取得巨大利益的機會，不成功則不過損失了人們小小的一點勞力。如實說來，從我所已論過以及置而未論的道理來想，我看我們是有著足夠的甚至用不了的希望，不僅足以使勇者敢於嘗試，並也足以使心清智明的人產生信心。

---

199 基欽指出，這裡有了近代所謂分工原則的萌芽。——譯者

200 這是暗引德安吉拉（Peter Martyr Anghiera）所述哥倫布發現新大陸的故事：他當時觀察到一年中某些時候有西風吹到葡萄牙海岸，遂據以得出結論說必有陸地在產生這些風。

一一五

關於解除人們絕望心理（這是延緩和阻礙知識進步的最有力的原因之一）的根據，我現在已論述完畢。這就同時把我關於過去所有錯誤、懶惰與無知的**跡象**和**原因**所必須說的話亦作了一個結束；特別是因為有些不在通俗判斷和通俗觀察之列的比較隱微的原因是必須歸到前文所論人心假象方面來看。

至此，我的《復興論》中的破壞部分也應該結束了。這個破壞部分包含著三個辯駁：第一，關於任其自流的**人類天然理性**的辯駁；第二，關於**論證**的辯駁；第三，關於**學說**，亦即關於公認的哲學體系和教義的辯駁。我進行這些辯駁所用的也是惟一能用的辦法，乃是就著跡象以及原因的證據來立論；因為我既然在第一性原理以及在論證規律上都與他人毫無共同之處，我就根本沒有展開他種駁辯的門徑。

說到這裡，已是進而講論這學術本身和解釋自然規則的時候了；但還有些話須要說明在先。因為在這第一卷論述中我原是打算先為人心做好準備，以便它能理解並接受下卷所說的東西；而現在我既已刷洗、打掃和鏟平了心的地面，那麼剩下的事就是還要把心放在一個好的位置，亦可說是一個便利的方位上去看我所要擺在它面前的東西了。要知道，在一件新的事情，不僅某些舊見解的強烈成見會對它造成傷害，對於所介紹的新事物若先存一種虛妄的預想或預期，這同樣亦會造成傷害。因此，關於我所擬議的這些事情，我力圖先給人們一些健全的和正確的看法[201]，雖然這好比是暫時先支子金（姑且這樣說）而作爲母金的那個事情本身則尚待下文分解。

一一六

於是我首先要求人們，不要認爲我願意照著古代希臘人以及近代某些人如泰萊夏斯（Telesius）、柏取夏斯（Patricius）和塞維林納斯（Severinas）[202]等人的樣子在哲學當中建立一個新的派別。因爲我的意向既不在此，我亦不認爲某人對於自然和對於事物的原則懷

---

201 參見下文一一六—一三〇條。——譯者

202 Bernardino Telesio，一五〇八—一五八八年，義大利哲學家與自然科學家，文藝復興中科學運動的宣導者之一；在那不勒斯（Naples）創立學園；其學著重經驗的方法，又認爲熱和冷是物質中兩個擴展著的、相互矛盾的力量，企圖以此來解釋一切物理現象；著有De Natura Rerum juxta propria Principia一文。

Francesco Patrizio，一五二九—一五九七年，泰萊夏斯的弟子；曾發表Nova de Universis Philosophia一文，反對亞里斯多德。

Marco Aurelio Severino，義大利醫生；亦曾著論反對亞里斯多德。

以上三人都是和培根差不多同時的人。——譯者

有某種抽象概念便會對人們的命運有多麼大的關係。無疑，屬於這一類的許多舊的學說總會復活，許多新的學說亦總會出現，正如關於天體就可假設許多學說，都很合於天文現象而彼此卻各不相同。

至於在我這方面，我卻不以任何這種揣想的同時也是無益的事情來給自己找麻煩。相反，我的目的是要試試能否就在事實本身當中來替人類的權力和偉大把基礎打得更堅固些、把界限推得更寬廣些。並且雖然我對於某些特殊題目在不完備的形式下握有一些我以爲比現在所公認的要眞實得多、準確得多同時也實惠得多的結果（這些我都已收入《復興論》的第五部分），但我仍沒有整套的或普遍的學說可以提出。因爲看來現在還沒有到做這樣一種嘗試的時候。我也不能希望終我一生能把《復興論》的第六部分完成（這一部分是命定要講那從對於自然的合格解釋中發現到的哲學的）；我只要清醒和有益的鞠躬盡力於橋梁性的職務，爲後世播下一些純正的眞理種子，自己則盡到開創這偉大事業的責任，那我就認爲足夠了。

一一七

正如我不求創立一個學派，同樣我也不許下什麼有關特殊事功的奉獻或諾言。人們不免會想，我既然如此經常提到事功，並且把什麼事都歸結到這一目的，那麼我自己總應當認眞地做出一些事功來。但是我已經屢次明白宣示我的程序和方法，也願再宣示一次，卻是這樣的：我不是要從事功中引出事功，或從實驗中引出實驗（像一個經驗家），而是要從事功和實驗中引出原因和原理，然後再從那些原因和原理中引出新的事功和實驗，像一個合格的自然解釋者。並且，雖然在我的發現表（即《復興論》的第四部分）當中，在特殊東西的舉例（見第二部分所引證）當中，以及在我的關於歷史的議論（在第三部分中有所發揮）當中，即使一般的讀者也能隨處見到許多高貴事功的徵兆和輪廓；但是我仍持平的承認，我現在所備有的自然史，無論是由書本中蒐集而來或是由我自己調查而來，實在還是既不夠豐富，也未經足夠精確的驗證，來供一種合格的解釋之用的。

這樣說來，如果有什麼人對機械性的研究較為適宜、較有準備，也具備聰明能夠僅弄實驗而獵獲一些事功，那麼就讓他以一切方法盡其努力從我那歷史和列表當中順便蒐集許多事物，應用它們來產生事功，這也足以充母金到期以前的子金之用。至於我自己，由於我的目標更有大於此者，所以我深以在這類事情上作非時的逗留和過早的打算為不當，認為那是像亞特蘭大賽跑一樣（如我所常說的）。我不能像那個孩子為追逐金蘋果而跑上了岔道，我是要在這競賽中傾一切賭注來博取方術對自然的勝利；我也不能操之過急收割那尚未吐開的小草或穀穗，而是要等到適當的季節來得一場好收穫。

一一八

無疑，人們讀了我的自然史和發現表以後，還會在那些實驗本身當中看到一些不甚準確或甚至非常虛妄的東西，這就不免令人想到我的那些發現在所依據的基礎和原則就是虛妄和可疑的。但是這並不致引起什麼後果；這一類的事情起初總是必不可免的。這只像在書寫或印刷的篇章中出現一、兩個寫錯或排錯的字母，並不會十分妨礙讀者，因為這類錯誤很容易隨著文義而獲得校正。同樣，在我的自然史當中也會出現許多做錯或判斷錯的實驗，而也隨即很容易因為原因和原理的發現而被消除和捨棄掉。但假如在自然史和實驗當中的一些錯誤是重要的、經常的和有連續性的，那就非智慧或技術所能校正或補救，這卻是真的。再說，由此並可想到，假如在我以這般審慎、嚴肅、也可說這般宗教性的小心所蒐集成和考驗過的自然史當中，尚且在細目上仍有某些虛妄或錯誤乘隙而入，那麼，對於那種相比之下十分粗疏而不精確的普遍自然史，我們應該說些什麼呢？對於那些建築在這種沙灘（甚至可說是流沙）上的哲學和科學，我們又該說些什麼呢？這樣說來，請人們就不必為這一點而擔心吧！[203]

203　本條是一項很明智亦很重要的啟示。我們讀本書第二卷時，常見培根在物理知識方面有些錯見；對於這種情

一一九

在我的自然史和實驗當中，人們還會看到許多瑣碎的、普遍都知道的事物；還會看到許多卑賤、低級的事物；最後也還會看到許多過於隱微和僅屬揣想而且看來是一無用處的事物：所有這些事物都會打消和打斷人們的興趣。

先說所謂普遍常見的事物。人們應當常常想著，他們一向所習慣的做法不外是把罕見事物的原因歸溯到常見的事物，至於對常見的事物則從來不問其原因，而直接認爲理所當然。由於這樣，所以他們對於冷、熱、軟、硬、稀、濃、光、液體、固體、重量、生氣、無生氣、相似、不相似、天體運轉、機體組織等等，便都不去查究它們的原因，而是在認定它們爲自明的事物之下，據以對比較不常出現的其他事物進行爭辯和判斷。

況，應當怎樣看呢？基欽提示說：這些錯誤在我們今天看來覺得奇怪，在培根當時則是可以原諒的，有時甚至是值得讚美的。這些錯誤並不足以玷汙他的原則；而且沒有誰比培根自己更樂於改正這些錯誤。但凡一種生長著的哲學，其職能之一就是接受好的東西而減除一切前人的錯誤；正因如此，所以多數物理學著作往往不出幾年就要報廢。而本書的光榮之處卻在隨時間的推進並無法使它作廢，而且隨著物理科學的發揚，它還將愈來愈受到尊重；因爲它的一般原則是站得住的，它對自然的洞察是深入的，甚至它的某些錯誤也往往是足資啟發的。——譯者

但由於我清醒的知道，若不首先考察和找出常見事物的原因，以及那些原因背後的主因，就無法對罕見或非凡的事物做出任何判斷，更無法揭示任何新的事物，所以我必然不得不把一些最常見的事物收納在我的自然史當中。不僅如此，依我判斷，哲學一向所遭受的最大阻礙正是這一點：人們都不留心注意於熟知習見的事物，只是於過路時完全不究問其原因而接受它們；至於對有關未知事物之求知還不如更常注意既知的事物。

一二〇

再說那些所謂卑賤或甚至汙穢的事物，即那些如普林尼（Pliny）所說須先道歉然後才好說出口的事物。[204]這也必須容納在自然史當中，正不亞於那最華美、最貴重的事物。而自然史也並不因此而蒙玷汙，猶如太陽既照宮殿也照陰溝，而並未染到汙垢。至於我自己，我並不是要建立一座神殿或金字塔以供人矜誇，而是要在人類理解中照著客觀世界的模型來給神聖的廟宇奠定一個基礎。因此，我就依照那個模型。凡值得存在的東西就值得知道，因爲

204　普林尼，二三—七九年，羅馬博物學家；維蘇維亞（Vesuvius）火山爆發時，趨往觀察，爲煙氣窒息而死；他博覽群書，彙集前人對自然界觀察研究的記載，成《自然史》一書。此處引句即出於該書第一卷。——譯者

知識乃是存在的表象；而卑賤事物和華貴事物則同樣存在。並且，正如某些腐爛的質體，例如麝鹿和麝香貓，有時會產生最甜的香味，同樣，從卑賤可鄙的事例中有時也會發出最好的光亮和訊息。關於這點，說到這裡已足夠、已太多了；因爲這類的挑剔本不過是婦人孺子之見而已。

一二一

還有一點反對意見卻必須較仔細來看一看。有人說，這部自然史當中有許多事物對於普通理解力說來，實在說即對於那種習於現有體系的理解力說來，似乎是奇怪且無益的過於精微了。關於這一點，我必須特別重申前面說過的話：我開始暫且是尋求光的實驗，而不是尋求果的實驗；我常說，我這樣做乃是仿照上帝創世的榜樣，那是在第一天僅只造出了光，把整整一天的工夫都用於這一件事，並沒有在當天加進任何物質的工作。[205]

這樣說來，若認爲那類事物無用，就等於說光是無用，只因它不是一個堅實的或物質的東西。實情是，經過充分考證和界定的關於樸素性質的知識正像光一樣；它指明了通往自

205 參見第一卷語錄七〇、九九、一一七。——譯者

然作坊中一切祕密的門路，實際也含有並連帶著成群結隊的事功在後面，它也為我們打開了最高貴的原理的源泉；可是它自己本身卻並無多大用處。同樣，字母系列中的各個字母若是分開而從其自身來說，也沒有什麼用處或意義，可是它們卻是作文的材料和一切談話的工具。又如東西的種子，它是有著很多潛在特性的，但除非是發展起來，否則也沒有任何用處。又如光這東西本身，其散亂的射線若不弄成輻輳於一點，也是無法傳布它們的功用的。

若說反對思考中的精微，那麼對於經院學者們又當怎麼說呢？他們溺於精微到過甚的程度；他們的精微之處又是費在文字上面，或至少也是費在通俗概念（這與文字實是一回事）上面，而不是費在自然的事實上面；他們的這種精微又不僅在原始中為無用而且在後果上也無用；他們的這種精微又和我所說的那種不一樣，並不是眼前誠然無用後效則屬無窮的；對於他們的這種精微，又當怎麼說呢？人們應當明確這一點：爭辯上的、議論上的一切精微若非到公理發現之後才來應用，那是違時的也是出乎常理之外的；應用精微的真正的、適當的或至少是主要的時機乃在對經驗進行衡量並據以建立原理的時候；因為那另一種精微雖能抓攫自然，但絕不能將它握牢。人們關於機遇或幸運的一句說話無疑可以真確移用於自然，那就是說，它前額有一堆捲髮，後頭卻是禿的。[206]

總之，關於鄙視自然史中歸納常見的、卑賤的、過於精微的事物，和在原始情況中無用的事物這一層，我們大可把當年一位貧婦對一位高貴王子的答語來作喻解，當那王子把貧婦的請願斥爲冒瀆尊嚴，不値一顧而加以拒絕時，她就說道：「那麼你就別當國王好了。」[207]毫無疑義，凡把那類事物認爲瑣碎可鄙而不屑加以注意的人是既無法贏得且更無法統治自然這個王國。

---

206 機遇前額有一堆卷髮，後頭卻是禿的——基欽注明，這出於菲德拉斯所作題爲Occasio Depicta的一則寓言，見其寓言集第五卷第八首（Phaedrus，羅馬奧古斯都時代的一位寓言作家，用詩的體裁寫出九七則，多數是根據《伊索寓言》改寫），英諺有「要捉機遇，捉其前髮」（take occasion by the forelock）一語，蓋源於此。（這寓言和這諺語是說：要捉機遇，須預作準備，迎頭去捉，若落在後頭，就無可把握；而培根移用此意於解釋自然，則是說：須適時地在掌握到實在的經驗之後來建立公理，而不可違時地從空無所據的原理出發去進行爭辯。——譯者）

207 這是馬其頓國王菲力普的軼事，見Plutarch所著*Apophthegmata*。

一二二

有人又會想，我們怎麼可以一舉而把一切科學和所有作家都推在一邊，而且還不借任何古人的幫助和支持而單靠我們自己的力量，這未免是奇怪也是魯莽的事了。

我知道，假如我所選定的做法比較不是這樣誠意的，那我大可輕易的替我這些提議找到權威，只須把它們歸溯到希臘以前的遠古（當時自然哲學許是更爲發達，雖然由於還未經過希臘人這傳聲筒的擴大吹噓而比較少有聲息），或者甚至只須把它們一部分歸溯到某些希臘學者，就可以替它們既找到支援又求得聲譽，正如家世不明的人們援借宗譜來自稱華族遠裔一樣。但我不是這樣。我一切依靠事物的證據和眞際，我拒絕一切形式的虛構和欺騙。並且我認爲，我們當前所要做的發現是否早爲古人所知曉、是否隨事物之變遷與年代嬗遞更迭而有興衰，這和我們當前的任務根本沒有什麼關係，正如新世界之是否那古人所熟知的亞特蘭提斯（Atlantis），[208]抑或現在才是第一次的發現，這也和人類沒有什麼關係。總之，新的發現必須求之於自然之光亮，而不能溯求於古代之黑暗。

至於說到我那種責難的廣泛性，我們只要把事情認眞思量一下，必然就會看到，這樣的

208 基欽注明，見柏拉圖對話集中的Timaeus篇。——譯者

責難比那種局部性的責難不僅是較爲確當的，而且也是較爲客氣的。因爲各種錯誤如果不是根於始基的概念，則一定早有某些眞實的發現來糾正虛妄的發現。正因各種錯誤是屬於根本性的而不是屬於判斷虛謬以及粗心失察之類，所以人們之沒有獲得本未企求的東西，沒有達到本未樹立的目標，也沒有完成本未走上或本未堅持的路程，那是不足爲奇的。

至於說我那種責難含有傲慢自誇之意，那我可以說明，假如一個人自稱單憑手勁和眼力就能比別人把一條直線畫得較直，把一個圓形畫得較正，那麼他當然是在和別人挑起能力的較量；但如果他只說，他憑藉尺和規的幫助能比那單憑手眼的人把一條直線或一個圓形畫得較好，那就不能算多麼自誇。這一層說法，希望人們留意，還不僅適用於我自己這首次的、發軔的嘗試，並且也適用於此後擔起這項工作的一切人們。我這種發現科學的方法大能劃齊人們的智慧，而甚少有賴於個人的卓越性，因爲在這裡一切事情都是憑著最可靠的規則和論證來做的。[209]這樣說來，我在此中的貢獻，我曾常說，與其歸之於能力，毋寧歸之於幸運；與其說是智慧的產物，毋寧說是時間的產物。[210]無疑，在人們的思想方面也和在人們的工作和事業方面一樣，機會多少也是有些關係的。

209 參見第一卷語錄六一。——譯者

210 參見第一卷語錄七八。——譯者

一二三

說到這裡，我可以引用前人說過的一句戲謔之言來說明我自己（因爲它把我和別人之間的區別標明得異常眞切），那話是說：「如果一個人喝水，一個人喝酒，那麼我們的想法是不會相同的」。[211]現在在科學問題上，別的人們，古代的也好，近代的也好，都是喝著像水一樣的未經加工的飲料，有的是自發地湧自理解力，有的是爲邏輯所汲取，像用轆轤汲取井水一般；而我所舉以祝福人類的杯酒則是從無數葡萄濾出的，那些葡萄都是當熟到恰好的時候一簇一簇被摘下來聚在一起，在壓榨器中將汁擠出，最後還在大桶中加以純化和淨化。這樣看來，我和他們思想之不同也是必然的。

一二四

無疑，有人又想，我自己所設置的目標和鵠的（這又正是我反對別人的一點）並不是眞確的，也不是最好的；因爲思辨眞理比一切事功的宏效偉績都要更爲崇高和更有價值；若長此急切沉溺於經驗、物質以及個別事物的波動變異，則無異把心靈撤離抽象智慧之澄靜天

211　這是菲羅克拉特（Philocrates）說到德謨辛尼斯的話，見後者所著*De Falsa Legatione*一書。

界，[212]而把它拖曳在地面或竟是把它降入擾攘混亂的陰府。對於這話，我很同意；並且他們所指為如何如何可取的那一點實在正是我所要做的事。我正是要在人類理解中建造一個世界的眞實模型，如實然那樣，而不是如自己的理性所願望的那樣；而要這樣做，就必須努力的把世界解剖一番不成。我還要說，人們在哲學體系中憑幻想創造出來的那些愚蠢的、杜撰的世界影像都必須拋入風中，使其消散盡淨。我們應當知道在人心假象和神意理念之間（如前文所說）有著何等巨大的區別。前者不過是一種任意的抽象；後者則是造物者自己打在創造上的章記，以眞確而精細的線條劃印在物質中的章記。[213]這樣說來，眞理和功用在這裡乃是

212 基欽指出，這是暗指柏拉圖式的亦是亞里斯多德式的一種想法，參見亞里斯多德所著*Nicomachean Ethics*第十卷第七章。

213 參見第一卷語錄二三和注。——譯者

一事：[214]各種事功自身，作爲眞理的證物，其價値尤大於增進人生的安樂。[215]

一二五

還有些人會想，我所正在做著的事不過是前人所已經做過的事。這就是說，古人們也曾採取我現在正在採取的途程；因此，我在經過一切這些騷動和掙扎之後，最後也不免要達到古代早曾盛行過的許多體系之中的某一體系。他們說，古人們在開始思考之初，也曾備有大量豐富的事例和特殊的東西；把它們分條列目彙成長編；據以完成他們的哲學體系和各種學術；並在把事情弄明白之後就將那些體系和學術發表出來，可是這時卻僅在幾個地方

214 拉丁本原文在這裡用的是ipsissimoe res二字，照字面看，實不能譯作「乃是一事」，不過原譯者認定培根的意思必是這樣。（這樣認定是完全有根據的。本書一開頭在第三條中就說「人類知識和人類權力歸於一」；第二卷第三條中又說「模式的發現能使人在思辨方面獲得眞理，在動作方面獲得自由」；第二卷第四條中說得更清楚「凡在動作方面是最有用的，在知識方面就是最眞的」。這些話都可以爲這句話作注解。——譯者）

215 關於培根對眞理與事功的關係、科學的目的以及如何達到這目的等問題的見解，也就是說，關於培根是否一個簡單的功利主義者的問題，細讀此句並參見第一卷語錄八一、一一七，就可有所理解。——譯者

加入少數的舉例以當證明和解說之用，至於要把全部箚記、注解、細目和資料長編一起刊出，古人們認爲那是膚淺而且也不方便。他們說，這種做法正和建築工人的辦法一樣：房屋造成之後，就撤去臺架和梯子；古人們無疑是這樣做的。對於這一點反對意見（或毋寧說是一種疑慮），我要指出，只要人們還沒有完全忘記我在上文所說過的話，誰都會很容易的予以答覆。古人們所慣用以從事探討和發現的方式是他們自己所明白承認的，在其著作中就可看到。這個方式簡單說就是：他們從少數例子和特殊的東西（加上一些普遍概念，或許還加上一部分最流行的公認的意見）一下子就飛到最普遍的結論或科學的第一性原則，並把它們當作堅定不移的眞理，進而以中間命題爲手段從它們引出並證明一些較低的結論，而從這些較低的結論當中來建構技術。[216]在此以後，假如又有與他們的教條相違反的新東西和例子被提出而引起討論，他們不是對自己的規律作一些區劃或解釋而把它們巧妙融入他們的體系之中，[217]就是乾脆把它們作爲例外而粗暴的加以排除；[218]至於對那些不相違反的特殊東西，則

---

216 參見第一卷語錄一九、二二、一〇四、一〇五。——譯者

217 參見第一卷語錄二五和注。——譯者

218 基欽舉例闡論說，關於對待所謂例外現象的正確態度，可舉天文學者們對天王星問題的處理爲例：他們看到天王星的擾亂情況，這看來是足以作爲反證來推翻有關行星運動的法則的；他們並沒有解釋這一事實，而是

努力要用合於他們那些原則的原因來解釋。但要知道，這種自然史和經驗遠遠不是我們所需要的；並且還要知道，那種飛到具有最高普遍性的東西的做法把一切都毀壞了。

一二六

還有人想，我既然這樣禁止人們在未透過中間階梯正當的達到具有最高普遍性的東西以前，不得把什麼原則視爲已經確立而加以宣布和予以制定，我便是主張將判斷擱置，而這就走到希臘人所說的不可解論，即不承認人心有瞭解眞理的能力。關於這一點，我要說明，我所思所陳的實際上不是不知論，而是利知論；不是不承認理解的能力，而是供以裝備以便眞確的進行理解。因爲我並不排除感官的權威，而是要提供它協助；我並不輕視理解力，而是要管理它。[219]我們應知所須知，而尚以所知爲不周，若以所知爲已周，而卻不知所須知，那就差得多了。

去追求它的原因，由此又發現了海王星。又如，歸納出來令人不得不承認引力這條法則的例證是太強有力了，實在不能因一個看來似乎相反的事例就推翻它。

219 參見第一卷語錄三七和六七末段。——譯者

一二七

還有一點，與其說是反對，不如說是疑問。人們問，我提倡這種方法，是只說自然哲學應當照此進行呢？還是說其他各種科學以及邏輯、倫理學、政治學等亦都應當照此進行呢？我的回答是，我前面所進當然是指著所有這些而言的。正如那種以三段論式來統治的普通邏輯不僅被及自然科學而且被及一切科學，同樣，我這種依歸納法來進行的邏輯也是通貫一切的。我不單在冷、熱、光、植物等方面製成歷史和發現表，關於憤怒、恐懼、羞恥、關於政治方面、關於精神動作，如記憶、分合[220]、判斷和其他等等，我亦都同樣製成歷史和發現表。可是要知道，在把歷史準備好並排列妥當之後，由於我的解釋方法不限於涉及心的活動或思論（如普通邏輯那樣）而且還涉及事物的性質，所以我要對人心提供一種規則和指導，使它在每一情節都能恰當的把自己投在事物的性質上。因此，我在有關解釋的學說中又提出許多不同的條規，以便人們依其探討主題的性質和情況對其發明方法略作變化。

---

220 這裡所謂分合（composition and division），艾利斯說，或許是謂綜合和分析（synthesis and analysis）；弗勒則指出，這是循用亞里斯多德的術語，意謂肯定和否定（affirmation and negation）。

一二八

還有一點更是無庸置疑，那就是問我是否要把現行哲學、學術和科學全都推翻並加以摧毀。我回答說，此言差矣；我反而是最高興看到它們被使用、培植並受到尊崇的。若說現在時興的各種技術不該繼續去作爭論的材料、不該繼續去作談話的裝飾品、不該繼續去供教授先生或生意人士們方便之用，總之是說不該繼續像通用貨幣那樣任憑大家同意而流行於人們之間，那是毫無理由的。不僅如此，我還直率的宣告，我現在所宣導的東西根本很少適合於那一些目的，因爲它除了在效果和事功上外，是無法降低到爲一般人所領會的。[221] 我這樣宣稱我對於公認的科學的好感和善意究竟有多麼誠懇，這從我所發表的著作特別是幾卷《進學論》（Advancement of Learning）當中可以充分看到，所以我就不圖再以文字作進一步的證明了。可是同時我亦提出經常的和明白的警告說，要憑現在通用的方法，那是既不能在學說方面和科學的思辨部分方面做出什麼巨大進步，也不能把它們實現爲什麼宏偉事功的。

221 參見序言第四段。——譯者

一二九

說到這裡，只有再就心目中這個目標的卓越性略談幾句了。這些話若在早先說出，或許被看作空虛的願望；現在希望既經鼓舞，不公正的成見既經消除，再說這些話也許就有較重的分量。再說，假如我自己已把一切做完，而沒有機緣再邀請別人來幫助和參加這個工作，那麼即到現在我也仍要避免說這些話，以免人們會認爲我是在宣布自己的功罪。但是由於我要促進別人的努力和燃起他們的熱情，那麼我就該使人們留心到某些事情，這卻是適宜的。

首先要說，引進著名的發現，這在人類一切活動中應該高居首位，這是歷代前人所作的評價。歷代對於發明家們都酬以神聖的尊榮；而對於功在國家的人們（如城國和帝國的創建者、立法者、拯救國家於長期禍患的人、剷除暴君者，以及類此等人）則至高不過謚以英雄的尊號。人們如持平的比較兩者，無疑會看出古人的這個評價是公正的。因爲發現之利可被及整個人類，而民事之功則僅及於個別地方；後者持續不過幾代，而前者則永垂千秋；此外，國政方面的改革鮮少能不經暴力與混亂而告實現，而發現則本身便帶有福祉，其嘉惠人類也不會對任何人引起傷害與痛苦。

再說，發現可以算是重新創造，可以算是模仿上帝的工作，正如詩人說得好：

脆弱的初民不知道耕稼，
雅典人首先播種眞偉大，
從此生長出油油的田禾，
再造了我們下界的生活。[222]

說到這裡，可以指出所羅門（Solomon）確有值得稱道之處。雖然他在統治帝國方面、在金銀財富方面、在豐功偉業方面、在朝廷家室方面、在艦隊武備方面，以及在名耀海內敬在人心等等一切方面莫不顯示其偉大有力，可是他都不把這些引爲光榮，卻只說道：「上帝的光榮在於藏物，國君的光榮則在於把它搜出。」[223]

其次一點，讓人們想一想在歐洲最文明的區域和新印度最野蠻的地方之間，人們生活是怎樣大不相同，他們就會感到「人是人的上帝」[224]這句話乃是有道理的，不僅從人們所得

---

222 盧克呂夏斯（Lucretius），西元前約九五—三一年，羅馬詩人，作了一首題爲De Rerum Natura的哲學訓言詩，凡六卷，倡無神論和唯物論；這裡所引的幾句見於第六卷一—三行。——譯者

223 見《聖經》，《箴言》第二五章第二節。

224 基欽注明，這是引用開希里阿斯（Caecilius）的一句箴言，培根擴展了它的原意。——譯者

到的幫助和福利說來是這樣，從生活情況的比較說來也是這樣。而這個差別卻是從何而來呢？這無關於土壤、氣候，也無關於人種，這個差別只在學術。

再者，我們還該注意到發現的力量、效能和後果。這幾點表現在古人所不知、較近才發現，而起源卻還曖昧不明的三種發明上是再明顯不過的，那就是印刷、火藥和磁石。這三種發明已經在世界範圍內把事物的全部面貌和情況都改變了：第一種是在學術方面；第二種是在戰事方面；第三種是在航行方面；並由此又引起難以數計的變化；竟至任何帝國、教派、星辰對人類事務的力量和影響都彷彿無過於這些機械性的發現了。

進一步講，我們不妨把人類野心的三個種類也可說是三個等級以資區分。第一，是要在本國之內擴張自己的權力，這種野心是鄙陋和墮落的；第二，是要在人群之間擴張自己國家的權力和領土，這種野心雖有較多尊嚴，卻非較少貪欲。但是如果有人力圖面對宇宙來建立並擴張人類本身的權力和領域，那麼這種野心（假如可以稱作野心的話）無疑是比前兩種較爲健全和高貴的。而說到人類要對萬物建立自己的帝國，那就全靠學術和科學了。因爲我們若不服從自然，我們就無法支配自然。

再說，既然人們把某種個別的發現尚且看得比那種澤及人類的德政還要重大，那麼，若有一種發現能用爲工具而便於發現其他一切事物，這又是何等更高的事啊！還要以光爲喻來說明（完全說眞的），光使我們能夠行路、閱讀、鑽研技術、相互辨認，其功用誠然是無限的，可是人們能見到光，這一點本身卻比光的那一切功用都更爲卓越和美好。同樣，我們對事物進行思辨這件事本身也是比各種發明的一切成果都要更有價值，只要我們的思辨是如實的，沒有迷信、沒有欺騙、沒有錯誤也沒有混亂。

最後再談一點，若有人以學術和科學會被濫用到邪惡、奢侈等等的目的為理由來加以反對，請人們也不要為這種說法所動。因為若是那樣說，則對人世一切美德如智慧、勇氣、力量、美麗、財富、光本身以及其他等等也莫不可同樣加以反對了。我們只管讓人類恢復那種由神所遺贈、為其所固有的對於自然的權利，並賦予一種權力；至於如何運用，自有健全的理性和眞正的宗教來加以管理。

一三〇

現在已到我來陳述這解釋自然的學術本身的時候了。在這一學術當中，雖然我覺得我已經提出了眞確的亦是最有用的條規，可是我卻既不說它是絕對必要的（好像沒有它就什麼事都不能做的樣子），也不說它是盡善盡美的。因為我認為，人們只要手邊備有一部正確的自然史和經驗史而努力致力於此；只要能夠恪遵下述兩條規則：第一，要把公認的意見和概念都撇在旁邊；第二，暫時不要縈心於最高普遍性以及僅差一級的次高普遍性。那麼，他們就能不藉任何技術而單憑心所固有的眞純力量走入我這種解釋的方式。因為所謂解釋，原不過是心無障礙時所作的眞實的和自然的活動罷了。不過若說，有我的條規則諸事較有準備亦較有把握，這卻是眞的。

我也不說我的那些條規是再不容有所改進的。恰恰相反，我既是不單就心本身的機能來論心，而且要就其與事物的聯繫來論，那麼我當然就必須主張：發現的技術是會隨著發現之前進而前進的。

第二卷

一

要在一個物體上產生和添加一種或多種新的性質，這是人類權力的工作和目標。對於一個所與性質要發現其模式，或眞正的種屬區別性，或衍生性質的性質，或起源（這些乃是與那事物最相近似的形容詞），這是人類知識的工作和目標。[1]附屬於這兩種首要工作之下，另有兩種次要的、較低的工作：屬於前者的，是要盡可能把具體的物體轉化；屬於後者的，是要就每一產生和每一運動來發現那從明顯的能生因和明顯的質料因，行進到所衍生的模式的**隱祕過程**，[2]同樣在靜止不動的物體，則是要發現其**隱祕結構**。[3]

二

此刻人類知識處於何等惡劣的情況，這甚至從一般公認的準則中也可看出。人們說：

---

1 本卷整個說來就是就發現性質的模式這個目標來進行討論的。——譯者

2 詳見第二卷語錄六。——譯者

3 詳見第二卷語錄七。——譯者

「眞正的知識是憑原因而得的知識」，[4]這是對的。人們又把原因分爲四種，即質料因、模式因、能生因和目的因，這亦並無不當。[5]但且看這四種原因，目的因除對涉及人類活動的科學外，只有敗壞科學而不會對科學有所推進。模式因的發現，則是人們所感絕望的。能生因和質料因兩者（照現在這樣被當作遠隔的原因而不聯繫到它們進向模式的隱祕過程來加以查究和予以接受）又是微弱、膚淺，很少有助甚至完全無助於眞正的、能動的科學。還請不要忘記我在前文曾說到模式產生存在，這種意見乃是人心本身的一個錯誤，我並曾加以糾正。[6]在自然當中固然確實只有一個一個的物體，依照固定的法則做著個別的單純活動，此外便一無所有，[7]可是在哲學當中，正是這個法則自身以及對於它的查究、發現和解釋，就成爲知識的基礎也成爲動作的基礎。我所說的**模式**，意思就指這法則，連同其各個條款[8]在

---

4 基欽指出，亞里斯多德曾說：「我們對於一個事物，只有知道了它的原因時，才能說對它有了科學的知識。」見*Posterior Analytics*一書第一卷第二章。——譯者

5 基欽指出，這些亦就是亞里斯多德所提出的四種原因，參見他所著*Metaphysica*一書第二卷第二章。——譯者

6 基欽指出，所謂模式產生存在之說是指柏拉圖的理念說（或譯理型說）。參見第一卷語錄五一有關的注。——譯者

7 這幾句話（還有第一卷語錄一二〇中的一些話）充分表明了培根的唯物論的立場。——譯者

8 拉丁本原文爲paragraphos，英譯文爲clauses。基欽指出，所謂法則的條款，特別是所謂模式的條款，殊難明

內；我之所以採用此名，則是因爲它沿用已久成爲熟習之故。

三

一個人如果僅只對某幾種東西認識到其性質（如白或熱）的原因，他的知識就算是不完全的；如果他只能對某幾種質體加添一種效果（在能夠有所感受而發生這種效果的質體上），他的權力也同樣算是不完全的。要知道，假如一個人的知識是局限於能生因和質料因（兩者都是不穩定的原因，都只是僅在某些情節上會引出模式的轉運工具或原因），他固然也可能就預經選定的、相互有幾分類似的某些質體方面做到一些新的發現，但是他沒有接觸到事物的更深一層的界線。可是如果有誰認識到模式，那麼他就把握住若干最不相像的質體中性質的統一性，從而就能把那迄今從未做出的事物，就能把那永遠也不會因自然之變化、實驗之努力，以至機緣之偶合而得實現的事物，就能把那從來也不會臨到人們思想的事物，偵察並揭露出來。由此可見，模式的發現能使人在思辨方面獲得眞理，在動作方面獲得

其所指；第二卷語錄二〇在描述熱的模式時把運動作爲熱的類屬，而給予若干規限，也許這些規限就算是熱的模式的條款。——譯者

自由。

四

雖然通向人類權力和通向人類知識的兩條路途是緊相鄰接，並且幾乎合而爲一，但是鑒於人們有耽於抽象，這種根深蒂固的有害的習慣，比較妥當的做法還是從那些與實踐有關係的基礎來建立和提高科學，還是讓行動的本身作爲印模，來印出和決定出它的模本——即思辨的部分。於是我們就必須想到，如果一個人想在一個物體上產出和添入某種性質，他所最願意得到的是什麼樣規則、指導或引導；我們也還要用最簡單的、最不深奧的語言把這些表述出來。譬如說，如果有人（注意到物質的法則）想在銀子裡添入金子的顏色或是增加一些重量，或者想在石頭上添入透明的性質，或者想在玻璃添入韌性，或者想對一些非植物的質體加上植物性質，如果有人想這樣，我們必須想一想他所最想要的是何種規則或指導。第一點，他無疑是願意被指引到這種事物，這結果不致欺騙他，這嘗試不致使他失敗。第二點，他必定願意得到一種規則，不致把他束縛於某些手段和某些特定的動作方式。因爲他可能既沒有那些手段，也無法很方便的取得它們。因爲亦可能在他能力所及之內另有其他手段和其他方法（在所規定者外）去產出所要求的性質，而一爲規則的狹隘性所拘束，他就將被擯棄在那些手段和方法之外而無法利用它們。第三點，他必定要求指引他一些事物，不像計議中所要做的事物那樣困難，而是比較易於實踐的。

這樣說來，對於動作的一種眞正而完善的指導規則就應當具有三點：它應當是**確實**、**自由**、**傾向或引向行動的**。而這和發現眞正模式卻正是同一回事。首先，所謂一個性質的模式乃是這樣：模式一經給出，性質就無誤的隨之而至。這就是說，性質在，模式就必在；模式本義就普遍的包含性質在內；模式經常附著於性質本身。其次，所謂模式又是這樣：模式一經取消，性質就無誤的隨之而滅。這就是說，性質不在，模式就必不在；模式本義就包含性質的不在；性質不在，模式就別無所附。最後，眞正的模式又是這樣：它以那附著於較多性質之內的，在事物自然秩序中比模式本身較爲易明的某種存在爲本源，而從其中繹出所與性質。這樣說來，要在知識上求得一個眞正而完善的原理，其指導條規就應當是：**要於所與性質之外發現另一性質，須是能和所與性質相互掉轉，卻又須是一個更普遍的性質的一種限定，須是眞實的一種限定**。現在我們可以看出，上述兩條指示，一是屬於行動方面的，一是屬於思辨方面的，兩者乃是同一回事：凡在動作方面是最有用的，在知識方面就是最眞的。

五

關於物體轉化的規律或原理分爲兩種。第一種是把一個物體視爲若干單純性質的隊伍或集合體。例如在金子，有下述許多性質匯合在一起：它在顏色方面是黃的、有一定的重量、可以拉薄或延展到某種程度、不能蒸發、在火的動作下不失其質體、可以化爲具有某種程度的流動性的液體、只有用特殊的手段才能加以分解、以及其他等等性質。由此可見，這種原理是從若干單純性質的若干模式演變事物的。人們只要知道了黃色、重量、可展性、固定性、流動性、分解性以及其他等等性質的模式，並且知道如何把這些性質加添進去的方法以及它們的等級和形態，他們自然就要注意把它們集合在某一物體上，從而就會把那個物體轉化成爲黃金。關於物體轉化的第一種動作就是這樣。要產出多種單純性質，其原則是和產出某一種單純性質一樣的；不過所要求產出得愈多，在動作中就愈感到縛手縛腳，因爲要在已經習慣成自然的途徑之外，把這許多本來不便於聚在一起的性質硬湊合爲一體，本身就是很困難的。但須指出，這種動作的方式（著眼於複合物體中的若干單純性質）乃是從自然當中經常的、永恆的和普遍的東西出發，開拓出通向人類權力的廣闊道路，爲人類思想（就現狀而論）所不易領會到或預想到的廣闊道路。

關於物體轉化的第二種原理是有關發現**隱祕過程的**，這便不是就著單純性質來進行，而是就著複合物體（照我們在自然的一般進程中所見到的那樣）。例如，我們要探究黃金或其他金屬或石類是從何開始，是以何方法、經何過程而生成的，是如何由最初的溶液狀態和雛形而進至完全的礦物的？同樣，我們也可探究一些草木植物又是經何過程而生成的，是如何經由不斷的運動和自然的、多方的、連續的努力而從最初在地中凝結的汁液或者是從種子而進至成形的植物的？同樣，我們還可探究動物生成的發展過程，從交媾到出生的過程。此外，對於其他物體也都可作同樣的探究。

這種探究不只限於物體的生成，還可施於自然的他種運動和動作。例如，我們要探究營養的全部歷程和連續活動，由最初受食到完全消化的歷程和活動。又如，我們要探究動物的自發運動，看它如何從想像力上的最初感受經由元精的不斷努力而進至肢體的屈伸和各種活動。再如，我們還可探究唇舌和其他器官的運動，看它是透過什麼變化而最後達到發出清晰的聲音。上述這第二種的各項探究也是涉及若干具體的性質，也是涉及合成一個結構的若干性質，但這卻是著意在自然的所謂特定的和特殊的習慣，而不是著意在自然的那些足以構成模式的基本的和普遍的法則。可是必須承認，這個計畫和那個始基的計畫相比，看來是較爲容易、較爲切近，也是提供較多的希望及根據的。

同樣，與思考部分相對應的整個動作部分，由於它是以自然的一般細事爲出發點，所以它的動作也只能及於一些直接切近的事物，或至多能及於相去不遠的事物。至於要對自然施加任何深刻的和根本的動作，那就完全依靠始基的原理。還有，關於人們只能有所知曉而無法付諸動作的一些事物，譬如說關於天體（這是人們所不能付諸動作加以改變或使之轉化的），我們要查究這事實自身或這事物的眞際，猶如關於原因和關於同意的知識一樣，也必須求之於那些關於單純性質的始基和普遍的原理，例如關於自發旋轉的原理，關於吸力或磁力的原理，以及關於其他比天體自身具有較普遍的模式的東西的原理。因爲人們如果不先瞭解自發旋轉的性質，就不必希望去斷定在逐日運轉當中究竟是地在轉動還是天在轉動。[9]

六

但我所說的這個隱祕過程，與現在心有成見的人們所易想見的卻完全是兩回事。我這裡所謂隱祕過程，不是指著在物體過程中能夠看到的某些度量、某些標誌、或一個接一個的若干步驟而言；而是一個完全沒有中斷的過程，而且大部分又是感官所無法知覺到的。

舉例來說，在物體的全部生成和轉化當中，我們必須探究什麼失去了、什麼保留下來、什麼加添上去、什麼擴張了、什麼縮減了、什麼合起來、什麼分離了、什麼繼續著、什麼割斷了、什麼是推動的、什麼是阻礙的、什麼占優勢、什麼退下去、以及其他各種各樣的細節。

---

9 關於自發旋轉運動的問題，以及由此而聯繫到的地轉還是天轉的問題，培根在第二卷語錄三六和四八（論第十七種運動）中還有詳細的論說。基欽指出，培根在這裡和那裡的說法都否定了哥白尼的體系，在我們今天看來顯然是荒謬的；但是，儘管如此，我們必須回顧並記住，在當時，培根的這些見解卻幾乎是普遍公認的見解，而哥白尼的體系倒被認為只是一種假設；須知最後永久解決這個問題的法則和原理是直到牛頓發現萬有引力的法則時才顯現出來的。——譯者

還有，不僅在物體的生成和轉化當中要明確這幾點，在一切其他變化和運動當中也要同樣探究到什麼先來，什麼後到；什麼較快，什麼較慢；什麼產生運動，什麼管理運動；以及類此各點。可是在科學的現存狀態下（其結構粗陋到極點，而且是一無用處），所有這些點都是人們所不知，也未加以處理的。這是因爲人們有鑑於每一自然活動都是靠著無限小或至少是小得無法打動感官的事物，所以在適當瞭解到和觀察到它們以前就沒有一個人能希望去管理或改變自然。

七

要查究和發現物體中的**隱祕結構**[10]也不亞於要發現隱祕過程和模式，同樣是一件新的事

---

[10] 拉丁本原文爲latentis schematismi，英文譯本作latent configuration。培根使用這一名詞，含義複雜，不夠明確。有人把它簡單的理解爲物體中分子的排列或相對位置，這無異把它說成完全像德謨克利特的原子論，而這恰是培根所不同意的（參見第二卷語錄八）。基欽在注釋中說，人們很難同意培根以蒸餾法爲對物體的隱祕結構進行查究的方法之一，因爲蒸餾法屬於化學範圍，而化學的對象則是物體的構成分子而不是它們的結構或組合方式；首先，這話是認定所謂隱祕結構爲物體中分子的組合方式或排列式樣，從而說蒸餾法之例爲不合，似乎亦有失原義。按：培根在這裡一則說蒸餾法之把複合物體的若干同質分子合在一起不失爲剖析隱

情。因爲直到現在，我們還只是徘徊於自然的外庭，還沒有給自己準備下一條進入自然內室的道路。可是絕沒有人能夠對一個物體賦予一個新的性質，或者能夠成功和恰當的把它轉變成爲一個新的物體，除非他已經獲得關於想要加以改變和加以轉化的物體的充分知識。否則

祕結構之一法，並且還怕這種單憑火煉的動作會弄亂物體的性質；其次，說對於每一物體必須探究其中元精（儘管這一概念是十分陳舊和怪誕）和可觸本質的各種情況；第三，說物體的眞正組織和結構是事物中一切隱祕的性質和所謂種屬的性質與德性所依附，也是每一有力的變化和轉化的規律所從出；第四，則說對物體進行分剖和分解要用推理和眞正的歸納法，並輔以實驗，要用與其他物體相比較的辦法，還要用把複合物體還原爲若干單純性質及其若干模式的辦法；在下文第八條中又接著說，我們卻不可由此就被引至原子論，而只應被引至那實在的分子，照它們實際存在著的樣子：從這些說法中可以概見培根所謂隱祕結構的複雜含義，與簡單的原子論是不同的。

基欽注釋說，密爾在論述他的同異法時曾作了一些例解（見《邏輯》一書第三卷第八章第一節），可作爲很好的事例來說明培根所謂發現隱祕結構，並以此知識應用於隱祕結構。密爾提到了石英晶體的製造，其方法是以矽石微粒沖水，注入小瓶，擱置幾年；他還舉出了郝爾（Sir James Hall）的人造雲母，其方法是用極大壓力把材料熔解後再冷卻。這些就可說是把隱祕過程應用於隱祕結構。例如，因爲我們必須首先分析石英晶體或雲母的構成分子，然後把這個知識透過仿效自然過程的動作應用於創造隱祕結構。培根在*New Atlantis*一書中曾草畫出一些動作，與上述這些是頗爲相像的。——譯者

他就會跑到一些即使談不上是無用，但卻是困難的、不對頭的、不合於該物體的性質的方法上。因此，很明顯，關於發現隱祕結構這一點，也必須打開和鋪出一條道路。

誠然，在如人和獸等有機物體的剖析上，人們已經下了還不錯的一些苦功，也已經收到了良好效果；這似乎是一件精微的事，也是對自然充分的鑽研。可是這種剖析是限於視覺和感官，並且是只在有機物體中才有進行的餘地。此外，這種剖析若與另一種剖析相比，那就還是淺顯和容易的事情。有些想來在組織上是一致的物體；特別是具有種屬特性[11]和具有部分的東西，如鐵、石之類；還有植物和動物中的一致組織的各個部分，如根、葉、花、血、肉、骨之類；其隱祕結構的眞正剖析便不是這樣淺顯和容易的了。但是即在後一種剖析當中，人類也不是完全無所努力；人們之應用蒸餾法和其他方式的分析法來對於組織一致的物體進行分解，想用把複合物體的若干同質分子合在一起的辦法來把其複雜組織顯露出來，其目的所在就正是這種剖析。這種剖析也是有用的，也足引至我們所尋求的目標。不過這種剖析在結果上常常是謬誤的，因爲許多在事實上是新得出的、是由火和熱以及其他方式

11 在培根的時代，人們只把若干某些東西認爲屬於自然種屬，其他一切東西則被認爲是元素性的；如紅寶石就算具有種屬特性，而一般的石頭或岩石則只算土這一元素的變種。所謂「種屬性德」則是由一個東西的種屬特性所賦予的性德，超出一個東西所含元素的屬性。

的分解法[12]所添入的性質，卻被認作只是分剖的結果，認爲原來早就存在於複合物體之中。究竟說來，就著發現複合物體之中的眞正結構這一工作來說，這種解析乃不過是其中很小的一個部分；而那眞正的結構卻是一個精微得多、細密得多的事物，若單憑火煉這一類的動作，那是只有把它弄亂而不會把它揭出並弄清楚的。

由此可見，我們必須做到對物體進行分剖和分解，可不是要用火，而是要用推理和眞正的歸納法，並輔以實驗；要用與其他物體相比較的辦法；還要用把複合物體還原爲聚合於其中的若干單純性質及其若干模式的辦法。一言以蔽之，我們若想揭露物體的眞正組織和結構——那是事物中一切隱祕的性質和所謂種屬性質與種屬特性所依附，也是每一有力的變化和

12 基欽評注說，關於火的應用，讚美的話是說也說不盡的。在說明化學的發現方面，在改進有關生活的技術方面，火比任何其他手段都貢獻得多。關於所謂「新得出的、由火和熱的分解法所添入的性質」，有一個事例是：人們相信有一種假想的名爲燃素（phlogiston）的質體，據說它是絕對的輕，一經熔解就從鐵當中跑掉了；而其實，鐵之增重是由於氧氣從空氣中被吸收掉之故。所以，儘管不無理由提出警告，但培根之譴責火和熱的使用還是錯的。火和熱在實驗上是最有價值的工具，雖然也和一切工具一樣有它們的錯處而需要加以小心的矯正。——譯者

轉化的規律所從出，我們必須由火之神[13]轉爲工藝之神[14]才行。

舉例來說，對於每一物體，我們必須探究其中元精有多少分量，可觸本質又有多少分量。關於元精，我們還必須探究它是豐盈和浮脹的還是瘠瘦和稀微的；是精細的還是粗糙的；是近於火的還是近於空氣的；是矯捷的還是遲鈍的；是強的還是弱的；是前進的還是後退的；是間斷的還是連續的；與外面周圍的東西是相一致的還是不相一致的；以及類此等等。關於可觸本質（其中容有的差異也不少於在元精方面的），我們同樣也要探究到它的外表、纖維和組織種類。此外，通貫於這實在體架直至其膚孔、血管、脈絡和細胞的元精的傾向，以及有機物體的初形或最初努力，這些亦都應加以同樣的查究。不過在這些探究方面，也可以說在隱祕結構的全部發現方面，也須求之於始基的原理才能見到眞正和清晰的光亮，那始基原理是能完全驅除一切黑暗和隱晦的。

---

13 Vulcan，羅馬人心目中的火神和金屬巧匠，相當於希臘人心目中的Hephaestus；神話中講他在伊特那山（Mount Etna）底下有一冶爐，替天神製造雷電。——譯者

14 Minerva，羅馬神話中的工藝女神，相當於希臘神話中的Athena。——譯者

八

我們卻又不可由此就被引導到原子論，那個暗含著虛空和物質不可變兩種假設的原子論（這兩種假設都是虛妄的）；[15]我們只應被引導到那實在的分子，照它們實際存在著的樣子。我們也沒有任何理由見研究之精微而驚慌失措，彷彿那是無法解開的樣子。恰恰相反，研究愈是接近於單純性質，一切事物就愈變得容易和淺顯；工作是由複雜的事物轉到單純的事物了，是由不可比量的事物轉到可以比量的事物了，是由不盡根數轉到合理數了，是由無限的、模糊的事物轉到有限的、明確的事物了，其情節正好像字母系列中的字母和音樂中的音符似的。應當指出，對自然的探究如果始於物理學而終於數學，那就會有最好的結果。[16]還要指出，人們都不必害怕極大的數目或極小的分數。因為在處理數目時，千和一

15　關於培根否認有虛空存在的說法，基欽指出，參見第一卷語錄六六。——譯者

16　基欽注釋說，這句話的確切意義還有費解之處。一種意譯可作：「當一種物理學的發現被轉成數學的定理的時候，對自然的探究就會有最好的結果。」例如，克卜勒的幾條法則被人們以數學的方式表述出來，就是這樣。又如在光學上，在對若干事例作了適當查究之後，得出某些數學公式來替換若干物理事實，就大大獲得了確實性。再如數學在物理實驗的基礎上對中心諸力進行探究，既得出了自然中前所不知的結果，又給物理現象所依循的一切法則作出了最簡單的表述。

是同樣容易存想和處置的，一個整數的千分之一和那個整數本身也是同樣容易存想和處置的。

九

根據上述原理的兩個種類就得出哲學和科學的正當分劃；這可以採用一般所公認而在一個意義上也合於我自己的觀點的名詞（最切近於這事物的）來加以表述。要查究那種永恆的、不變的模式（至少在理性眼中看來和就其本質的法則說來是這樣的），這就構成**形而上學**；[17]要查究那能生因、質料因、隱祕過程和隱祕結構（所有這些都是關涉到自然的一般的

這個理解是對的。培根在第一卷語錄九六中曾論到數學與自然哲學的關係，肯定數學能給予自然哲學確切性，但說它不圖生發或產生自然哲學，因而若單靠數學就會敗壞自然哲學。這裡說，對自然的探究要始於物理學而終於數學，也就是說，由物理學從物理事實出發、根據物理實驗而獲得的自然知識也即所產生的自然哲學，又經數學最後加以公式化，賦予數學的確切性和確實性，那當然是最好的結果了。——譯者

17 這裡所提出的哲學和科學的劃分，包含著一系列的根本性的問題。首先，這是否把模式或法則分爲兩種：一種是自然的永恆的、不變的、基本的模式或法則（這是形而上學探究的對象）；另一種是只關涉到自然的一般進程模式或法則（這是物理學探究的對象）呢？如果是這樣，那麼，所謂前一種模式法則又是什麼樣的概

和通常的進程，而不關涉到自然的永恆的和基本的法則），這就構成**物理學**。在這兩種之下還附有實踐方面的兩個分支：在物理學之下有**機械學**；在形而上學之下有我所謂之**幻術**（在這個字的較純粹的意義上來說的），[18]這是因其活動途徑之廣闊，因其控制自然之較強而言的。

一〇

我們既然已經這樣樹立了知識的目標，就要前進到各項條規，而這又要以最直截最明顯的次序來進行。先要說明，我對於解釋自然的指導含有兩個類別：一是指導人們如何從經驗抽出和形成原理；另一是指導人們如何從原理又來演出和推出新的實驗。[19]前者又要分為三

念呢？這是否像斯賓諾莎所講的潛在因，亦像柏拉圖所講的理念或理型（儘管培根在口頭上反對它）呢？如果是這樣，那麼，是否可以說，培根儘管在方法論上是經驗論的，是科學的，在宇宙論上卻是客觀唯心論的，還脫不開形而上學的窠臼呢？參見第一卷語錄五一及第二卷語錄一有關的注。——譯者

18 參見第二卷語錄五一。——譯者

19 由這裡可見培根並非只注重歸納法而忽略演繹法；也可測知培根所想的演繹法不是抽象的，而是根據從經驗抽出和形成的原理來演出和推出新的實驗，只是他從未加以闡論後者罷了。——譯者

種配合：一是配合感官，二是配合記憶，三是配合心或理性。

首先，我們必須備妥一部**自然和實驗的歷史**，不僅要充分而且還要好。這是一切的基礎；因爲我們不是要去想像或假設，而是要去發現，自然在做什麼或我們可以叫它去做什麼。

但自然和實驗的歷史是如此紛紜繁雜，除非我們按適當的秩序加以整列再提到人們面前，否則它會反而淆亂和分散理解力。因此我們第二步又必須按某種方法和秩序**把事例製成表式和排成行列**，以使理解力能夠對付它們。

即使這個做到了，若把理解力置之不睬，任其自發的運動，而不加以指導和防護，那它仍不足也不宜去形成原理。於是第三步我們還必須使用**歸納法**，眞正的和合格的歸納法，這才是解釋自然的眞正鑰匙。這一步雖居最後，我卻必須把它提到前頭來談，然後再回過頭去講其他兩種。

一一[20] 對於模式的查究是這樣進行的：有了一個所與性質，第一點，要把所有已知的在一些極不相像的質體中而一致具有這同一性質的各種事例，聚集並列示在理解力之前。這種事例的蒐集還必須照著歷史的樣子去做，不要作不成熟的揣想，也不要有什麼大量的精微性。拿熱這一性質爲例，對於它的模式的查究首先應有下列表式（表一）。*

在熱性上一致的各種事例列舉如下：[21]

---

20 從本條至二〇條，是用熱這一性質爲例，來具體表明如何發現模式的方法。這在本書中是很突出的一個部分。——譯者

* 本書忠於原文書，以下表格（表一—表三）以文字敘述排列，而不是表格形式呈現。但爲使讀者清楚辨識表格文字與內文，凡是表格特別以楷體呈現。

21 關於以下各項事例，基欽指出幾點：其中有些是錯誤的（分別見第二十二、二十五、二十七各項的注），多數則是苦心經營，也是審慎聰明的；這二十七項事例不分先後次序，並非照著歷史的樣子去蒐集的；其中還有些項只是另項的分支，如第五項對第六項，第八、九兩項對第十四項就是；赫薛爾（Herschel）所指出的熱的兩個最強烈的來源，即（一）氧氣和氫氣在其比例正合於產生水時燃燒起來，（二）電流透過小的導電體多量的、繼續的發放出來（見所著《自然哲學論》第三四八節），培根在當時是還無所知的。——譯者

（一）太陽的光線，特別是夏天的並正中午的。

（二）太陽的光線，反射的和經過縮聚的，例如在兩山之間，在牆壁之上，最主要的是在取火鏡和鏡子之下。

（三）帶火的流星。

（四）燎燒性的雷電。

（五）山口裡噴射出的火焰。

（六）一切火焰。

（七）熾熱的固體。

（八）天然的溫泉。

（九）滾沸的或加熱的液體。

（一〇）熱的蒸氣和煙氣，以及空氣自身；空氣在受閉時便孕著最有力的和發光的熱，像在反射爐[22]中便是這樣。

22 基欽注明，反射爐的結構是內外兩室，外室無煙囪，但有一通路與裝有煙囪的內室相連。將欲烤熱的質體置於內室地上，而燃火於外室，火焰在外室既無出路，遂進入內室，加於質體，並帶著大量熱力集中在它上面。——譯者

（一一）某些晴朗無雲的天空，是由於空氣本身的構造而出現，與一年之中的季節無關的。

（一二）受閉的和在地下洞穴中的空氣，特別是在冬天。

（一三）一切帶絨毛的質體，像羊毛、獸的皮和鳥的綿毛，都有熱。

（一四）一切物體，不論固體液體，不論是濃是稀（像空氣本身的濃稀），靠在火邊時，就都帶熱。

（一五）由燧石與鋼相互猛烈撞擊而打出的火花。

（一六）一切物體，像石頭、木頭、布等等，經強烈摩擦就會生熱，輪的軸杆和軸端有時甚至著火；在西印度，人們就是用摩擦的辦法來取火的。

（一七）嫩而潮溼的植物搗碎並悶閉起來，像玫瑰花壓裝在筐中，就會生熱；草堆帶溼氣時，甚至往往著火。

（一八）生石灰澆上水。

（一九）鐵初被強酸溶液溶解於玻璃杯中，這並不必置近火邊。錫和其他類似的東西也是一樣，但熱的強度不等。

（二〇）動物都有熱，特別是而且永遠是在內部；昆蟲體中的熱是觸覺所知覺不到的，由於它們的身量太小之故。

（二一）馬糞和類似的動物，其新鮮排泄物。

（二二）強烈的硫磺和硫酸能發熱燒壞麻織物。[23]

（二三）薄荷油以及類似的油能發熱燒壞牙齒的骨質。

（二四）精餾的強烈酒精有熱的效果，甚至蛋白一經投入就變硬變白，幾乎像煮過似的；生麵包投入，也會變乾，起硬皮，像烘過似的。

（二五）芳香草類和辛辣草類，像龍蛇草和葶菜以及其他等等（不論是整株的或者是粉末），在手觸來雖然不熱，可是略加咀嚼，舌和顎就覺到熱和灼燙。[24]

（二六）強烈的醋和一切酸類，一碰到身體上任何沒有表皮的部分，像眼睛和舌頭；或者一碰到身體上任何受傷脫皮的部分，就產生一種疼痛，與熱所

---

23 在第二十二至二十六幾項事例中，培根似乎是把化學作用和熱混爲一談了。如英譯本原注在第二十四項下指出，麵包之例，恐是由於酒精對水有強烈的親和力，對生麵包起了收燥作用，才使它變成像烘過似的。——譯者

24 基欽注明，赫薛爾在《自然哲學論》第三四五節中指出：培根在這裡是把眞熱的東西和那些在我們器官上，主要是在味覺器官上，刺激起一種熱的感覺的東西混爲一談了，那些東西之引起熱的感覺，乃是由於它們是化學的刺激物，而絕不是由於它們實際有什麼熱。——譯者

造成的疼痛幾乎無差別。

（二七）甚至尖銳的、極度的冷也產生一種灼燙的感覺。[25]詩句有曰：「北風尖冷兮如灼」。

（二八）其他事例。

上面這個表（表一）我稱作**要質臨現表**。

一二

第二點，我們還必須把缺乏所與性質的事例也列示在理解力之前。因爲如上所論，模式應隨所與性質之不在而不在，正不亞於它應隨所與性質之存在而存在。[26]但若要記錄所有這些事例，這將是無窮無盡的。

因此反面事例只應補充於正面事例，這就是說，缺乏所與性質的事例只應限於和具有或

---

25 基欽指出，這項事例亦是錯的，錯在人們由自己的感覺論到引起這些感覺的事物。——譯者
基欽注明，這句詩引自Virgil所著*Georgics*第一卷第九三行。

26 參見第二卷語錄四。——譯者

會有所與性質的事物最相近似的事物。在這意義上，我就把這個事例表叫作**歧異表**，或叫作**近似物中的缺在表（表二）**。

近似物中熱性缺如的各種事例列舉如下：[27]

對照表一第（一）例——1.月亮、星星和彗星的光線在觸覺上不覺到熱；[28]在滿月之下倒會感到一種嚴冷。[29]但是較大的恆星，當太陽行經或接近它們時，據想能對太陽熱的強度有所增加，像太陽在獅子宮時和在三伏時的狀態就是。[30]

---

27 基欽指出：這個表不只列舉反面的事例，也包含一些補充的觀察和偶然的限制。人們可看到它對一些化學眞理是如何無知，這正表明那時是多麼缺乏科學知識（因爲培根在大多事物方面是並不後於時人的）；也可看到它的巨大注意力。這個表不失爲一個活躍的心靈的一篇可稱的紀錄，而培根也算實現了自己所說的一句話：「太陽既照宮殿也照陰溝，而並未染到汙垢。」（見第一卷語錄一二〇）——譯者

28 梅隆尼（Melloni）力圖使月光的熱能被感覺到，近已獲得成功。

29 基欽指出，滿月下所以會感到冷，或許是由於月亮使雲彩氣化了，致空氣得機稀化，因而滿月時亦往往是天氣最晴的時候。——譯者

30 基欽指出，這是錯的：恆星並無這類影響；太陽在獅子宮時或在三伏時之所以特別熱，乃由於地軸傾斜的角

對照表一第（二）例——2.在所謂空氣的中界中，太陽光線並不發出熱。人們解釋這種情況有一個不錯的理由，就是說，這個界域距發出光線的太陽既不夠近，距反射光線的地球也不夠近。[31]有些山頂上面，除非是很高很高的，積雪永久不化；另一方面，像特內里費山（Teneriffe）和祕魯的安地斯山脈（Andes），只因稍稍較低一些，山頂上就沒有雪。這個事實就表明了這一點。並且在這山頂上，空氣本身也不冷，卻只是稀薄；在安地斯山頂上竟至過於尖利而撩傷人目，也能刺激胃口使人嘔吐。古人們曾說過，在奧林柏斯（Olympus）山頂上，空氣是如此稀薄，以致登山的人必須隨身攜帶醋水浸過的海綿，時時捂在口鼻，因爲空氣竟稀薄到不夠供呼吸之用了。古人們還有一個記載，在這個山峰上，空氣極其穩靜，完全無風、無雨、無雪，竟至

度，也由於太陽過了夏至熱便增至最高度。至於所謂「太陽行近恆星」之說，則是與太陽和恆星對地球距離相等的想法相聯繫著的。——譯者

31 基欽注明，正確的解釋是：地勢愈高，則空氣愈稀薄，空氣的稀化是和壓力的降減成正比例進行的。陽光反射也是增熱的一種原因，但不能來解釋這個現象。

太陽光線經過仔細分析可分爲三種：一種是熱而不亮，一種是亮而不熱，第三種則是引起化學變化的光線，只有它才能在銀和其他質體上產生某些適用於攝影術的化學結果。——譯者

人們用手指在朱比特（Jupiter）[32]壇前祭灰中所畫的字跡隔年還照樣留存，完全無動。還有，今天攀登特內里費山的旅客還都在夜裡而不在白天上山；太陽一出，嚮導就要警告並催促他們趕快下山，否則就有因空氣稀薄以致發生暈厥和窒息的危險。[33]

對照表一第（二）例——3.在接近兩極圈的地帶，太陽光線的反射很微弱，缺乏生熱的效果，[34]以致那隊從事東北通路探險的荷蘭人，原來希望能夠脫出那從七月初就把船隻圍困起來的冰陣，竟不得不在新澤姆布拉島（Nova Zembla）度過一冬，直到次年六月才得回船。[35]這就可見，太陽直接的光線

---

32 古羅馬神話中的天帝，相當於古希臘神話中的「Zeus」，其右手揮舞雷電，象徵著對下界秩序的監護。——譯者

33 基欽指出，這樣行動不外是因爲：雪情在夜間比較穩定；可以避免日映雪光的刺射；而日出一、二小時後也往往是景色最好的時候。——譯者

34 基欽指出，這種情況（還有所舉其他情況）是表明程度問題，而不能說是相反。——譯者

35 這是指巴倫茨（Barentz）尋找東北通路的探險而言。他於一五九四年第一次航行，在七月十三日爲冰所阻，被迫返回。第三次航行是在一五九六年，七月十九日首次遇到相當大的阻難，只能在新澤姆布拉島北端岸邊

似亦只有很小的力量，即便是射在平地上面；其反射的光線也是如此，除非把它們倍乘、集攏起來。所謂把太陽光線倍乘、集攏起來，就是當太陽照射愈趨垂直時的情節；因爲那時射出的光線就愈構成銳角，也就是光線彼此愈相接近；反之，太陽照射愈斜，光線就愈構成鈍角，也就是光線相互距離愈遠。同時我們還要注意到，太陽的動作可以有多種，看熱性如何而定，而熱性在我們觸覺上卻並不是平均的；因此太陽動作的結果會在我們方面並不產生可以感覺到的暖熱，而在其他一些物體方面則發生熱的效果。

對照表一第（二）例——4.試做一下下述實驗。拿一塊與普通取火鏡式樣正相反的玻璃鏡，放在你的手和太陽光線之間，看它是否減少太陽的熱，正如取火鏡增加和加強太陽的熱一樣。很明顯，在視覺的光線方面，隨著鏡子中心對邊緣比較厚薄之不同，透過它而看到的物體就有擴散與緊縮之不同。要觀察在熱這方面是否亦有相同的情況。[36]

---

36 繞行一番；到八月廿六日，船緊緊凍住了，他們只得舍船登島，度過一冬；於一五九七年六月初駕小舟返回。

36 基欽指明，這點是可以證實的。太陽光線自然是視其某一點上聚集光線之多少而增減其熱量的。——譯者

對照表一第（二）例——5.請仔細試做這樣一個實驗，看看用一具最精製、最強度的取火鏡能否集中月亮的光線而產生哪怕是最低的熱度。[37] 如果這種熱度過於微弱而不能爲觸覺所覺到，我們就還須求助於那種指示空氣冷熱狀況的玻璃儀器。[38] 那就是要使月亮的光線透過取火鏡而落在這種玻璃儀器上，看看其中的水是否受到熱因而降低。

對照表一第（二）例——6.還可把取火鏡試用於那種並不發射光線或光亮的熱，例如受到熱但未燒紅的鐵或石頭的熱、沸水的熱以及類此等等，看看它們在取火鏡下是否隨而增加起來，像太陽光線的那種情節。[39]

---

37 基欽注明，這個實驗，人們已經做過了。欽豪申（Tschirnhausen）曾製造一種透鏡，其強度足以熔解銅、銀、瓦、浮石，甚至坩堝；但滿月的光線在其最高點上並未產生出能被覺到的熱。一八〇二年，在班克斯（Sir Joseph Bonks）和皇家學會其他會員們主持之下，曾以當時所製最強度的透鏡再次把集中月亮光線，並使用了最敏感的溫度計，但結果被認爲是倒出現了減熱而不是增熱的情況。見《大英百科全書》「取火鏡」條。參見本條第一項下的注。——譯者

38 參見第二卷語錄一三（第三十八項）及二四。——譯者

39 麥爾申（Mersenne）說，《新工具》第二卷中所提到的各實驗，大多數已經有人做過了，並特別提到（好像

對照表一第（二）例——7.還可把取火鏡試用於普通的火焰。

對照表一第（三）例——8.彗星（假如我們把它也算入流星之列）在使季候加熱這一點上並不見其有經常或顯著的影響，雖然常見天旱隨之而至。[40]此外，天上的光梁、光柱和光口在冬天出現比在夏天出現的時候多，而且主要是在嚴寒之時，卻也永遠伴有乾燥的天氣。[41]但是閃光和雷電則難得在冬天遇

他親自做過似的）使用取火鏡來反射一切種類的熱的試驗。他還斷言，光是永遠有熱伴隨著的。見《論科學的眞理》（*De la Vérité des Sciences*）一書，一六二五年版，第二一〇頁。基欽注明，這裡和下一項中所提出的問題是已經解決了的；實驗的結果證明，這些熱和太陽熱是同類的；因此在這些地方沒有反面事例可以援引。參見《大英百科全書》「取火鏡」條。——譯者

40 基欽指出，彗星對於熱和旱都無影響，或許除非當它們行至距離我們的行星很近以致對空氣有所影響的時候。可是一般人幾乎都相信它們有此影響。——譯者

41 基欽注明，光梁、光柱、光口等現象，申尼喀（Seneca）在其《自然界的一些問題》一書中曾描寫過（分見七章四節、七章二〇節及一章一四節）。它們顯然都是極光（Aurora Borealis）。極光或許是由電引起，而電則是在天氣乾燥時才最活躍的。——譯者

到，而總是發生在大熱之時。[42]說到所謂隕星，一般認爲它含有某種發亮帶光的膠黏的質體，而沒有什麼強烈的火的性質。但是在這一點上還須作進一步的探究。

對照表一第（四）例——9.有某種閃光，發光但不燎燒。它們來時，沒有雷聲相隨。[43]

對照表一第（五）例——10.山口噴射火焰的現象發生在寒帶國度並不少於在暖熱的地方，如在冰島和格陵蘭（Greenland）都有。在寒帶國度裡，許多樹木也比在暖熱地方較易著火，具有較多的瀝青性質和松香性質，如樅樹、松樹和其他都是。但是，這種火焰常常發生的地方，其土壤的情勢和性質還未經足夠仔細的加以鑒定，因此我們還不能把這現象作爲一個反面事例補充於這個正面事例之後。

對照表一第（六）例——11.一切火焰在一切情節上多少都是暖熱的；這裡沒

---

42 基欽注明，這些現象現在都可用關於電的知識來解釋，而雷電在冬天確是也有時遇到的。——譯者

43 基欽注明，人們認爲幕電不過是一般閃電的反光。——譯者

有任何反面事例可補充。不過人們說，有一種鬼火（他們就這樣稱它），有時甚至停在牆上，卻沒有多少熱，也許只和酒精的火焰差不多，那是溫和而微弱的。[44]但是還有一種更溫和的火焰，根據某些鄭重和可靠的記載，那是閃耀在男孩和女孩們的頭上和鬈髮上，一點也不灼燒頭髮，卻只是輕柔的在髮邊做戲。還有一個最爲確定的現象，馬在路上出汗時，在天氣晴朗的夜間就現出一種光輝，卻並沒有顯著的熱。還有一件著名的事實，而且被認爲一種奇跡，就是在不多幾年前有件女孩子的內衣一經輕搖或輕搓竟發射出火花來；這或許是由於在漿洗時使用了明礬或鹽質，過於濃厚而形成了硬膜，一經摩擦就迸裂開來。[45]還有一切糖類，不論是精糖或粗糖，只要多少是硬的，在黑暗中用力來割切或刮削時就會發出火花，這也是最爲確定的。同樣，海

---

44 基欽指出，所謂鬼火只在沼澤或其他有腐爛物質在蒸發的地點出現。紐頓（Sir I.Newton）和勃律斯特萊（Dr. Priestly）曾給以不同的解釋；原因尚未能確知，可能是起於磷化氫，爲電所燃著，或自身有在空氣中燃著的傾向。至於酒精的火焰，那不但不是溫和而柔弱，卻是火焰中最有劇熱的一種。——譯者

45 基欽解釋說，這件內衣或許是絲料製成，而火花則出於電。——譯者

水和咸水在猛烈打槳下，有時在夜間亦會看到火花。[46]還有在風暴之夜，海水的漚沫於受到猛烈激動時也會射出火花，西班牙人稱之爲「海肺」。[47]至於說到古代水手所謂北河二和北河三兩星也即近人所謂聖艾爾摩之火（St. Elmo's Fire），[48]其焰熱的情況如何，則還沒有作過充分的查究。

46 這個虛妄的解釋是培根的無端失誤之一。這現象並非總是出於震動，所以他的這一推斷是根本站不住腳的。

47 西班牙文爲pulmo marino，義大利文爲polmo marino，同爲Dioscorides（西元一世紀時希臘名醫——譯者）在*De Materi medie*一書中所用某希臘文名詞（見第二章第三九節）之譯文。海水漚沫發光現象像是起於蛇水母，而此種蛇水母在組織上與肺的質體相似，遂因以命名。（基欽解釋說，這種磷樣的光亮究竟因何而生，尚難十分確定。Ehrenberg、Darwin、Schönbein諸人都不同意說它起於水中的纖毛蟲類；最可能的結論說它是由海水中不斷進行著的自淨過程所引起。臭氧（磷的一種產物）把磷氧化了，這樣就射出亮光來。這就是說，或許是海水在動盪時（在別的時候就不見這種光亮），有機物質的新微粒就與空氣中的氧得到接觸，因而產生臭氧，臭氧又把它自己所由來的植物物質氧化、破壞了：在這樣的過程中就出現火花。Darwin還加述了一點關於所謂「海肺」的見解說：「我傾向於設想這種磷光系有機分子腐爛的產物，這個過程（人們幾乎要稱它一種呼吸過程）正是海洋所藉以得到淨化的。」——譯者）

48 基欽解釋說，聖艾爾摩之火是一種電光。他還說明，培根在其「風的歷史」中曾對此作出解釋，並設想它對天氣的影響。——譯者對照表一第（七）例——12.每一燒到火紅的物體，即使不伴有火焰，也都總是燙的；這一正面事例也沒有任何反面事例可補充。最相近似的反面事例似乎可以提到爛木，它夜間發亮，但並不見有熱；還有腐爛的魚鱗也在黑暗中發亮，但觸來並不覺熱；[49]螢火蟲和義大利火蠅的身體，觸來也是不熱的。[50]

對照表一第（八）例——13.在何種土地及在土地何種情勢下才常出溫泉，這一點還不曾作過充分的考究；所以在這裡不能補充什麼反面事例。

對照表一第（九）例——14.對於熱的液體，我以在自然狀態下的液體本身補充爲反面事例。我們從未見過一種可觸的液體在自身性質上是熱並經常保持熱的。熱在那裡乃是一個並非固有的性質，是暫時外加上去的。所以那些在能力上和在作用上都是最熱的液體，如酒精、化學香料油、硫酸和硫磺以及其他類似的東西固然不一刻就成灼燒，但最初觸到時卻原是涼的。[51]說到天然

---

49 基欽解釋，這是由於腐爛過程中有磷光發散。——譯者

50 基欽解釋，這些小蟲亦是發出磷光，其發散情況和過程，可參見上面關於「海肺」的注。——譯者

51 基欽注明，參見第二卷語錄一一第二十五項下的注。——譯者

溫泉的水，如果把它與源頭分開，淘在一個器皿裡，它也和用火燒熱的普通的水一樣會冷卻。但油比水對於觸覺冷度較低，這卻是眞的，因爲油比水基本冷度較低；絲比亞麻也冷度較低。但這點是應歸入「冷的各種程度表」裡去的。[52]

對照表一第（一〇）例——15.同樣，對於熱蒸氣，我也以在我們自己方面所看到的蒸氣自身的性質補充爲反面事例。油所發生的蒸氣雖易於著火，卻也不見暖熱，除非是剛從暖熱的物體發出的。

對照表一第（一〇）例——16.同樣，對於熱的空氣，我也以空氣自身的性質補充爲反面事例。在我們這裡從來找不到任何空氣是暖熱的，除非它是受閉、受壓，或是明顯的從太陽、火以及一些其他暖熱的質體那裡得到暖熱。

對照表一第（一一）——17.我在這裡補充的反面事例是那種比正常季候較冷的天氣，像在颳東北風時所遇到的那樣，正如颳西南風時就有比正常季候較

52 基欽指出，在培根那時，人們是深信「絕對冷」之說的。在這裡，我們又一次看到培根把眞熱的東西和有相似化學作用的東西混爲一談了。——譯者

暖的天氣一樣。還有，釀雨的趨勢，特別是在冬天的時候，總伴隨著暖的天氣；而下霜則伴隨著寒冷的天氣。

對照表一第（一二）例——18.我在這裡補充的反面事例是夏天關閉在地洞中的空氣。[53]但是關於受閉的空氣這個題目應更嚴謹的加以考究。因爲在涉及冷熱方面，空氣的性質自身究竟是什麼，這首先就十分待商榷。空氣顯然是從天體的影響受到暖熱，寒冷則是從地的呼氣而得，在所謂空氣的中界中又或是從冷氣和雪而來。這就可見，空氣若是在其無拘無束鋪散暴露的狀態下來觀察，那就無法對它的性質形成什麼看法；但若把它封閉起來考究，則可能做出比較眞確的判斷。可是要封閉空氣，必須是把它封入這樣一種質料的器皿，其本身的性質不會對空氣傳遞冷熱，也不會容許外面空氣的影響輕易透入。這個實驗最好這樣來做：把空氣收入一個泥罈，四圍用幾層皮革裹好，以防外面空氣進入；這樣嚴密封存三、四天之後，再把罈子打開，用手或用

53 基欽解釋說，這點的原因是：夏天的日光使室外氣溫上升，卻不能影響到地洞中的空氣，因此洞中比外面較涼：這和在牆垣較厚的建築物中能享有比較平均的氣溫是一個道理。空氣的一般狀態是（這一點解答了這裡所提到的大多數的難題），作爲一種導熱體來說，它的作用很差，它接受熱很慢，保留熱亦很長。——譯者

那個劃有刻度的玻璃儀器來試驗冷熱的程度。

對照表一第（一三）例——19.這裡同樣發生一個疑問：羊毛、獸皮、鳥羽以及類似東西中的暖熱，還是從它們本身的排泄物所固有的某種微弱程度的熱而來；還是從那種在性質上本來近於暖熱的脂肪和含油性而來；或者還是如前條所揣測那樣，單純的從空氣的收閉和隔離而來——因爲一切和外面空氣割斷聯繫的空氣都像是有些暖熱的。因此，我們要取用亞麻所製成的纖維性的質體來做這個實驗，而不要取用羊毛、羽毛或蠶絲那些動物排泄物所製成的質體來做。我們還要看到，凡是粉末（顯然有空氣包在裡邊）總比其所從出的整個質體冷度較低；正如我們還同樣設想，凡是泡沫（也因其含有空氣）總比其所由來的液體冷度較低。

對照表一第（一四）例——20.對於這一例沒有反面事例可補充。因爲在我們這裡所見無論是可觸的或者是無形的[54]一切東西，置近火邊時都沒有不致熱

54 拉丁本原文爲spirituale。基欽指出，把一切東西分爲可觸的與無形的，這是經院學派的劃分法；培根在這裡使用此詞，或許是指氣體的東西。——譯者

的。不過卻有這樣一層差別：有些質體受熱較快，像空氣、油和水就是；有些質體受熱較慢，像石頭和金屬就是。[55]但這是應該歸入那「各種程度表」的。

對照表一第（一五）例——21.對於這一例我亦沒有反面事例可補充，不過只請注意到一點，就是說：燧石與鋼或任何其他堅硬質體之發生火花，只是當有些極小的微粒從那石塊或金屬的整體被擦脫的時候；而空氣的摩擦自身則從不像普通所想那樣會發生火花的。[56]至於火花本身，由於熾熱物體具有重量之故，又總是就下而不向上的；而且一經發出，就變成可觸的帶煤炱的質體。

對照表一第（一六）例——22.對於這一例我想也沒有反面事例可補充。因爲在我們這裡所見一切可觸的物體沒有經過摩擦就不明顯發熱的，以致古人竟

---

55 基欽指出，這裡的說法是錯誤的。空氣是很差的導熱體，得熱很慢。金屬則得熱特別快；不過由於相較分子數量大得多，無法很快的表現出來；由於同樣的理由，它們散熱亦很快，所以觸來摸起來就覺得較涼。

56 基欽指出，空氣受壓，確會發出火花，其強度足能燃著德國火絨。——譯者

因此想像說，天體之產生暖熱並沒有什麼別的辦法或能力，也不外是出於空氣在其疾速而急促的轉動中所引起的摩擦。但是在這個題目上，我們還必須進一步探究那種從發動機射出的物體，例如從大砲射出的炮彈，是否確因猛烈衝撞而獲得某種程度的熱，以致在落下的時候多少還有點燙。至於空氣運動，那實在不會致熱，倒是能夠致冷的，例如颳風，拉風箱，縮口吹氣等都是。[57]但是這一類的運動本都不是疾急到能夠生熱的，而且又是一個塊體的運動而不是若干微粒的運動，所以它之不能生熱是不足爲奇的。

23. 關於這一例，還應作更勤謹的探究。草類和蔬對照表一第（一七）例——類在青嫩潮溼時都似乎含有某種隱伏的熱，不過當其各別分開時，這熱是微弱到在觸覺上知覺不到；只有把它們聚攏並悶閉在一起，使它們的元精不致

57 基欽指出，物體經過空氣都因摩擦而變熱，例如流星。但空氣運動則生涼，這是因爲它把物體中的熱散去之故。凡熱從物體放射出來時，若遇氣流不斷使它移動，就放射得較爲急遽而熱的平衡趨勢也因而受到障礙。相反，熱的放射若因有厚密的皮毛等物覆蓋而受到阻礙（參見本條第19項事例），它就進行得較緩。下句所謂「是一個塊體的運動而不是若干微粒的運動」一語，想來是說這運動只籠統的影響著整個物體而不引起微粒之間的摩擦。這個見解是錯的。——譯者

洩入空氣之中而卻可以相互護養，這樣才會生起一種可觸知的熱，並且有時在適合的物質中還會起火。

對照表一第（一八）例——24.關於這一例，也應作更勤謹的探究。生石灰澆水就能致熱，這看來可以有兩個原因：或者是由於把原先散開的熱集中起來的緣故，像前條所述悶閉草類的情節一樣；或者是由於火成的元精爲水所刺動、激怒，以致引起一種衝突和反動。[58]若要知道這兩個原因中哪個是眞實的，只須用油代水澆上去就能很方便的看出；因爲油具有與水一樣的集中所閉元精的用處，但卻不會刺激它。我們還要把這個實驗加以擴展，要以各種不同物體的灰和鏽來試，也要用各種不同的液體去試澆。[59]

對照表一第（一九）例——25.對於這一例，我以補充那些比較柔性和比較易

---

58 拉丁本原文爲antiperistasis，英文本譯作reaction。培根屢用此字，見第二卷語錄二七及四八。——譯者

59 基欽注明，培根建議用油代水去試澆石灰，這已有人做過。事實是，以任何液體施加於生石灰，在其轉爲固體狀態中，都生出劇烈的熱。又，關於生石灰的腐蝕性質，勃萊克（Dr. Black）就是用隱伏的熱這一原理來加以解釋的。見《大英百科全書》。——譯者

於熔解的他種金屬爲反面事例。金葉被王水[60]分解時就不生熱於觸覺；鉛在強水中分解時也不生熱；還有水銀亦然（據我記憶所及）；但是銀就生熱；銅也然（據我記憶所及）；錫更爲顯著；而鐵和鋼則甚至不僅激生強熱，並且還發生猛烈的沸騰。[61]由此可見，熱是產生於衝突：一方面強水在鑽、在掘、在分裂質體的各個部分；另一方面質體本身則在抵抗。質體愈是輕於退讓，就愈少有熱激生出來。

對照表一第（二〇）例——26.對於動物都有熱這一點，沒有反面事例可補充，除非說昆蟲（如前邊所提到）因身量太小之故，可以作爲一個反例。即以魚類來說，也只是在與陸地動物相比之下看到其熱的程度較低，而不是沒有熱。但在蔬類和草木，無論在其滲出的汁液當中，或者在其新暴露出的木髓當中，都沒有觸覺能夠知覺到的熱的程度之別。而在動物，我們就看到熱有很大的差別，無論在其各個部分方面（如在心、在腦、在皮上，熱的程

60 基欽注明，王水是硝酸鹽酸混合劑，專用以分解金子，是對金子的惟一熔解劑。它亦可分解其他金屬，但銀除外。參見下面第28項事例。強水是強烈的硝酸。——譯者

61 這所謂沸騰當然不是熱的結果，而是生於酸起作用於金屬時所散發出來的氣。

度都各不同），或者在其某些偶然狀態，例如做著劇烈的體操和發著高燒之類。

對照表一第（二一）例——27. 對於這一例，很難補充什麼反面事例。動物的排泄物即在已不新鮮的時候顯然仍有一種潛熱，由其加肥土壤一事可見。[62]

對照表一第（二二）、（二三）兩例——28. [63]具有巨大和強烈刺激性的液體，不論是水或是油，都有像熱一樣分裂物體的作用，並且一下子之後還把它們燒壞；可是一開始它們在觸覺上是不燙的。但它們的作用是相對於並依據於所施物體的多孔情況的。例如，王水能分解金而不能分解銀；[64]強水則相反，能分解銀而不能分解金；而兩者卻都不能分解玻璃；以及等等類似的情形，都說明了這一點。

---

62 基欽注明，這是由於一切糞便中都含有阿摩尼亞。——譯者

63 基欽指出，從本項至第32項所舉這些例外事例，都與熱無關，參見第二卷語錄一一第二五項事例下的注。——譯者

64 王水之所以能分解金，據大衛（Davy）說，是因爲硝酸鹽酸的中和作用使得氯游離了；其所以不能分解銀，則是因爲銀的氯化物具有不可溶解性。

29. 把酒精試用於木頭，也試用於奶油、蠟或瀝青，看看它能否用熱使它們有任何程度的熔化。[65]因爲這第二四例是顯示酒精在硬化結皮方面具有和熱相像的能力，所以現在要同樣試試它在液化方面的能力。還可以用那劃有刻度的玻璃儀器即溫度錶來做這個試驗：器的頂部是空的，取精餾的酒精注入空部，把器蓋嚴，使酒精可以更好的保持其熱在內，看它是否用它的熱使水下降。

對照表一第（二四）例——

30. 香料和具有刺激性的草類在顎上刺起熱覺，在胃部還更厲害得多。因此要注意它們還在什麼其他質體上產生熱的效果。據水手們說，在大包和大堆香料久經悶閉乍一打開的時候，那首先去攪動和取出它們的人是冒有熱病和炎症的危險的。[66]還可以試驗一下，把這種香料和草類舂碎，看看它們能否把掛在上頭的醃肉和鮮肉燎乾，像煙燻那樣。

對照表一第（二五）例——

31. 在冷的東西，如醋和硫酸、在熱的東西，如薄

對照表一第（二六）例——

65 基欽注明，酒精能溶解蠟和瀝青，但不能溶解木頭和奶油。——譯者

66 《哲學年報》中記載一事：有一次，在桂拉地方（Guayra）打開了一所大的樹皮堆房，當時發出強烈的臭氣，竟足以治癒一種嚴重的熱症。

荷油之類，同樣都有一種刺激性和辛辣性。因此兩者同樣都能致使有生命的質體疼痛，也能分裂和銷蝕無生命的質體的各個部分。對於這一事例也沒有反面事例可補充。並且還可指出，凡動物之感到疼痛沒有不帶有某種熱的感覺的。[67]

對照表一第（二七）例——32.有許多種活動是熱和冷所共同的，雖然樣子很不相同。玩雪的孩子們一下子之後就感到雪灼燙他們的手；冷藏能防止食肉的腐壞，[68]正不亞於用火；熱使物體收縮，冷亦一樣。但這些和類似事例概可歸入關於冷的探究，還更方便些。

一三

第三點，我們還必須把探究中的性質所表現爲或多或少程度不同的一些事例列示在理解

---

67 基欽指出，這是無根據的斷言。——譯者

68 基欽在注中提到，培根即死於做這一實驗。他曾在高門山（Highgate Hill）用雪填塞一隻野禽，著了涼而發燒，於一六二六年四月九日病逝。——譯者

力之前；這就必須把這個性質在同一東西中的增減或在不同東西中的多少加以一番比較。因爲既然說一個事物的模式就是這事物自身，既然說事物之別於模式不外爲表現之別於實在，外表之別於內在，也不外爲就人來說的東西之別於就宇宙來說的東西，那麼，接下來就必然要說，一個性質若非永遠隨著討論中的性質之增減而增減，就不能把它當作一個眞正的模式。因此我把這個表叫作**各種程度表**，或叫作**比較表**（**表三**）。

熱的各種程度或比較說明如下：

在這裡我當然首先要說到那些質體，其中根本不含任何程度能爲觸覺感知到的熱，而似乎只有一種潛在的熱，或說是只有熱的傾向和準備。其次，我要再進到那些實際有熱的質體，要論到觸覺，並要論到它們的各樣強度和程度。

（一）凡堅實的和可觸的物體，沒有在其性質上原來就是熱的。石頭、金屬、硫磺、化石、木頭、水以及動物的屍體都不見其是熱的。[69]至於溫泉中

---

69 基欽指出，這個說法完全錯了。一切物體或多或少都有些熱；一切微粒的聚結中都有某種程度的熱。至於金屬所以觸來比木頭較涼，並不是因爲它含有較多的內在的冷，而只是由於其微粒的密度較大，散去比較大得多的熱量。參見語錄一二第20項下的注。——譯者

的熱水，那似乎是由一些外在原因而產生熱的：或者是由於一種火焰或地下的火，如同從伊特納（Aetna）和其他許多高山中噴射出來的那些；或者是由於物體之間的相互衝突，像鐵和錫在分解中生出熱來那樣。由此可見，在（無）生命的質體中就沒有任何程度的能爲觸覺感知到的熱；它們只是在冷一方面有程度之不同，如木頭之冷和金屬之冷是不同等的。但這一點應該歸入「冷的各種程度表」。

（二）不過若就潛在的熱和燃燒的適宜性而論，那我們可以看到許多無生命的質體是強烈的有此傾向的，像硫磺、石油精和石油就是。

（三）一度熱過的質體，像透過動物體溫的馬糞，經過火的石灰，或者還有由火而來的灰燼和煤渣，都保留一些隱伏的餘熱。[70]所以某些物體埋入馬糞就得到蒸發和溶解，而用水去澆石灰，如前面所說，也能激發出熱來。

（四）在植物界中，我們沒有看到任何植物或其附屬部分（如樹膠或樹脂）在人們觸覺上是暖熱的。儘管這樣，但如上所述，青嫩的草類聚攏悶閉時卻

70 基欽指出，這裡所謂「隱伏的餘熱」（latent remains of former heat）與「隱伏的熱」（latent heat）不可混爲一談；後者是直到勃萊克做過實驗之後才被發現的。——譯者

能得熱。至對於內部觸覺，如顎或胃，則有一些植物是可感覺到地熱而另一些植物則是冷的；甚至對於外部觸覺，像塗上植物藥膏和抹上植物藥油片刻以後，也有這種情況。

（五）死了的動物或其脫離了整體的某部分，在人們觸覺上也沒有熱。甚至馬糞，除非悶閉和掩埋起來，否則也無法保持它的熱。可是所有糞便似乎都有一種潛熱，從其加肥土壤這一點可以看出。同樣，動物的屍體也有這樣一種隱伏的、潛在的熱，因而在公墓裡，其土壤就集有一定的隱熱，對新埋屍體的侵蝕要比純淨土壤快得多。[71]我們還知道東方發現了一種精緻而柔軟的織品，用鳥的細毛製成，其內在力量能把輕輕包入的牛油消化和溶解。[72]

（六）凡能使土壤肥沃的質體，如各種糞、白堊、海灘的沙、鹽以及類似的東西，都有一些熱的傾向。

（七）一切腐壞作用本身都含有一些微弱的熱，不過不到觸覺能感知到的程度。就是那些一腐壞就變成微生蟲的質體，如肉和乳酪等等，在觸覺上也不

---

71 基欽指出，這個斷言是沒有根據的。——譯者

72 基欽指出，這種情況是會有的，假如包裹嚴密到足以把空氣閉留在內的話。——譯者

覺其熱；還有在黑暗中發亮的腐爛木頭也是這樣。[73]不過亦要指出，腐壞質體中的熱有時是被強烈的惡臭所混淆了。

（八）在人類觸覺能感知到有熱的那類質體當中，最初一級的熱要算動物身上的熱；而那在程度上又是有相當多的層次。最低的如昆蟲身上的熱，在觸覺上幾乎知覺不到；但最高的也很少與最熱國度中最熱季節的太陽的熱相等，也不至熱到爲手所不能經受。不過卻也有人提到君士坦丁（Constantius）[74]以及其他一些體質特燥的人，據說他們在患劇烈的熱病時竟燙到多少有些灼手的程度。

（九）動物在運動、體操、飲酒、斷食、性愛、發高燒和疼痛時，熱都會增加。

（一〇）動物在患間歇性的熱症時，開頭是一陣發冷和發抖，但隨後就變成

---

73 參見語錄一二中第12項事例。——譯者

74 這是指君士坦丁大帝的兒子君士坦丁二世而言。他死於熱病，其發高燒的情況，在Ammianus Marcellinus（希臘人，曾在羅馬軍隊中當兵，卒於西元三九〇年）《羅馬帝國史》一書的第二第一卷、一五章中曾有記載。

極熱；若在發高燒的和癘疫性的熱症，則這種高熱的情況是開頭就來的。

（一一）還要講對不同動物、不同程度的熱作一番探究，例如對於魚、獸、蛇、鳥等；也可以依其種屬來探究，例如分爲獅、鳶、人等。一般意見認爲魚的內部的熱是最少的，而鳥則最熱，特別是家鴿、鷹和麻雀。75

（一二）還要進一步對同一動物的不同部分、不同肢體的熱的程度作一番探究。乳、血、子、卵只有中等程度的熱，不及動物在運動中和受激動時外部肌肉那樣熱。至於腦子、胃和心臟等等，當中的熱是到何種程度，則還沒有探究過。

（一三）當冬季和寒冷的天氣，一切動物在外部是涼的，但內部想來倒是更熱一些。

（一四）天體的熱，即使在最熱的國度裡並在一年中最熱一天的最熱的時候，也不會強烈到能把最乾燥的木頭或草或甚至火絨燃燒或燎灼，除非用取

---

75 拉丁本原文爲struthiones，通常是指鴕鳥（ostrich）。斯百丁臆測在這裡應作strutheus，即麻雀（sparrow）。（弗勒指出，沒有理由懷疑原意不指鴕鳥，鴕鳥消化力之強，一般人正認爲是因它胃中有高熱之故。——譯者）

火鏡或鏡子來加強。不過它卻能從潮溼的質體中提出蒸氣來。

（一五）照天文學家們傳統的說法，星的熱是有程度之別的。在行星之中，太陽以下要算火星最熱，木星次之，金星再次之。[76]還有其餘則被認定是冷的，例如月亮，又以土星爲最。拿恆星來說，天狼星據說是最熱的，其次爲獅心星，再次爲小天狼星，以及諸如此類。[77]

（一六）太陽愈近於地平垂直線也即愈行近中天時，所給的熱就愈大。[78]其他行星，依其熱的程度，或許也是這樣。例如木星當其在巨蟹宮或獅子宮時，比它在摩羯宮或寶瓶宮時對於我們或許要更熱一些。

（一七）我們還相信，太陽和其他行星當其在近地點時，由於距地球較近之故，比它們在遠地點時所給的熱要多一些。可是如在某一區界，太陽雖在近地點但照射卻是傾斜時，那麼它的熱必定比它既在近地點而同時又近於地平

---

76 有人推測金星爲冷而溼。但托勒密（Ptolemy，古代天文學家兼地理學家，西元第二世紀生於埃及）之見則與培根所說相同。

77 基欽指出，這完全是以謬誤爲根據的說法。參見前條中第1項事例下的注。——譯者

78 參見語錄一二中第3項事例。——譯者

垂直線時要小一些。由此可見，行星所升到不同區界的高度是應聯繫著它們的垂直度或傾斜度來注意的。

（一八）我們還設想，太陽和其他行星愈和一些較大的恆星相近，所給的熱就愈大。例如太陽在獅子宮時就比在巨蟹宮時較近於獅心星、獅尾星、處女星、天狼星和小天狼星；可是它在巨蟹宮時卻較近於地平垂直線。[79]我們還必須設想，天空中星座特別是較大星座點綴最密的部分，發出的熱最大（雖然在觸覺上是完全覺不到的）。

（一九）總之，天體的熱有三條途徑來增加：一是對地平的垂直度，二是接近地球即所謂近地點，三是與眾星的會聚或結合。

（二〇）以下要說到火焰，哪怕是最溫和的一種；要說到一切燃燒的物體；要說到由火加過高熱的液體以及空氣自身。它們的熱和上述動物身上的熱以及天體所發射的光線的熱（照它們所給到我們身上的那樣）相比，在程度上可就有很大的距離了。即便是分散而不集中的酒精火焰也足以使紙張、草料

---

[79] 培根大概想解釋七月之所以比六月還熱之故，因而提出這點天文學上的假想。我們知道，黃道帶劃分爲四個三合，各相應於四大元素之一，在其中，獅子宮爲火性三合之一角；它並且是太陽的本宮。

和麻布燃燒起火；那絕對是動物身上的熱所無法辦到的，也絕對是未透過取火鏡或鏡子的太陽的熱所無法辦到的。[80]

（二一）但是說到火焰與燃燒的物體的熱，其間也有多種強弱程度之別。[81]不過這一點還從來未經認眞探究過，所以我們只能輕輕帶過。單就一切火焰來說，酒精的火焰看來是其中最柔和的；也許只有所謂鬼火和動物出汗時所起的火焰或火花還要更柔和些。次之，我想應該要算那種從輕而多孔的植物如草料、蘆葦和乾葉等所發生的火焰了；而那種從頭髮或羽毛發出來的火焰則也和這個差不多。再強一些的或者要算從木頭發出的火焰，特別是那種僅含有少量松香質薪柴的木頭所發出的。這裡卻又有一層區別，就是小片木柴（如一般紮綑的）所發的火焰比那大塊木材和樹根所發的火焰要溫和些。這一點，你任何一天都可在熔鐵爐測試，就會看出用薪柴和樹枝所生的火在那

80 基欽指出，火焰比許多熱度更高得多的物體還易點著可燃物，這是因爲它有條件能夠很容易的和物體中易燃的化學元素化合起來之故。——譯者

81 基欽注明，不同質體所發的火焰，其熱的強度要依燃燒體的組合而定，也要看它與空氣中的氧化合起來難易如何。——譯者

裡是沒有多大用處的。接下來，我想要提到那種從油、脂、蠟和諸如此類不帶多大苛性的肥而多油的質體所發生的火焰了。最後，最猛烈的火焰則見於松脂和松香；見於硫磺、樟腦、油精、石油以及鹽（去了粗質以後的）者則更甚；見於這些東西的混合體，如火藥、希臘火（一般稱爲野火）以及其各種不同種類者亦然；[82]這種火焰是如此頑強，甚至用水都不容易把它撲滅。

（二二）我想還有從某些不完全的金屬[83]發生出來的火焰也是很強烈而活躍的。不過這還有待於更進一步的探究。

（二三）強而有力的閃電所發的火焰似乎又比上述一切都有更大的力量；我們知道它甚至曾把熟鐵熔爲水滴，這是上述那些火焰所辦不到的。

（二四）在燃燒的物體之中，熱亦有多種不同的程度，不過這又是從來還沒

82 基欽注明，火藥的合成一般是：硝石七分之五，硫磺七分之一，木炭七分之一。參見第二卷語錄三六中的第7項事例。希臘火據說爲硫磺、石油精、瀝青、樹膠及瀝青所合成，在水下亦能燃燒。它是七世紀時希臘的一位名叫Callinicus的工程師所發明的。——譯者

83 基欽注明，所謂不完全的金屬是這樣一些金屬的質體：在火中能展長、展薄、能耐久，但只是到一定的程度，過久則爲火所銷毀，就變成一塊土，失去金屬的一切特性；如銅、鐵、鉛、錫就是。——譯者

有認眞考察過的。我想其中最微弱的要算從我們用以點火的火線當中所發出來的熱；從燃炮所用的引火木或火撚所發出的熱也是一樣。其次就要提到燃燒的木頭、煤炭，還有燃燒的磚，以及類此燒熱的東西。在一切燃燒的質體之中，我以爲最熱的是熾熱的金屬，如鐵、銅等等。但這些亦還有待於進一步的查究。

（二五）有些熾熱的物體比有些火焰要熱得多。例如熾熱的鐵就比酒精的火焰要熱得多，殺傷力亦大得多。

（二六）有些僅受火熱並非燃著的質體，例如沸水和閉在火爐中的空氣，亦比許多火焰和燃著的質體更熱一些。

（二七）運動能夠增熱，其例從風箱和吹火筒可見；[84]比較堅硬的金屬爲死火或靜火所無法分解或熔化，火非用吹筒加強不可，其道理就在此。

（二八）可用取火鏡來照我所記憶的試驗一下。你如果一下子就把取火鏡放在距離一個可燃物體有（姑且說）一只尺遠的地方，就不如一開始把它放在

---

84 基欽指出，這是因爲從輸入空氣中補充了更多的氧。光靠運動就不行，若噴射蒸氣去鼓火，只會把火吹滅了。——譯者

（姑且說）半只尺之遠，然後慢慢逐漸移到一只尺之遠那樣容易把那物體點燃或燒毀。光線之集爲圓錐形還是一樣的；可是運動本身卻增加了熱的作用。[85]

（二九）在強風中著起來的火，據想是向逆風方面比向順風方面進展得較多；因爲火焰在風力退讓時的反衝要比它在風力吹送時的前進較爲猛烈。[86]

（三〇）火焰若不得一些空間讓它運動活躍於其中，它就不會突發出來，也不會產生出來。唯有火藥以及同類物的爆炸性的火焰則是例外，在那裡，緊壓與嚴閉倒增加了火焰的狂暴。[87]

（三一）鐵砧在錘打之下會變得很熱。假如它是薄鐵片製成的，我想在大力連續錘擊之下甚至會變成像火燒的紅鐵那樣。不過這點尚待實驗測試。[88]

---

85 基欽指出，說運動本身增熱，並無根據。或許是，後一進行過程更能找準焦點，因而產生更強的熱力。英譯本原注同樣說，這裡的惟一解釋是：這取火鏡的焦點距離是在半只尺與一只尺之間。——譯者

86 基欽指出，事情並非這樣。火在強風中所以燒得旺盛，原因見本條第二七項事例下的注。——譯者

87 基欽指出，一般火焰需要氣，所以需要空氣。火藥的情況所以不同，是因那裡的爆炸另有其他原因；至於所謂嚴閉，則不過對爆炸力指給方向。實際的膨脹還和在開敞空氣中一樣。——譯者

88 基欽引赫薛爾的話注明，「壓縮，無論是借壓力對空氣的壓縮，或者是借撞擊力對金屬的壓縮，總是熱的一

（三二）但在具有孔竅使火得有運動餘地的燃著的質體，如果這個運動一被重壓所遏止，火立刻就會滅掉。例如火絨，或燒著的燭芯和燈芯，或甚至燒紅的木炭或煤，一經用熄火器或任何類似的工具加以壓蓋，或是用腳一踩，火的動作立時就停止下來。

（三三）靠近於一個熱的物體，這也能夠增熱，其程度與靠近的程度成正比例。這在光也有同樣情形：一個東西擺得離光愈近，就愈清楚可見。[89]

（三四）不同的熱聯合起來也能互增其熱，除非幾個熱的質體是融在一起了。例如同室中有一爐大火和一爐小火，彼此之間就互增其熱；但以熱水傾入沸水則後者會變涼一些。[90]

89 基欽引赫薛爾的話注明：「關於熱的放射的法則，已見到它的光的放射的法則在某些點上有十分類似之處，在另外一些點上亦有特別不同之處。」……我們愈靠近放射的物體（不論是亮的還是燙的），就愈覺到較大強度的光或熱；反之亦然。參見所著《自然哲學論》第三五一節。——譯者

90 基欽注明，諸火焰在消耗氧當中把它們的力量集合起來。水則不消耗氧，而是借其他手段來致熱，而且也沒有固有的熱，所以當混在兩個不同溫度之下集合起來時，就取得折衷的溫度。熱是遵循著一條法則的，就是總趨向於平均。

種有力源泉。所以鐵是可以巧妙的錘打成像燒紅那樣燙的。」見所著《自然哲學論》第三四七節。——譯者

（三五）一個熱物體的連續施用也能增熱，因爲其中永遠發射著的熱和以前存在著的熱摻和起來，當然就把熱乘大。同一爐火在半小時內不能像延續到一小時後那樣把一間房屋烘得暖熱，這就是明顯的例子。但這種情形在光就不一樣，例如燈燭在久點後並不比在初點時給出較多的光。[91]

（三六）周圍冷氣的刺激也能增熱，這從火當嚴霜的情形可見。[92]這種情形，我想不是僅僅由於熱的悶閉和縮聚——那也是一種聯合的緣故，而也是由於刺激的緣故。由於這樣，所以當空氣受到猛壓或一根木棍受到猛彎後，它們並不是僅僅回彈到它們遭到強制的那一點，而是超過到那一點的那一邊。我們可以仔細地試驗一下：把一根木棍或類似的東西放入火焰之中，看看它是否從火焰的邊緣比從火焰的中心燃燒得較快。

91 基欽注說，光似乎不像熱一樣會透入空氣。在一間屋裡，不見光有穩漸的增長，像熱那樣。空氣對熱，接受很慢，而善於保持它。所以，在把熱源移去一段時間以後，還能感到它的影響；而燈燭則一經移去，光亮就幾乎立刻隨之而逝。——譯者

92 基欽注說，在乾而多霜的天氣中，氧是更易於從空氣中脫出，而空氣流通也更快。火焰靠邊最燙，這亦是因爲接觸到供應著它的空氣。——譯者

（三七）對於熱的感受性也有多種程度。這裡首先要指出，無論多微弱的熱也能對那最不易感知熱的物體引起變化，並多少把它弄熱。甚至一隻手把一個鋁球或任何其他金屬物握了片刻，也會把手的熱傳給它們一些。總之，在物體毫不表現出什麼變化之中，熱就能夠很方便並很普遍的傳遞和激生。

（三八）在我們所熟知的一切質體當中，最容易接受也最容易丟失熱的當屬空氣；[93]這從溫度計中最能看得明白。[94]這種儀器的構造如下。拿一個腹空而頸是細長方形的玻璃瓶，把它口朝下腹在上地倒插入另一盛著水的玻璃器皿，使前者的口觸到後者的底，使前者的頸輕輕靠著後者的口，讓它可以立住。為安置得更加便利一些起見，也可在後者的口邊用上少量的蠟，但不可把口完全封住，以免在進行後文所述那種輕捷而靈敏的運動時，會因缺乏空氣而遭到阻礙。

93 基欽指出，這是錯誤的。參見本條第三十五及語錄一二第18各項事例下的注。——譯者

94 基欽引赫薛爾的話注明：「這種溫度計，照Cornelius Drebell原始製造的樣子，不是利用空氣的，還不像現在的溫度計借水銀的膨脹來計量熱度的增高，而是借空氣的膨脹來計量的。」見所著《自然哲學論》第三五六節。——譯者

在把前者插入後者之前，必須先將其倒插後的上部即腹部就火邊烘熱。現在把它安置在上述的位置後，原先因感熱而膨脹起來的空氣，經過足夠的一段時間消盡那由外加來的熱之後，就把自己收縮到和原瓶入水時的周圍空氣相同的體積，同時就把水吸到相應的高度。在這玻璃瓶上應粘貼一個窄的長方形的紙條，隨你的意思在上邊畫出若干刻度。這樣，視天氣之冷暖，從隨著空氣之縮脹而現出的水之升降，你就可以看出空氣是在冷的作用之下則縮，在熱的作用之下則脹。而且空氣對於冷熱的感受力又是異常精微和敏銳，遠遠超過人類觸覺感知，甚至只要太陽的一道光線，或者呼吸的一點熱氣，特別是人手的一些熱量一加到那個玻璃瓶的頂上，立刻就會引起瓶水的顯然可見的下降。[95]

95 關於溫度計的原始發明，眾說紛紜。艾里斯在英譯本注中說，由於培根對這儀器作了這樣的描述，就有人把這項發明歸諸培根，但理由是不充分的。他認爲，發表有關溫度計的記載的，Fludd是第一人，而可能培根正是從他那裡聽說的。但他又承認Nelli的說法有其權威性，那卻是說，Galileo發明溫度計還在Fludd有所發表之前。艾利斯於此有很長的考注，不具引。弗勒在語錄一二第5項事例下注明，不同的記載把溫度計的原始發明分別歸諸Galileo（在一五九七年）、Drebell（在一六〇九年）、Paolo Sarpi（在一六〇九年）和Sanctorio（在一六一〇年）等人。而M. Bouillet

不過我又想到，動物的元精，若不是因爲身體的臃腫所阻礙和抵消，它們對於冷熱的感受將更加敏銳。

（三九）自空氣以下，對於熱最爲敏感的物體我認爲要算那種剛被冷所變成、所壓成的物體，例如雪和冰；因爲它們是一遇到任何柔和的熱就要開始分解和融化的。其次，或者就該說到水銀。在此以後就說到一些含油的質體，如油和奶油以及類似的東西；然後就說到木頭；然後是水；而最後則說石頭和金屬，它們對於熱的感受是遲鈍的，特別其內部更是如此。[96]可是，它們一經得熱以後，卻能把熱保持得很久，例如一塊熾熱的磚、石或鐵投入盆水以後，竟能在一刻鐘左右還是燙得無法去觸碰它。[97]

（四〇）一切物體的體積愈小，它在靠近熱的物體時就熱得愈快。這個情況

和M. de Vauzelles則把這項發明歸諸培根本人，雖然根據並不充足。弗勒最後說，這次發明之功或許應當首先歸諸Galelio。——譯者

96 弗勒指出，作爲一般的規律說來，金屬乃是最好的導熱體；銀和銅尤然，鐵則較差。——譯者

97 基欽注明，這當然是因爲石頭和金屬密度較大之故。——譯者

表明，我們經驗所知的一切熱都是有幾分和可觸的物質相違反的。[98]（四一）熱這個東西，就其涉及人們的感官和觸覺來說，乃是多變異的，也是相對的；冷手浸入微溫的水便覺其熱，熱手入之則覺其涼。

一四

從上面三個表，任何人都可以看出我們在自然和實驗的歷史方面是如此貧乏；在那些表當中，我不但有時要插入一些僅屬傳說和報告的事例（雖然從未不注意到其可疑的信用和權威性）來代替證實過的歷史和確實可靠的事例，並且還常常被迫要使用「須要試驗一下」或「尚待進一步探究」等等字樣。

一五

上面那三個表的工作和任務，我說是對理解力列示事例。這項列示事例的工作一經做

---

98 基欽指出，這又錯了，理由同前項。固體乃是最好的導熱體。物體愈大，變熱愈慢，其原因完全在於密度較大，也就是說，需要烘熱的微粒較多。——譯者

過，就必須使歸納法自身動作。因爲既經把那些事例全部和逐一看過一遍之後，問題就在於要找到那樣一個永隨所與性質之有無而有無、永隨所與性質之增減而增減，並且又如前文所說成爲一個更普遍的性質之下的一個特定情節的性質。[99]可是，假如人心一開始就照著它在自流狀態下所傾向的那種樣子去單就正面事例來做這工作，[100]那麼所得結果就會是一些虛想和猜測，就會是一些界定不當的概念，就會是一些每天都需要修改的原理；而我們也就非像經院學者們那樣具有一個專爲虛妄事物而奮鬥的心不可了。[101]當然，所得結果無疑也視從事工作的理解力的機能和力量如何而有優劣之分。上帝這位模式的賦予者和設計者當然是從一開始思辨就直接具有對於模式的正面認識的；天使和其他智慧者或許也是這樣。[102]但這無疑是人所不能辦到的；對於人，只能認可他開頭從反面的東西出發，在排除工作做盡以後，最

---

99 參見第二卷語錄四和二〇。——譯者

100 參見第一卷語錄四六、一〇五。——譯者

101 弗勒指出，這是指經院中的辯論而言，而那裡，一個問題的兩方面都要得到辯護，不論其中一方面看來是如何虛妄或邪異。基欽並注明，牛津大學在進行神學的練習時，至今尚保留這種辯論原則的遺骸。

102 凡天使性所能及的知識都是一下子就獲得的，這是當時公認的一條教義。基欽指出，這點看來很像柏拉圖。所謂「智慧者」，是經院派中的名詞，指高人一級的存在，本性能直有所知而不必經何過程。人則需要作反面的查究，這正表明人類智力的薄弱。——譯者

終才達到正面的東西。

一六

因此我們必須對性質作一個完全的分解和剖析，可不是用火來做，而是用心來做，心正可說是一種神聖的火。這樣看來，眞正歸納法的第一步工作（就著發現模式來說）乃是要把那在某個事例中所與性質出現而它不出現的性質，或者那在某個事例中所與性質不出現而它出現的性質，或者那在某個事例中所與性質減少而它增加的性質，或者那在某個事例中所與性質增加而它減少的性質，一概加以排拒或排除。[103]眞的，當恰當的做過排拒或排除工作之後，在一切輕浮的意見都消散之餘，到底就將剩下一個堅實、眞確、界定得當的正面模式。這個說來很簡單，但行到那裡的道路卻是曲折而錯綜的。不過我定要盡力不放過足以幫助我們走向那裡的任何一點。

103　其實例見第二卷語錄一八。——譯者

一七

我既賦予模式以這等非凡的職務，我就要不厭煩的警告並勸誡人們，不要把我所說的話應用到他們的思辨迄今所想慣的那種模式上去。[104]

首先，我現在所說的不是複合模式，不是如獅子、老鷹、玫瑰、金子等等的模式。如我已經說過，那是一些單純性質依照宇宙的一般進程而形成的結合。[105]那是要等到我們進至隱祕過程和隱祕結構並要就其在所謂質體或具體性質中的表現來發現它們的時候才來加以論究的。[106]

其次，即使在單純性質方面，我也希望人們不要認爲我是在說那種在物質上不是全無界定就是界定不當的抽象模式和理念。[107]當我說到模式時，我所指的不外是絕對現實的法則和

104 參見第一卷語錄五一、五六。——譯者

105 參見第二卷語錄五。——譯者

106 弗勒指出，培根曾打算在《新工具》的後續部分來作這些探究。參見第二卷語錄二一及五二最後一段。——譯者

107 基欽指出，這是柏拉圖式的模式。培根在*De Augmentis Scientiarum*一書中曾使用過與此相類的語句，見第三卷第四章。——譯者

規定性，即那種管制著並構成任何物質中的任何單純性質（如熱、光、重量）以及能對這些性質有所感受的東西的法則和規定性。這樣說來，所謂熱的模式或光的模式和熱的法則或光的法則就是一回事了。再者，我也從不讓自己脫離事物本身和動作。因此當我在查究熱的模式中說「要排拒稀薄性」或者說「稀薄性不屬於熱的模式」時，這就等於說「要在濃厚物體中添入熱的性質是可能的」，或者等於說「要從稀薄物體中去掉或摒出熱的性質是可能的」。

或許有人認爲我所說的模式也多少帶有抽象的性質，因爲它把許多異質的事物混合和聯結在一起了（例如天體的熱和火的熱似乎是性質大異的；玫瑰或類似東西的紅色與彩虹、蛋白石或金剛石中所顯現的紅色亦似乎是這樣；還有不同種類的死亡，如溺死、縊死、刺死、中風而死、衰弱而死等等也似乎是這樣的；可是它們分別一致具有熱、紅、死亡的性質）。假如有人抱持這種見解，那麼可以確定的告訴他，是他的心被習俗，被事物的粗疏的外貌，和被人們的意見所俘虜了。必須知道，那些事物不論如何各自獨異和彼此不同，在那管制著熱、紅和死亡的法則或模式上卻是一致的；還要知道，除非把這樣一種模式揭露、發現出來，否則人類的權力便不可能擺脫自然的一般進程而獲得解放，便不可能擴展和提高到新的效率和新的動作方式：這些都是毫無疑義的。可是儘管我一方面說到了性質的這種統一性，[108]而這又是最關緊要的一點；但另一方面我仍要進至性質的區劃和脈絡，不論是一般的還是比較深入、精密的，在應該說到它們的地方就要說到。

一八

現在我要就著由上面三個列示表看出是不屬於熱的模式的一些性質來爲排除法或排拒法舉一個例子。同時應該指出，不僅每個整表都足夠用來排拒任何一個性質，就是每個表中所包含的任何一項特定事例也是足夠的。因爲從以上所論看來，很明顯，任何一個矛盾的事例都足以推翻一個有關模式的揣測。[109]但是爲了清楚起見，也爲了把幾個表的用處顯示得更加

---

108 參見第二卷語錄三。——譯者

109 這是指屬地性質（terrestrial nature）與屬天性質（celestial nature）之間的相反性。經院學派認爲，凡屬地性質莫不可分解還原爲四大元素之一種或幾種，故又稱元素性的性質（elemental nature或elementary nature）；而一切天體則爲另一種完全不同的質體（稱爲第五種元素）所構成。所以培根在這裡說，由於作爲天體之一的太陽的光線是熱的，所以熱這一性質的模式中便不容有元素性的性質。弗勒另在第二卷語錄二〇末段有關的地方注明，近來分光景的分析已經表明，所謂屬天的物體和屬地的或元素性的物體實在都屬大致相同的化學合成。基欽亦在同處指出，近代天文學和化學已使我們能夠判斷，天體

明白起見，我有時還用雙重或幾倍的事例來進行排除。

排除或排拒某些性質於熱的模式之外的舉例，如下：

（一）由於太陽光線，所以排拒四大元素的性質。

（二）由於一般的火，主要是由於地下的火（那是與天體的光線最疏遠的和完全無關的），所以排拒天體的性質。

（三）由於一切種類的物體（礦物、植物、動物的皮、水、油、空氣以及其餘）只要一靠近火或其他熱的物體就都獲得暖熱，所以排拒物體特異的或更加精微的組織。

（四）由於熾熱的鐵或其他金屬傳熱於其他物體而不損失自身的重量或質體，所以排拒其他熱物體的質體之傳送或混合。

（五）由於沸水和空氣以及金屬和其他固體皆可受熱而不至熾熱或燒紅，所以排拒光或亮。

（六）亦由於月亮和其他天體的光線（太陽的光線則除外），所以排拒光和亮。

（七）還由於熾熱的鐵與酒精火焰兩者之間的比較（前者熱較多而亮較小，後者亮較大

與地之間在物質上實無不同；而且，由於人們已經知道它們兩者之間借助於引力的聯繫，人們也不會期待還有什麼別的東西。——譯者

而熱較少），所以排拒光和亮。

（八）由於熾熱的金子和其他金屬整個說來是具有最大的密度，所以排拒稀薄性。

（九）還由於空氣大部分是冷的但卻保持稀薄，所以排拒稀薄性。

（一〇）由於熾熱的鐵並不膨脹[110]而仍保持在其原來看得出的體積之內，所以排拒作爲整體的物體的本位運動或擴張運動。

（一一）還由於空氣在溫度計或類似儀器中的膨脹，顯見其有本位運動或擴張運動，但熱並無顯著的增加，[111]所以排拒作爲整體的物體的本位運動或擴張運動。

（一二）由於一切物體都很容易弄熱而並無任何毀壞或可以察到的變化，所以排拒毀壞的性質或任何新性質的強烈的傳送。

（一三）由於熱和冷所造成的某些相似結果有其一致和相合之處，所以排拒作爲整體的物體的運動，不論是擴張的運動還是收縮的運動。

---

110 基欽指出，這是錯了。鐵受熱是會膨脹的。——譯者

111 弗勒指出，空氣膨脹，唯一原因在其溫度增高；不過溫度計中所含空氣數量太小，其增加的溫度觸來不覺罷了。培根在第二卷語錄一三第二八項事例中曾說到空氣最容易接受熱，而這裡卻有此誤，要覺可怪。——譯者

（一四）由於熱系爲物體的摩擦所引起，所以排拒一個自爲主體的性質。[112]所謂自爲主體的性質，我的意思是指那種主動自行存在於事物的性質之中而不作爲任何前在性質的產物。

此外應予排拒的還有其他性質；這個表中所列是不完全的，不過作爲舉例而已。以上所舉的全部和每一性質都不在熱的模式之內。人們在對於熱有所動作時，對它們可以完全置之不顧。

一九

我們在進行排除的過程中已經爲眞正的歸納法打下基礎，但眞正的歸納法不到取得一個

---

112 培根在這裡不僅先見到近代熱學理論（就是熱之動力說——譯者）中的主要特點，而且也先見到這種理論所據以成立的證據。溫素（calorie，很久以來人們假想中的一種質體，認爲是熱的起因——譯者）之被證明爲並不存在，也就是說熱之被證明爲並非出於散佈在自然中的某一質體，主要正是依據有關摩擦作用的一些實驗的。這個證明之發現，據Joule和Thomson二人所述（見Beddoes所著*Contributions to Physical and Medical Knowledge*一書第一四頁），主要歸諸Sir Humphrey Davy；但是，雖說Davy的實驗曾防避了產生錯誤的來源，爲培根所未注意，但觀察到摩擦生熱這一點，仍應公正地歸功於培根。

正面的東西時是還不算完成的。排除部分本身也絕對不是完全的，它在開頭時也根本不可能是這樣。因爲排除顯然是對於若干單純性質的排拒；而我們既是對於一些單純性質還沒有什麼健固的、眞確的概念，那又怎能把排除過程進行得準確呢？就拿上表當中的某些概念（如四大元素的性質、天體的性質、稀薄性等概念）來說，它們就是模糊不清、界說不明的。因此，我既充分知道也沒有忘記我所從事的工作是何等重大（就是要使得人類理解力能夠成爲事物和自然的對手），所以我絕不滿足而停止於我所已經訂定的條規，而要更進一步爲理解力的使用設計並供給一些更有力的幫助，那就是我現在所要補充的。我要指出，在解釋自然當中，人們的心應當盡力做到有這樣的準備和傾向，要在準確性質的適當階段和程度上已經站定腳步而停歇下來的時候（特別是在開始的階段），還能同時記住它當前所有的東西是在很大程度上依賴於尚留在後頭的東西的。

二〇

鑒於眞理從錯誤中會比從混亂中出現得較快，我以爲在三個初步列示表（像我所展示的那樣）已經做出並經考量以後，就宜允許理解力憑著各表所列事例以及他處所遇事例的力量來作一回正面的解釋自然的嘗試。這種嘗試我稱之爲**理解力的放縱**，或**解釋的開端**，或**初步的收穫**。

關於熱的模式的初步收穫我們要指出，一個事物的模式要在那個事物本身所在的每一和全部事例當中去尋找（這從以上所論看來是很明白的）；否則就不成其爲模式。因此就必然要說，矛盾的事例是不能有的。同時我們還要指出，模式在某些事例當中會比在另一些事例當中顯得更爲明白和顯著；那就是說，在某些事例當中，模式的性質所受其他性質的約束、阻礙和限制是比較少的。這樣的一些事例，我稱之爲明確的事例。[113]現在我們可以進而講到關於熱的模式的初步收穫了。

從上述全部和每一事例看來，有一個性質爲熱之所屬而成爲其特定狀態，這就是運動。這在火焰中表現得最爲明顯，那是永遠在運動中的。表現在滾沸或漸沸的液體中也是一樣，那也是在不斷運動中的。這還表現在由運動所引起的熱的激長和增加，例如在風箱和暴風下的情形，這可參閱表三，第二九例（見本書第二○○頁）；還有在他種運動下的情形，這可參閱表三，第二八、三一兩例（見本書第一九九、二○○頁）。這還表現在用遏止運動的任何重壓來消滅火和熱，可參閱表三，第三○、三二兩例（見本書第二○○、二○一頁）。還有一種情形也說明了這一點，就是一切物體都會被強烈的火和熱所毀壞，無論如何也會引起顯然可見的改變；這就清楚的表明熱能夠在一個物體內部的分子之中引起一種騷

113 參見第二卷語錄二四。——譯者

動、混亂和猛烈的運動，顯然可見的導向那個物體的解體。

必須指出，當我說到運動而把它當作類並把熱當作它的種時，我的意思不是說熱生運動或運動生熱（雖然在某些狀態[114]兩者也都是眞的），而是說熱之本身，其本質與要素，就是運動而非他物。[115]不過這運動還有些種屬區別性的規限。關於這些規限，我隨後就要提到。現在爲避免混淆起見，還先要提出幾點告誡。

感覺上的熱乃是一個相對的概念，是和人而不是和宇宙關聯著的，其正確的定義應該僅是熱在動物元精上所產生的效果。並且它在本身上是會變異的，因爲同一物體，視感官的預有狀態如何，會引起冷的知覺亦會引起熱的知覺。這一點，從表三第四一例（見本書第二〇六頁）可以看得很清楚。

還有熱之傳送，或說是熱的引渡性質，即一個熱物體加於另一物體就能把它變熱的那種性質，這也不能和熱的模式混在一起。因爲熱是一回事，傳熱另是一回事。熱是爲摩擦的運

---

114 弗勒指出，熱和運動不止是有些時候在某種場合可以相互轉化，而是始終如一、不易不變、可以相互轉化的。——譯者

115 基欽指出，這是說，熱之所以爲熱就在運動。這樣，看來培根好像相信自己已經眞得出熱的模式了。——譯者

動所產生而不需要先有任何熱，這個事例就證明傳熱這事應被排除在熱的模式之外。即使說一個熱物體的臨近也產生熱，這也不是由熱的模式而來，而是完全依賴一個更高的和更普遍的性質，即完全依賴所謂同化或自我增殖那個性質；而那是需要另行探究的問題。[116]

還有一點，我們對於火的概念乃是流俗之見，乃是沒有用處的；這種概念乃是把任何熱的和亮的物體，例如一般火焰和熱到發紅的物體，合併起來而形成的。

這樣肅清了一切混淆之後，我最後便要講到那些給予運動以規限而使運動構成熱的模式的眞正的種屬區別性。[117]

第一點區別性乃是這個。熱是一個擴張的運動，[118]物體藉以努力去把自身膨脹和伸展到大於其以前所占據的範圍。這點區別性從火焰當中最容易觀察到，在那裡煙和濃重的蒸氣都

116　參見第二卷語錄四八中所論第十一種運動。——譯者

117　弗勒注明，在經院派邏輯使用的語言中，所謂區別性是將類劃分而構成種的。

118　弗勒指出，培根在第二卷語錄一八第十項事例中排除了「作爲整體的物體的擴張運動」，在本條第三點區別性下又說「熱的擴張運動並不是整個物體平均一致，而是只在其一些較小的分子之間進行的」。可是很難看出，一個物體的細小分子在擴張又如何能夠不引起整個物體的擴張，特別是培根既否認分子之間有虛空存在（參見第二卷語錄八），就更難加以解釋。但事實卻是，一切物體（除極少數的例外，如水在華氏表三二—三九度時的情況和鉍在凝固的時刻的情況外）沒有不隨著溫度之增高而擴張的。——譯者

是明顯的把自身膨脹和擴張成爲火焰的。

這也表現在一切沸騰的液體，那是明顯的在擴張、升騰、起泡，並持續這種自我擴張的過程，直到把自己變成一種遠較液體本身伸展得多、膨脹得多的物體，就是說變成蒸氣、變成煙、或變成空氣。

這一點也顯現於一切木頭和一些易燃物體之中，其中往往發生滲汁的現象，並且總在蒸發。

這還表現在熔化金屬方面。金屬因其具有最緊密的組織結構，並不是易於擴張和膨脹的；但由於它們的元精在本身膨脹起來，並從而懷有進一步膨脹的欲望，就強迫和攪動著其較粗的分子成爲液體狀態。假如熱還大大增加，就把它們的大部分質體分解並變成易於蒸發的狀態。

這表現在鐵和石頭上也是一樣；它們雖不是被熔化和被分解，但卻也被軟化。[119]木棒置於熱灰當中稍稍感熱以後，就變成柔韌可彎，便是這種狀態。

但這種擴張運動的最好表現還在空氣，那是遇小熱便不斷明顯膨脹起來的，從表三第

---

119 基欽指出，培根在這裡似乎是想鐵和某些種石頭可能不會熔化。可是赫薛爾說：「迄今還不知道有何種固體，在足夠的高熱之下會不熔化，會不終於消散爲蒸氣。」見所著《自然哲學論》第三五七節。

三八例（見本書二〇三頁）可見。

這一點還從冷這相反的性質當中表現出來。[120]冷把一切物體收緊縮攏，[121]以致在嚴霜之下釘子會從牆上掉下，銅的器皿會裂開，熱的玻璃驟然經冷就會碎裂，也是這個道理。同樣，空氣一受微寒便要收縮，如表三第三八例（見本書第二〇三頁）就是這樣。這些事例，我將最後在關於冷的探究當中再來細說。

在這一點（即我現在所講的）種屬區別性當中，熱和冷兩個性質的活動是背道而馳的；因為這裡說的是熱產生擴張和膨脹的運動，而冷則產生收縮和凝聚的運動。但當我們看到下述兩點種屬區別性（這是我現在就要說的）竟同樣適合於冷熱兩個性質，看到它們兩者竟現出許多共同的活動（這可參閱本書第一八九頁表二第三二例）時，我們也不必感到詫異。

第二點區別性是對於前一點的修飾；就是說：熱是一個擴張的、朝向外圍的運動，但有一個條件，即物體須同時有向上的運動。[122]無疑可以有許多混合的運動。例如，箭或標槍在

120 弗勒指出，在這裡，我們又看到把冷當作一種積極性質的概念。——譯者

121 弗勒指出，這句話也不盡然，例如水管就往往因結冰而被脹裂。——譯者

122 基欽指出，熱本身並無向上的趨勢；受到熱的分子固然升起，但這不過是分子膨脹的結果（就是說，在其密度相對而言，比其他分子占據較多的空間）。弗勒並且說，這種現象只在氣體和液體中才有，叫作流通；固體中並無類似的現象，培根所舉鐵鉗或火箸的例子乃是想像出來的。

前進中有轉彎，在轉彎中仍有前進。同樣，熱的運動則同時既是擴張的運動又是向上的運動。這點區別性可從如下的試驗中觀察出來：在把鐵鉗或火箸放進火中時，假如垂直插入而握其頂端，不一會兒就覺得灼手；假如從旁或由下插入，發燙就不會這樣快。

在用下降器來進行蒸餾，即如人們在提煉各種細花香露時，也可以觀察到這一點。人類的努力已經發現到不把火放在下面而放在上面以使它灼燒較弱的辦法了。[123]不僅火焰是向上的，一切的熱也都是向上的。

關於這一點，讓我們在冷這個相反的性質上也來試驗一下，要看看冷是否把一個物體向下收縮，正如熱把一個物體向上膨脹那樣。取完全一樣的兩根鐵棒或兩個玻璃管，把它們稍稍弄熱，拿兩塊在冷水中或雪中浸過的海綿分別放在一個棒的底下和另一個棒的頭上。我想有雪在頭上的那根棒的首尾兩端會比有雪在底下的那根棒的首尾兩端涼得較快一些，正與熱的情形相反。

第三點種屬區別性是：熱的擴張運動並不是整個物體平均一致，[124]而是只在其一些較小

123 弗勒注明，流通和傳導兩種方式都可布熱於液體，而前者布熱較多。顯然，熱在其中上升比下降快，前注已說明其故。因此，把火放在液體上面比放在下面燒熱較慢。——譯者

124 弗勒指出，這只是說，有些分子比其他分子得熱在先，於是就整個塊體而言，其不同部分就在一定時間內得

的分子之間進行的；[125]這運動又受阻遏、遭抗拒並被擊回，致使物體取得一種來回交替的運動，[126]不斷地在震顫、奮鬥、掙扎並爲回擊所激怒，從而發出火和熱的狂暴。

這一點種屬區別性最顯現在火焰和沸的液體之中，那些都是在小的部分中不斷震顫、擴張著，而又不斷沉降著的。

這亦表現在某些物體之中，其組織結構是如此之緊密以致在受熱或被燃燒後體積都不擴張，如燃燒著鐵就是這樣，[127]其中的熱實在是很高溫的。

熱不平均。但這種情況並無礙於整個物體的膨脹，即使只有一部分分子膨脹，整個物體也必然要隨著膨脹的。參見本條第一點區別性下有關的注。——譯者

125 弗勒指出，要注意這裡所用「較小的分子」一詞，在下一點中並把這種分子與最後最細的分子明白區別開來。培根認爲熱乃是這種分子的運動。這樣說來，培根的熱的理論和較晚的一些學者們（例如Tyndall）的理論，雖非在種類上，但是在程度上還有很大不同的。——譯者

126 弗勒指出，這裡的描述頗像是先見到熱之波動說。基欽也說，這種熱波傳送的想法，如同光波、聲波或色波的傳送一樣，可能是對的。但是若把熱當作物質的（看來差不多無疑正是這樣），那麼就必須放棄波動說了。——譯者

127 參見第二卷語錄一八第一〇項事例下的注。——譯者

還有一種情形也表明了這一點，就是火在最冷的天氣下燃燒得最熾烈。[128]這一點區別性還可從這樣一些情形中看到：當空氣在溫度計中擴展而不遭到阻礙或抗拒時，也就是說當這種擴展是平均而一致時，就感覺不到熱。還有，當風從封閉中鑽出時，雖是以最猛的力道衝來，也感覺不到強烈的熱；這是因爲這運動是屬於整體的，其中沒有若干分子間的交替運動之故。有見及此，我們應該來試驗一下，看看火焰是否向邊緣比在其中心較爲灼熱。

還有一種情形也表明了這個區別性。一切灼燒都是作用於被灼燒物體的細微孔竅；所以灼燒作用乃像無數針尖一樣在掘著、鑽著、釘著和刺著一個物體。所有強水（假如適合於它們所施物體的話）以其侵蝕性質和刺激性質所作用的結果都和火所作用的結果一樣，也是這種作用的結果。

熱的這一點種屬區別性（就是我現在所說的這一點）也是和冷這性質相共的；因爲冷的收縮運動之爲抵抗的擴張趨勢所阻遏，正和熱的擴張運動之爲抵抗的收縮趨勢所阻遏一樣。這樣看來，不論一個物體的分子的動作是內向還是外向，活動的方式總是一樣，雖然力

---

128 參見第二卷語錄一三第三六項事例下的注。——譯者

量的程度則有很大的不同，因爲我們這裡在地球上面根本沒有什麼冷到極度的東西。[129]參閱表一第二七例（見本書第一六九頁）。

第四點種屬區別性是對於第三點的修飾；就是說，前述那種戟刺或鑽穿運動一定多少是疾急的而不是遲鈍的，一定是由若干誠然微小但非最後最細而是較大到一種程度的分子來進行的。[130]

這點區別性從火所產生的效果與時間或歲月所產生的效果兩者之間的比較可以看出。歲月或時間之把物體耗乾、銷蝕、耗損以至化爲灰燼，其活動誠然比火細微得多，但作用則並不亞於火；但由於這種運動是十分遲鈍，其作用又僅及於一些極小分子，所以就感覺不到熱了。

---

129 基欽指出，第二卷語錄五〇（第六段，論施加動作于自然物體的第三種方式）論及此點更詳。在培根那時，人們對於製冷（或者更正確的說，使熱蒸發）的方法還幾乎全無所知，這不免使他見解缺乏極冷乃是一種缺欠。我們產冷的能力比產熱的能力要有限得多，至今還如此。把氣從一種液體狀態中突然膨脹成爲蒸氣，這是迄今所知的冷的最有力的來源。參見赫薛爾所著《自然哲學論》第二五四節。——譯者

130 弗勒指出，後一點是錯的，而且似乎是由下述幻想中的歲月與火的對比而來。熱乃是物質中最後最細的分子的運動，不論這些分子的性質怎樣。參見本條第三點區別性下面的注。——譯者

比較一下鐵的熔解與金的熔解，也可以看到這一點。[131]金的熔解並不會產生任何熱，而鐵的熔解則伴有一股猛烈的熱，雖然是發生在差不多同一時間。這理由就在：在金子，那起分解作用的酸素進入得很緩和，動作很細巧，同時金子的分子也很輕易就屈服；而在鐵，酸素的進入則是粗暴而且有衝突的，同時鐵的分子又具有較大的頑強性。

這一點還在某種程度上表現於一些壞疽，由於其腐爛過程具有細巧的性質，所以它並不激生大熱和劇痛。

以上就是關於熱的模式的初步收穫，或說是解釋的開端，其所採取的做法則是對於理解力的放縱。

現在有了我們的這個初步收穫，熱的模式或眞確定義[132]自然就隨之而來（這裡所說的熱是關聯於宇宙而不是單與人相關聯的），這可以用很少的字來表述如下：**熱是一種擴張的、受到抑制的、在其競爭中作用於物體的較小分子的運動**。但這裡應有兩點修飾。關於所

131　參見第二卷語錄一一第一九項事例和語錄一二第25項事例。——譯者

132　弗勒指出，注意這裡把「模式」與「定義」等同而論。——譯者

謂擴張，應作這樣的修飾：**與向一切方面擴張同時，**[133]**它具有一種向上的傾向。**[134]還有關於在分子中的競爭，也應修飾如下：**這不是遲鈍的，而是急遽並帶有猛力的。**

著眼於動作方面來說，這亦是同一回事。對這方面的指導亦可表述如下：**假如你能夠在任何自然物體當中激生出一種膨脹的或擴張的運動，並能把這個運動抑制得返轉到它自己身上，使得膨脹不能平衡的進行，卻只能是有一部分得路而進而在另一部分則遭到抗阻，那麼你一定就會產生出熱來。**至於物體是屬於四大元素性的還是服從於天體影響的；[135]是發光的還是不發光的；是稀薄的還是濃厚的；是在位置上有了擴張還是局限於其原有體積的界線之內；是傾向於分解還是保持其原來狀態；是動物還是植物或礦物，是水是油還是空氣，或者還是任何其他能感受上述運動的質體；——這些都不必加以考慮。說到感覺上的熱，這乃是同一回事，不過是必須聯繫到感官來考慮罷了。現在，讓我們再更進一步的幫助前進。[136]

---

133 弗勒指出，這是說擴張是向著一切方向，是圓的。——譯者

134 參見本條第二點區別性下面的注。——譯者

135 參見第二卷語錄一八第一例和注。——譯者

136 對於培根對熱的模式的這種探究，艾利斯作了幾點總的評注：

一、其中大部分沒有助成什麼結果。這可以說是這種探究方法的自然後果。

二、把熱和一些化學作用的結果混爲一談了（例如第二卷語錄一一中第二二—二七各項，又如語錄一二中第

二一

幾個初步列示表以及排拒工作或排除過程既經完成了，從而初步收穫亦已經做出來了，

27—32各項）。

三、凡物體都傾向於獲得其周圍物體的溫度，而觸覺上某物比他物較燙或較涼的不同，亦非出於該物之較燙或較涼，而是由於它們各自傳送其溫度的速度有所不同。培根對於這條原理全無認識，這是產生錯亂的一個更大的來源。由於這樣，所以他常常教導說，某類物體在其自身性質上是涼的，另一類物體則是熱的，以及類此等等的話。又說，一切液體都是涼的（例如第二卷語錄一一中第一、三項，又如語錄一二中第14至19各項）。而其實，若用溫度計來實驗一下，便會看出它們並非這樣。可是培根並未一試——這是諸多事例中的又一事例，顯示他如何拒絕了前人已曾教給他的東西。

四、熱和冷似被認爲各自分立而非相互關聯的性質了。

五、採用了占星術中所謂星星和行星能影響冷熱的一些無稽之談（見第二卷語錄一三中第一五以下諸項）。

（艾利斯此注尚有很長一段細微的部分，不能盡譯於此。學者若能直接參閱，自將有得。不過，誠如弗勒於此所說，閱時要記住一點，即自艾利斯寫作此注以來，熱之動力說在證據方面又取得很多新的收穫了。基欽指出，培根對自己的方法所作的例解到此結束。初時，這二十條語錄似乎視爲《新工具》全書中最寶貴的部分，一六三八年在Leyden地方曾印發單行本。——譯者）

我們現在就要進入對於理解力在解釋自然也即掌握眞正和完整的歸納法方面的其他一些幫助。在陳述這些幫助時，如果表還是必需的，我打算仍循著熱和冷的那些事例前進；但如果只要較少例子就足夠說明的話，我便將不設限的進行；這樣才可以既保持探究的清晰，又可以留有較多餘地來闡論系統。

我計畫分九部分來論：（一）一些享有優先權的事例；[137]（二）歸納法的一些支柱；（三）歸納法的精訂；（四）論研究隨題目的性質而變化；（五）研究中一些具有優先權的性質，也即研究物件的先後次第；（六）研究的界限，或說宇宙中一切性質的概略；（七）實踐上的應用，也即就人的聯繫來論事物；（八）研究的準備；（九）原理的升降等

---

137 弗勒注明，培根使用此名，是借自古羅馬選舉法中的一個名詞。古羅馬人在平民大會的選舉中，採用所謂百人團投票法；首先投票的一團由抽籤決定，稱爲享有優先權的團。此團首先投票示範；其所選舉對後繼投票者也往往有很大影響。

弗勒又引赫薛爾的話作注說，「培根所謂享有優先權的事例，是指一些具有特徵的現象。自然中存有大量龐雜的事實，數目過多，模糊而又複雜；人類心靈在尋求原因和歸納的綱目時，不但無法從中得到指引，反而易受混淆。培根從其中選擇出一些具有特徵的現象；由於這些現象能經由某種特殊有力的途徑來打動理性，並深深印給我們一種因果之感或某種類推之勢，所以正確的認爲它們具有一種享受著優先權的尊嚴，有權要求我們在進行物理探討時首先特別予以注意。」見《自然哲學論》第一九〇節。——譯者

級。[138]

二二

所謂享有優先權的事例有二十七種，[139]逐一論述於後。

（一）**單獨的事例**——某些東西與另一些東西除共同具有所要查究的性質外即別無共同之點，凡表現這種情形的事例就叫作單獨的事例；還有一些東西除不具有所要查究的性質

---

138 基欽指出，在這九種幫助之中，只做完了一種，其餘各種中有的只有些斷簡殘篇。我們知道，就是這九種說明全部還不過是《新工具》中極小的，而《新工具》全書又還只是《大復興論》中之第二部分；因此我們不免想到培根的整個規劃是多麼偉大而所完成的部分又是多麼微小。——譯者

139 弗勒注明，據第二卷語錄五二所述，這些享有優先權的事例首先分爲兩大類：一是關於知識的（一—二〇），二是關於動作的（二一—二七）；第一類中又分兩部分：一是幫助理解力的（一—一五），二是幫助感官的（一六—二〇）。還有細分，可直接參閱語錄五二本文。基欽評議說，這裡不見有多少安排；其全部企圖也覺過於笨重，不適於一般使用；標題和分目也往往是出於想像的。但是，有些特定的事例，從實際上說來，則是始終不斷在得到利用的。——譯者

外便與另一些東西在一切方面都很相似，凡表現這種情形的事例也叫作單獨的事例。[140]很明顯，這種事例能把排除法的路程縮短，加速和加強排除法的過程；在這種事例方面，少數和多數是有同樣效用的。

舉例來說。假定我們是在探究顏色這個性質，[141]三稜鏡和水晶便算是單獨的事例。它們不僅在自身中現出顏色，而且還把顏色外放到牆壁、露珠等等。這樣，它們除顏色外，便和固定在花中、彩石中、金屬中、木頭等等中的顏色毫無共同之處。由此事例我們就可很容易測知，所謂顏色不外是投在物體上的光的一個變種，在上述前一情節是出於不同的投射角度，在後一情節則是出於物體的不同的組織結構。這些就是在相似性方面的單獨的事例。

在同一對顏色的探究當中，如雲母中清楚的黑白紋理，或同一種屬的許多花卉中的雜色斑紋，也都算是單獨的事例。因爲雲母中的黑白條紋，或石竹花中的紅白斑點，都是除顏色外幾乎在一切方面盡相一致的。由這些事例我們就可很容易測知，顏色和一個物體的眞正性

---

140 基欽指出，這兩種獨出的事例正與密爾所講的兩條實驗方法即相同法（Method of Agreement）和差異法（Method of Difference）相同。見密爾所著《邏輯》一書第三卷第八章第一、二節。

141 基欽指出，牛頓（Sir I. Newton）後來之發現光的合成，也正是依靠了顏色的這些事例（參見赫薛爾所著《自然哲學論》第一八和二七五兩節）。培根於此所作的解釋已接近眞理，並表現出高度的敏銳。——譯者

質並無多少關係，而只是依賴於其分子的較粗的也可說是呆板的排列。這些就是在差別性方面的單獨的事例。這兩方面的這種事例，我都叫作**單獨的事例**，或者借用占星家的一個名詞，叫作**孤星**。[142]

二三

（二）**轉變的事例**——在討論中的性質是指原先不存在而在過程之中產生，或就另一方面說是原先本存在而在過程之中消失，凡表現這種情形的事例就叫作轉變的事例。[143]這樣說

---

142 拉丁本原文爲ferinae。基欽注釋說，關於這一個字，找不到什麼解釋；疑指古時天文學家所觀察到的某些不規則的、不合納入其系統中的天體而言。——譯者

143 基欽指出，水變成汽或變成冰，可算是適當的例子。這類事例頗近於對「隱祕過程」的查究。弗勒引Playfair的話作注：「礦物界就是這種轉變的事例的大舞臺，在那裡可看到同一性質的各個等級，從最完善的狀態直到完全消失。例如貝殼在石灰石階段中，我們看到它在形象和結構上都十分完善，而逐步消入較細的雲母，直到最後不復可辨。」弗勒又引赫薛爾的話說：「這種轉變的事例以及另一種所謂跨界的事例，使我能夠循跡找到那一條滲透整個自然界的普遍法則即所謂連續法則。」——譯者

來，無論在哪一種過渡當中，這種事例永遠總是兩面的，或者毋寧說就是一個事例在運動或過渡中，一直繼續至達到另一面的狀態。這樣的事例不僅加速和加強排除過程，而且把正面的東西或模式自身驅入一個狹窄的範圍。因為一個事物的模式必然是在這個轉變過程中要傳過去也即在另一方面要消除和消滅掉的某些東西。雖然說每一個排除過程都推進著正面的東西，但這在同一事物中做來比在不同事物中做來更有決定性。只要僅僅一個事例把模式洩露出來，這就會引導到模式在全部事例中的發現（由前邊所說過的一切看來，這是很明顯的）。而且這轉變愈是簡單、這事例就該有愈高的價值。再著眼於動作方面來說，轉變的事例亦是大有用處的。因為這種事例既是聯繫著什麼致使模式或存或滅這一點而把模式表示出來，這自然就在某些狀態上為實踐提供清楚的指導，從而使得較為容易往下另一個過渡狀態。[144]不過在這種事例當中有一層危險須要加以警戒，那就是要提防它會迫使我們把模式與能生因過度聯想，以致會有一種從能生因觀點出發的關於模式的錯誤見解而把持或玷汙了我們的理解力。須知能生因永遠只能被瞭解為僅是載送模式的工具。[145]但這層危險性，只要我

144 基欽闡釋說，這是很真確的。因為轉變的事例正是登記著一些由施加（自然或非自然的）某種作用於一個質體而產生出來的現象。化學中就充滿著這類情節。——譯者

145 弗勒指出，培根在這裡把模式與能生因清楚區別開來。——譯者

們能在排除過程嚴謹以對，則是易於防治的。[146]

現在我要舉一個轉變的例子。假設所要查究的性質是白，這裡有一個向產生或存在方面轉變的事例就是完整的與粉碎的玻璃。還有清澈的水和攪拌起沫的水也可作爲同例。玻璃和水在其本來面目下都是透明而不是白的，而粉碎的玻璃和起沫的水則都是白的而不是透明的。[147]於是我們必須查問，在這一轉變當中玻璃和水究竟遇到了什麼事情。很明顯，白的模式是由玻璃之砸碎和水之攪拌傳送過來的。可是我們看到，這裡除玻璃和水裂爲細小部分並有空氣進入外，什麼東西也沒有增添。由此我們就知道，同爲透明但程度有高低之別的兩個物體（即水和空氣，或玻璃和空氣），當它們的微小部分摻和在一起時，透過光線的不平均的曲折，就展示出白的顏色。這一點在發現白的模式方面說，進步可是不小的。

---

146 弗勒注解說，在能生因已經停止動作之後，結果（即展示著模式的性質）還往往能見。因此，依靠排除法就能把模式與其能生因區別開來。例如，在我們停止摩擦許久之後，一個物體還會保持其通常溫度以外的燙熱。——譯者

147 基欽注明，玻璃在完整的狀態下和水在未經攪拌的狀態下，都允許光線透過，只作小小一點的折光，因此不我們視覺上不會產生白的感覺；而玻璃一經砸成碎粉，折光情況就不像以前那樣了，大量光線在其自然狀態下受到反射，就把白的感覺傳送到眼睛。基欽又引赫薛爾的話說：「讀到這點以及本書中其他許多事例，人們幾乎會想這些說法簡直是從牛頓的《光學》中抄過來的（假如這書在那時已經寫出的話）。」——譯者

但同時也要舉一個例子來指出我剛才提到的那點危險性以及應有的警戒。因爲，一個被這種能生因引入迷途的理解力容易得到一種提示，以爲在白的模式中空氣永遠是必需的，或者以爲白只能從透明物體來產生；而這些概念都完全錯誤，有無數排除的事例都說明它們是不能成立的。實際上，我們會看到（把空氣和類似的東西撇在一邊），凡其分子（這是觸動視覺的）完全平均的物體就是透明的；凡結構單純而分子不勻的物體就是白的；凡分子不勻而結構又屬複合但還規則的物體就是除黑以外的一切顏色；凡分子既不平均而結構又屬複合、混亂和不規則的物體則是黑的。[148] 以上便是就著白這性質來說的向產生或存在方面轉變的事例所舉的例子。至於向消失方面移徙的事例，仍以白這性質來說，則可舉消解中的水沫或雪。在這裡，水在恢復其排去空氣的完整狀態之時，取消了白而加上了透明性。

---

148 弗勒指出，關於物體顏色的這種解釋只是猜測之說。至少現在還沒有充分的證據足以確定各種物體是依靠什麼條件來吸收顏色的。在牛頓的《光學》中（第二卷第三部分）也有一種奇特而有趣的企圖，想確定這同一問題。例如，他曾想到「凡構成自然物體的分子，其大小可借物體的顏色來測知」；他又說道：「若要產生黑，則物體中的微點必須比任何現色物體中的微點都少」；他還說過：「顯微鏡終將改進到能夠發現物體中爲顏色所依賴的分子，即使還不能說現在已經十分達到那種完善的程度」。可參見培根的另一著作*Valerius Terminus*當中（第一一章），還有一段很長的關於顏色的理論。——譯者

這裡還有一點無論如何都必須提的，就是所謂轉變的事例不僅包括這些渡向生滅的事例，也還包括那些渡向增減的事例；因爲那些事例也有助於發現模式，這從上文所論模式的定義，以及所列程度表看來是很清楚的。以紙爲例，它在乾的時候是白的，打溼之後（就是說排出了空氣而引進了水之後）就減少了白而愈接近於透明。這和上面所舉的例子是相類似的。

二四

（三）**明確的事例**——這在關於熱的初步收穫當中已經提過，也可叫作**顯耀的事例**或**自由和占有優勢的事例**。[149]在這種事例當中，在討論中的性質是赤裸裸和獨樹一幟的被展示出來；它的具有最高度力量的崇高地位也被展示出來，這是由於它擺脫了和解除了一切障礙，或至少是以其力量在管制、鎮壓和壓迫著這些障礙。我們知道，每個物體當中都包含著許多性質的許多模式，聯結在一個具體狀態之中，結果是它們分別相互摧毀、抑壓、擊破和

149 基欽注說，這種事例總是最能常常導致可貴的發現。一、兩條這樣的事例，一入熟巧的妙手之中，就在還未想到應用培根式的方法的時候已曾時常導引出眞理。赫薛爾曾援引磁力作爲關於兩極性的顯耀的事例，見《自然哲學論》第二六五節。——譯者

禁制，以致各個模式變得黯淡。但也見到在某些物體當中，我們所要的性質，或是由於不見什麼障礙之故，或是由於其本身特性占有優勢之故，比在其他物體當中顯得較爲有力。這種事例把模式顯示得很明確。而同時我們對於它也必須有所警戒，要遏止理解力的躁進。但凡把模式顯示得太明白、彷彿是在強迫理解力不得不加以注意的事物，都應當認爲可疑而予以監視，辦法則是訴諸嚴格的和仔細的排除法。

試舉一例。假定所探究的性質爲熱。對於那個（如上所論）成爲熱的模式的主要因素的膨脹性運動說來，用溫度計便是一個明確的事例。若說火焰，雖然它也明顯的顯示膨脹，但由於它轉瞬即滅，所以並不能顯示膨脹的前進。若說沸水，由於它容易過渡到蒸氣或空氣，所以也不能明顯出水在其本身中的膨脹。至於熾熱的鐵和類似的物體，它們更是遠遠無法顯示膨脹的前進，甚至由於它們的元精被那約束和壓抑著它的粗壯而緊密的分子所摧毀和擊破之故，就連膨脹本身看來都毫不明顯。[150]溫度計便與它們都不同了，它把空氣的膨脹顯示得很明確，它所顯示的同時是明顯、前進、永久，並且是沒有過渡的。[151]

---

150 基欽指出，參見第二卷語錄一八第一〇例及二〇條第一點區別性。看來，培根似乎總想在所謂微小分子的膨脹與物體整體的膨脹之間畫出一道區分線。

151 弗勒注釋說，例如水轉化成蒸氣時，便超越其自身而過渡到蒸氣；這裡是說空氣的膨脹便沒有這種情況。——譯者

再舉一例。假定所探究的性質爲重量。這裡的一個明確的事例就是水銀。[152]水銀比金以外的一切質體都重得多，即使是金也比它重得有限。[153]但以指明重量的模式這點來說，水銀卻比金是一個更好的事例。金是固體，而且是堅實的，這些特徵都彷彿與密度有關；而水銀則是液體，又充滿活力，可是卻比金剛石和其他號稱最堅硬的物體要重許多度。由此事例可以明白地看出，重或重量的模式單純依賴於物質的量而不依賴於其結構的緊密性。

二五

（四）**隱微的事例**——這也叫作**模糊的事例**，差不多與明確的事例正相反。在這種事例當中，所要查究的性質是在其最低度的力量下被展示出來的，好像是在搖籃中和仍是雛型的樣子；它誠然也在奮鬥，也在進行初步的努力，但是被相反的性質淹沒、壓抑。可是這種事

---

152 基欽指出，這個事例不好；因爲，金比水銀重，經加熱也會變成流質；而水銀在一定溫度下又會成爲固體。——譯者

153 這點錯誤也見於培根的《濃度和稀度史錄》（*Historia Densi et Rari*）。在那裡，他說水銀對金的比重約爲三九比四〇；而實則比例爲七比十而稍高。其所以有此錯誤，大半出於他做實驗時所採取的辦法。

例亦大大有助於發現模式。因爲正如明確的事例容易導向種屬區別性，這隱微的事例則最善於指點到所謂**類別**，就是說，最善於指點到共同性質，而所舉的某些性質則作爲其中的特定情節而被包括在內。

舉例來說。假設所舉的性質爲固結性，即物體規定其自己形狀的那種性質，與流動性是正相反的。[154]在這裡，所謂隱微的事例就是那些展示流質中某種微弱、低度的固結性的事例。例如水中的氣泡，那就是由水這個物體所形成的具有一定形狀的固結的薄膜。類似的例子還有屋簷滴水。如果後面有水繼續而下，水滴就綿爲細細一線，以保持水的連續；如果後水不繼，它們就以圓點下滴，而這形狀也是最善避免水之失去連續的。[155]並且每當線流停止

---

154 弗勒指出，「流質」和「液體」兩詞，在培根是交替使用的，而在我們說來，則前者指類（包括氣體在內），後者指種。培根所謂流質僅指液體；氣體則包括在所謂「氣狀物體」之內，以與所謂「可觸物體」相對立。參見第二卷語錄四〇及《濃度和稀度史錄》。——譯者

155 基欽注明，參見第二卷語錄四八第五種運動，即「連續運動」。弗勒注解說，這圓形系出於水中分子的黏著力。他引Ganot的話說：「在大體積的液體中，重力勝過黏著力，所以液體自身無定形，只取容器之形以爲形。在較小的體積中，則黏著力占上風，於是液體呈現圓形。露珠在植物葉子上有此形狀；以一種液體加於一種不能浸溼的固體時，例如以水銀加於木頭時，亦有此形

點滴開始之際，那水本身必定要向上回縮，以求免於中斷。又如在熔化中的金屬也是流質但較有黏性，其熔滴往往逃到頂層而黏在那裡。另一個多少相似的事例是孩子們用燈草和唾沫所做的鏡子，那裡也看到水所形成的一個固結的薄膜。另一種兒童遊戲把這一點表現得更好，那就是用肥皂與水調合，用吸管吹，就把水吹成氣泡，並且由於有空氣在內之故，竟固結到可以隨風飄遠而不破裂。[156]但最好的表現還在霜和雪，它們都是由水形成，都屬流質，但其固結的程度竟至幾乎可以用刀割切。[157]所有上述這些事實都毫不模糊地暗示出：所謂固結與流動都只是流俗的概念，都是相對於感官的；而事實則是一切物體當中都固有一種要求避免中斷的傾向；不過這種傾向在同質的物體（如流質）[158]當中是微弱無力，在異質複合的

---

156 若以蠶繭浸水，還能吹成一種更加膠黏堅韌的氣泡。Porter在其論「絲製品」的著述中曾提到有關此題的一些奇異的實驗。還可用水來試驗一下，把一些易化的粉末如石鬆粉或燈炱等撒在木頭上面，然後滴上幾點水，也會見此形狀。」見所著《物理學》，英譯本第一二版，第八四節。——譯者

157 弗勒指出，培根沒有注意到，大概不論什麼物體，只要在溫度有足夠增減的條件下，都是可以變作固體、液體或氣體的。參見第二卷語錄三三注的。——譯者

158 弗勒指出，培根以為液體比固體有較多同質性，這是錯的。黏著力之所以在固體中比在液體中使出得較強，理由蓋在其能率因被由熱而來的推拒力所抵消，乃隨溫度之增加而降減。黏著力絕不是在異質物體中比在同

物體當中則較為活躍而強烈，理由就在異質相接觸就把物體結在一起，同質則使物體解體和鬆散。

另舉一例。假設所舉的性質為相吸性，亦即物體相互靠攏的性質。在查究這個性質的模式當中，一個最可注意的明確的事例就是磁石。但是亦有一種與相吸性相反的性質，即不相吸性，那是存在於同類質體之間的。例如鐵不吸鐵、鉛不吸鉛、木不吸木、水亦不吸水。這裡所要說的隱微的事例卻是裝置上鐵的磁石，或毋寧說是這樣裝置起來的磁石中的鐵。自然界中一個事實是，一個裝上鐵的磁石在一定距離之外並不比一個未裝上鐵的磁石具有較大的吸鐵力量。可是如把鐵拿近到與裝鐵磁石中的鐵相接觸的地方，那就看出裝鐵磁石所能牽引的鐵的重量要比未裝鐵的磁石所能牽引的大得多。這是由於兩鐵是屬同類質體之故。而鐵之中的這種動作在未應用磁石以前卻是完全隱而不彰的。[159]由此我們就看明白，相吸的模式在質物體中較大，它之使力正是在同一性質的分子之間。——譯者

159 在《新工具》出版以前，伽利略已經說明接極子借產生一種更完善的接觸而起作用，參見Dialogi dei Sistemi massim一文，見《伽利略全集》（*Giornata Terza, Florence*，一八四二年版，第一卷第四四〇頁）。（弗勒指出，事實是眞的，但所舉理由則純出虛構。磁力為什麼憑藉接極子而增加，其眞正的理由在Ganot的《物理學》第一二版，第七一八節中可找到說明。這個例子是完全不對的。——譯者）

磁石中是活躍而強烈，在鐵中則微弱而隱伏。還有一例。我們曾看到，一支未裝鐵頭的小木箭，經由重的發動機射出，能比裝有鐵頭的箭鑽入木質（如木船邊緣之類）更深。這亦是由於兩木是屬同類質體之故。[160]可是木頭之中的這種本性顯然一直是隱伏的。同樣還有一例，雖然從整個物體看來，空氣和空氣或者水和水都不顯著相吸，但一個水泡在另一水泡靠近時就比在那一水泡遠離時較易解體。這亦是由於水和水以及空氣和空氣之間有相吸的欲望之故。[161]應當指出，這種隱微的事例（如我已經說過，它是最有暗示效用的）以在物體的細小和精微的部分中展示得最爲顯著，理由是那較多數是要遵從較普遍的模式的。這一點在適當的地方就會講到。[162]

---

160 弗勒注解說，據Clifton教授提示，培根所述事實如果正確，這或許是由於木箭輕，因而運行速度較大；也或許是由於鐵頭箭的遊隙比木箭的遊隙較大。——譯者

161 弗勒注明，兩氣泡接觸而破裂或有時合起來，這是由於許多原因合起而致，毛細管的吸引則是其中之一。——譯者

162 參見第二卷語錄四八中第七種運動，即「大趨聚遠動」。——譯者

二六

（五）**能資組成的事例**——這也叫作**手制式的事例**。[163]這種事例是把所舉性質的一個單獨類別組成一種較狹的模式。由於眞正的模式（那永遠是能與所舉性質對等掉轉的）位於深處，不易尋找，於是事情的各種情況以及人類理解力的脆弱性就要求對於一些特定的模式[164]——那是把某組的事例（雖然不是全部）集合在一起而形成某種共同概念的，意即不要忽略過去，而要勤謹的加以注意。因爲凡是能把一些性質聯合在一起的東西，縱使所聯合

163 基欽引赫薛爾的話作注釋說：「在培根的分類中，所謂集體的事例不外是一些帶有普遍性的事實，或具有某種程度的普遍性的法則，其本身就是歸納的結果。」（見《自然哲學論》第一九四節）他又指出，在培根的體系中，性質又如何能有所謂較狹的和較大的模式，似乎殊難理解。若拋開他的追求模式不論，這些事例確是最寶貴的。不過疑惑的是，克卜勒的三條法則那時已經出版，卻不見培根加以引用。那些法則正是他所講的集體的事例，並說明了牛頓以後發現那條更加普遍的萬有引力的法則。培根絕不借數學來作例解，亦很少借同時人的發現來作例解。——譯者

164 弗勒注釋說，這裡所謂較狹的或特定的模式，相當於第一卷中所謂最低級的公理或某些較低程度的中級原理（例如，參見第一卷語錄一〇四）。它們可說是對於某一性質就其種屬的（雖然仍是普遍的）例證所作的定義。看本條末段。——譯者

的並不完全，總是爲發現模式鋪平道路的。因此在這一點上有用的事例就具有不可輕視的權力，也享有某種優先權。

但在這裡必須充分警戒，切不可使人類理解力在發現了那許多特定模式並據以確立了對所舉性質的剖析和劃分之後，就滿足而停留在那裡，不但不再進一步對大的模式謀求合理的發現，反倒認定性質根本就是多面而分隔的，從而就把任何更進一步將性質加以聯合的工作視爲多餘的精細和傾向於抽象，而加以拒絕或拋在一邊。

舉例來說。假設所舉性質爲記憶，[165]或是引發和幫助記憶的東西。在這裡，所謂能提供組成的事例就是這些：首先是秩序或配置，這顯然是能幫助記憶的。其次是人工記憶中的借題或所謂「所在」。「所在」可以依這字的本義來解，那就是如門邊、牆角、窗下以及類此等等；也可以是一些所熟識的和知名的人，或是任何其他所喜悅的東西（只要把它們安置在某種秩序之內），如動物、植物、文字、字母、劇中人物、歷史偉人以及其他等等，雖然它

---

165 弗勒指出，這個例子與第一卷語錄一二七一起看，頗有意味。這顯示培根之舉例已不復限於其哲學改革的範圍，即通常所謂自然哲學之內。培根關於記憶和幫助記憶的一般學說，見其另一著作*De Augmentis Scientiarum*第五卷第五章。這裡所描述的某些精神現象以及一些人工說明記憶法，現在都可用聯想說（doctrine of Association of Ideas）來解釋。——譯者

們的合用程度和便利程度各有不同。這種人爲的所在對於記憶有驚人的幫助，能把記憶提到遠高於其自然的能力。第三是韻文；韻文是比散文較易念和記住的。從這一組三個事例，即秩序、人爲的位置和韻文，對記憶的幫助的一個類別就組成起來了。這個類別可以稱爲無限性的切斷。因爲當我們力圖回憶一個事物，也即把一個事物重複喚上心頭時，假如對於所尋覓的東西沒有什麼預存的概念或感認，那麼我們就得尋尋覓覓、跋涉無盡、到處徘徊，好像是處於無限空間之中。但若一有任何確定的預存概念，無限性就立刻切斷，記憶也就無須如此遊歷遙遠。而上述三個事例正把這種預存概念指得極其清楚而且確定。第一個事例說，那必須是合於秩序的東西；第二個事例說，那必須是與固定的所在有某種相合之處的影像；第三個事例說，那必須是押韻的字：這樣一來，就把無限性切斷了。以上是說這樣一組事例組成了這第一個類別。[166]還有其他事例則指出說明記憶的第二個類別，譬如說，凡把智力方面的概念和感官連在一起的東西（這正是記憶術中最常用的方法）都能幫助記憶。另外一些事例還可組成第三個類別：凡事物是透過強烈的情緒，例如引起恐怖、驚歎、羞恥、歡喜等等而令人留下印象時，那亦能夠幫助記憶。還有一些事例則指出第四個類別：凡事物印入人心

---

166 弗勒注明，這個類別，在*De Augmentis Scientiarum*一書中叫作「記號」，描述比此處詳細，並有例解。見五卷末尾。——譯者

主要是當人心在感受前後都屬清明純淨、無物縈懷的時候，就如兒時所學事物、就睡前所想事物、[167]還有初次所遇事物，那都在記憶中保存得最爲長久。還有另一些事例組成第五個類別：若有一些情況祕訣可資把握，那也有助於記憶；例如寫作中有句讀、分段落、誦讀時發高聲、有音節，就是這樣。最後還有一些事例指出第六個類別：凡令人期待、提起注意的事物比那迅速掠過的事物能在記憶中保存得較久；例如，你把一段文章讀二十遍，並不容易記住；但假如你在讀時每隔片刻試背一次，想不起時再看原書，這樣唯讀十遍就能記住。綜上所述，可見對記憶的幫助有六種較狹的模式：一是無限性的切斷；二是智力的事物向感覺的事物的還原；三是心在強烈情緒下所感受的印象；四是心在空洞清閒狀態下所感受的印象；五是可資把握的一些祕訣；六是預先的期待。

再舉一例。現在所舉的性質爲味覺或嘗味。在這裡，下述諸例就是所謂能資組成的事

167 弗勒注明，這現象的產生大概是由於我們在睡眠中還重複的回到那些思想，雖然一醒已忘記是那樣。這屬於這樣一類現象，在Leibnitz稱之爲「朦朧的意念」，在Hamilton稱之爲「隱祕的精神變種」，在Carpenter稱之爲「無意識的大腦活動」，在Lewes則更加適當地稱之爲「下意識」。在睡眠中，心實際仍在施展其力量，雖然人已完全忘記這種施展；我們每能在指定的時刻從睡中覺醒，這就是一個很好的常見的例證。——譯者

例。凡生來沒有嗅覺的人都無法以味覺去感知或辨別腥臭的或腐臭的食物，同樣也無法感知或辨別大蒜或玫瑰等等調味的食物。還有凡鼻孔偶然為黏膜炎所障礙的人也都有上述情形。還有，像上述黏膜炎患者，假如他們當有臭的或香的食物在口腔時用力擤鼻涕，他們就立刻能夠覺知那個臭味或香味。[168]這些事例於是就給出也是組成味覺的這樣一個類別，或毋寧說是一個分支，那就是說：所謂味覺，一部分乃不外是一種內裡的嗅覺，從鼻子的上部孔道下達至口和顎。[169]但另一方面，甜、鹹、苦、辣、酸、澀等類的滋味，卻又是那些缺乏嗅覺或嗅覺受阻的人們能夠和別人一樣知覺到的。合起來看，我們就可以明白，所謂味覺乃是一個內裡嗅覺和一個精細的觸覺力量的複合物。[170]關於後一點，這裡就不講了。

168 弗勒注解說，這些事例許是稍經誇大了；但從其為眞實來說，那可用Bain的一段話來加以解釋：「所謂滋味，顧名思義，實僅影響味神經，所以不論鼻孔張閉都是一樣的。不過許多有味之物同時也是芳香的。在呼氣伴同咀嚼的動作中，特別是當呑嚥之後的一刻，芳香的分子被帶入鼻腔，於是影響嗅覺，或說是使其香氣能感覺出來。這個結果正是我們所謂香味。有些東西，例如肉桂，經咀嚼後並不發出滋味而只發出香味，換言之即只發出一種香氣。」見所著《感官與智力》一書，第三版，一五八至一五九頁。——譯者

169 弗勒指出，可是必須記住，儘管嗅覺和味覺是密切相連，儘管兩個器官也緊密相近，它們卻仍是完全各自有別的。——譯者

170 弗勒注明，味覺和嗅覺究竟以何種方式起作用於器官，這點還模糊未明，但大概各為化學作用。至於觸覺，

還有一例。假定所舉性質爲傳送屬性而不混合質體。在這裡，光這事例給出或組成這類傳送的一個類別，熱和磁石則給出或組成另一個類別。因爲光的傳送是臨時的，原光一經移去，傳送立告停止。[171]而熱和磁性則當其一經傳遞到或毋寧說是激發於一個物體，在運動的來源移去之後還在那裡停留和保存相當一段時間。

總之，能資組成的事例是應享有很大優先權的，因爲它在形成定義（特別是特定的定義）方面與劃分和剖析性質方面都有很大用處。關於這一點，柏拉圖有句話說得很正確，他說：「凡深知如何去界定和劃分的人就該視爲神。」[172]

當然是全體五種外部感覺的共同條件，儘管它們在特徵上各不相同，儘管它們彼此之間也不能相互還原。——譯者

171 基欽注明，光線不留存於空氣之中，熱線則爲空氣所阻留。參見第二卷語錄一三第35項事例。——譯者

172 見柏拉圖《對話集》中Phaedrus篇，二六六B。

二七[173]

（六）**相契的事例或類比的事例**——這也叫作**平行物**，或叫作**形質相似性**。[174]這種事例是顯示事物的相似和連屬，但不是顯示在較狹模式中（像能資組成的事例那樣），而是僅僅顯示在具體的事物中。因此這種事例可以說是走向性質的聯合的最初和最低的步驟。它也不是一開始就直接構成什麼原理，而只是簡單指出和標舉物體之間的某種一致性。它雖然在發現模式方面沒有什麼用處，但在顯示宇宙各部分的結構及解剖其成分方面卻是大有幫助的；而正是由這裡開始它就往往引導我們進入到珍貴而高尙的原理，特別是進入到那種涉及世界結構而不止涉及簡單模式和單純性質的原理。

173 基欽注明，從六至十這五種享有優先權的事例是具有準備性質的，在進行探究自然時它們應走在前頭，它們亦是導向動作或實踐的。參見第二卷語錄三二。他在那裡又注道，既是這樣，又很難明白培根爲什麼把它們安插在這個地方。——譯者

174 基欽注解說，所謂相契的事例乃是這樣一些事實，它們彼此間在一些具體的東西上而不是在其較爲普遍的法則上有某些相似之點。如哈維（W. Harvey，一五七八至一六五七年，英國著名醫生）因見水壓機中的泵與心臟瓣膜有相似之點而發現血液迴圈，又如消色透境之構造是本於人眼與望遠鏡之相類，都屬此例。參見培根另一著作*Advancement of Learning*，第一三〇頁。——譯者

舉例來說。鏡子與眼睛、耳朵的構造與傳遞回聲的山谷，這些就是相契的事例。從這種相契性當中，且不說把事物相似之點僅僅觀察一番就在許多方面都有用處，我們便容易測知並形成這樣一個原理：感覺器官和產生反射於感官的物體在性質上是相像的。而在這一暗示的基礎上，理解力便容易又升至更高級也更珍貴的原理，就是說：享有感覺的物體之間的相應或交感和沒有感覺的無生物體之間的相應或交感並無不同，所不同的只是在前者那樣秉性的物體當中加有一個動物元精，[175]而後者則沒有。由此我們接下來又說：動物的感覺可以多至和無生物體之間的交感相等，假如它們身上廣開孔竅以容動物元精自由通入任一稟賦適當的肢體，如同通入適合的器官一樣的話。我們還可以說：動物中有多少感覺，缺乏動物元精的無生物體中無疑也就有多少運動，雖然由於感覺器官為數甚少之故後者還必然要比前者多得多。關於這一點，有一個顯著的例子就是疼痛。動物中有多種多樣的疼痛（灼燒的疼痛是一種，極冷的疼痛又是一種，還有受刺、受擠壓、被輾等等的疼痛），而所有這些，作為運動來說，毫無疑問也都存在於無生質體之中。例如木頭和石頭，當它們受到火燒，遭到冰凍，或被鑿、被砍、被折和被輾的時候便是這樣，雖然它們因缺乏動物元精之故而不能有所感覺。

175 基欽注明，關於所謂動物元精，第二卷語錄四〇有詳盡的討論。——譯者

還有植物的根與枝也屬相契的事例（這看來可能有點奇怪）。凡植物性的物質都把其各個部分擴張和向表面推展，向上向下都一樣。樹根和樹枝兩者之間，除前者是埋於地下而後者是曝於空氣日光外，並沒有什麼別的不同。[176]我們如把一條柔嫩而滋榮的樹枝按入土坑，它雖不與土壤密接，可是隨即生起根來而不是生出枝來。反之，如果把土蓋在它上面，並以石頭或其他硬物壓住使它不得向上生長，那麼它就會向下在空氣中生出枝來。

還有樹膠與大多數岩石中的寶石也屬相契的事例。因爲兩者都不外是汁液的滲出物和過濾物：[177]前者出於樹，後者出於岩石；而兩者之燦爛澄淨也都是由於過濾精細的緣故。獸毛一般之所以不及鳥羽那樣美麗、那樣顏色鮮明，其原因也在於此，就是因爲汁液經皮膚過濾不及經羽莖過濾那樣精細。

還有男性的陰囊與女性的子宮也屬相契的事例。可以說，兩性間在機體上較大的區別（至少就陸地動物說）看來只在一個器官是在外的而另一個器官是在內的。[178]這就是說，男

176 有許多植物，其莖有一部分生長於地下；同時也有其他植物，其根至少有一部分是在地上的。根與莖的眞正區分是在這兩種器官的職能。根沒有和芽或結節相類似的東西（在特殊情況下者除外），因而就沒有眞正的小枝。

177 基欽指出，這不能說明寶石之起源：寶石是出於結晶。——譯者

178 此說似乎是出自Telesius所寫大意相同的一段文字，見*De Rerum Natura*一書第六卷第一八章。而首作此說者

性有較大的熱力能把生殖器官推發在外；而女性的熱力則太微弱無法做到這樣，所以那個器官就被包在裡面。

還有魚的鰭與四足獸的腳或鳥類的足及翼也屬相契的事例；[179]亞里斯多德於此還加上蛇類運動中的四重折疊。[180]由此我們看到，在宇宙結構當中，凡生物的運動一般都是以四部肢體或四種彎折來進行的。

還有陸地動物的牙齒與鳥類的喙也屬相契的事例。由此我們可以清楚的看到，一切完備的動物都有一個特性，就是口部要有某種堅硬的質體。

若說人與植物之間也有一種顛倒的相似之點或相契性，那也不算荒唐的說法。在動物中，神經和各種官能的根源是在頭部，而精子的部分則在最下部，腿和臂的兩端在外不

實爲Galen，Telesius又是引申其言。參見Galen所著*De Usu Partium*，第一四卷第六章。（弗勒說，這個想像是沒有事實根據的。——譯者）

179 弗勒指出，以鳥、魚、四足獸相類比，這是對的。Aristotle和Pliny均有此說。參見Aristotle所著*Historia Animalium*第一卷第五章，Pliny所著*Natural History*第九卷第二〇章第七三節。——譯者

180 見Aristotle所著*De Insessu Animalium*第一卷第七章。（基欽指出，Aristotle加上這一點，是錯誤的；而培根於此所作的推論亦是躁急輕率的。——譯者）

計。在植物中卻恰恰顚倒過來，根源（相當於頭）大多是在最下部，而種子則在最上部。[181]

總之，我要不厭其煩諄諄告誡大家，人們在調查和蒐集自然歷史方面的努力此後應當完全改變，應當轉到和目前所行相反的方向。迄今爲止，人們用了很大的，亦可說是過於努力去觀察事物的多樣性，去說明動物、草類和化石的精確的種屬區別性，其大部分毋寧說是自然的遊戲，對於科學是沒有什麼眞正用處的。這種東西誠然能夠娛悅人心，有時甚至對實踐亦能有所幫助，但說到要洞然察人自然之內，那麼它們就很少或根本沒有用處。因此，人們的努力應當轉而去調查和觀察事物間的相似和相類之點，從整體看亦要從局部看。只有這些方面的調查和觀察才偵察出自然的統一性，並爲科學的建立奠定基礎。[182]

但這裡必須提出一個嚴格的也是誠懇的警告，就是只有那種指明（如我在開頭所說的）

---

181 另一方面，人們也可跡尋到植物中的花與人類以及一般脊椎動物中的頭蓋骨兩者之間有類似之點：兩者都出現在發展軸之頂端，兩者都有四個片段，即螺環或者脊椎。而植物與動物間最爲顯明的類比尤在其組織的發展方式，即那些組織，有理由可以相信，都是首先由細胞所形成。關於這個命題的有利證據現在或許還非十分完備。可怪的是，當這一點在植物方面已經成立之後，Schleiden又認爲，在種原始結構上的統一性之中，他卻發覺出菜類生命別有其獨特的性質。這樣，植物、動物之間的類比似乎又因這一發現而告破滅了。

182 基欽評論說，培根的這段忠告與第一卷語錄五五所論不盡相合。培根自己喜愛類似事物，遂作此說；若就物理學而論，則注意區別性比注意相似性能學知得更多。——譯者

形質相似性的事例才能算作相契的或類比的事例。意即，這種事例所指明的必須是實在的、實質上的、在自然當中有根據的相似性，而不是偶然的或僅僅表面上的相似性，更不是如自然幻術的作家們（一些極其膚淺的人，幾乎不應聯繫到像我們現在所從事的這樣嚴肅問題來）所到處炫示的那種迷信或奇異的相似性；那是他們以高度虛妄和愚蠢所描寫出來或有時甚至是杜撰出來的事物之間的一些相似性和交感性，根本不是實在的。

撇開這些不談。不可忽視的是世界結構本身在其較大各部分上就表現爲相契的事例。就以非洲與祕魯地區延伸到麥哲倫海峽（Straits of Magellan）的那片大陸之間的形勢爲例，這兩大塊地面上隨處都有相似的地峽和相似的海角，這不能說是出於偶然。[183] 還有舊大陸與新大陸，它們同樣都是北面寬而廣，南面狹而窄的。[184]

還有一對極爲顯著的相契的事例，就是存在於空氣的所謂中界中的嚴寒與時常從地下爆發出來的烈火。兩者都是所謂**頂點**或極端：一個是朝向天邊極端的冷，一個是朝向地腹極端

---

183 亨保爾特（A. von Humboldt）曾指出，大西洋對面兩岸有相契之處，即此岸突出各點與彼岸凹入各點約略相應。培根在此以非洲海岸與美洲海岸相比，則不是比其相反相應之點，而是比其相合相當之點，例如Concepcion角便相當於Negro角；但此中平行性並非嚴密吻合。

184 基欽注明，一切國家都具有向南趨窄的地形，像日本、南美、印度、非洲那樣，這是自然界的一個事實，已常爲人所注意。——譯者

的熱，[185]都是出於反對性質的**相反相激**的作用。

最後，還有科學原理當中的一些相契的事例也是值得注意的。例如修辭學中出人意表的轉喻法與音樂譜中將近尾聲忽翻新調的頓揚法就有相契之處；又如數學中「凡兩物同與另一物相等則它們彼此相等」這個假設與邏輯中借中詞來聯結兩個命題這條三段論式的規則也是兩相契合的。[186]

總結一句，我們若在調查和獵取事物間的形質相契性和相似性方面具有一定程度的明敏，那是在許多狀態上都有很大用處的。[187]

---

185 基欽注解說，這一對事實之所以稱爲類比，只謂其相反性之增或減是有規則的：入地愈深則熱度愈增，升天愈高則冷度愈增。——譯者

186 弗勒指出，一般而言，也是更確當的說，這應當稱爲公理。——譯者
弗勒則指出，兩組事實誠然是這樣，但是出於不同的原因，所以實在說來並不能成爲相契的事例。

187 基欽指出，第七、第八、第九三種事例似可歸在一個項目之下：蓋在類別上謂爲獨特的事例者在個別事物上即謂之出軌的事例，而跨界的事例則是獨特的事例的支流，即不過是兩個種別相互越界的一些狀態而已。——譯者

二八

（七）**獨特的事例**——借用文法學家的一個名詞來說，這種事例也可稱爲**不規則的**。這種事例所展示的是在具體狀態中的物體，展示著它彷彿是跳出於自然的軌道，排出於自然的秩序，與屬於同一種類的其他物體都不一樣。相契的事例是彼此相像，獨特的事例則是像其自身。獨特的事例和隱微的事例的用處一樣，都能將性質聯結起來，從而發現類別或共同性質，以便隨後再借眞正的種屬區別性來加以規限。我們要把那些會被認爲自然奇跡的事物其本性和屬性都歸結在某個模式或固定法則之下來加以領會；這樣我們就會看到，一切不規則性或獨特性實仍依存於某個共通模式，而所謂奇跡結果乃僅在於精確的種屬區別性、程度、寡同，而不在於種屬本身。我們的查究若未達到這樣的結果是不能甘休的；而現在人們的思想則停留在把那樣的事物宣稱爲自然的祕密和傑作，像是無因而至的事物，像是普遍規律的例外。

這種獨特事例的例子有星球中的太陽和月亮、石類中的磁石、金屬中的水銀、四足獸中的象、各種觸覺中的交媾感覺、各種嗅覺中的獵犬的嗅覺等等。文法學家們認爲S這個字母在一群字母當中也是獨特的，因爲它容易與子音字母結合，有時可與兩個子音字母結合，有時甚至可與三個子音字母結合，[188]這種特性是其他字母所沒有的。這種獨特的事例應當視為極有價值，因為它能刺激我們的查究，並有助於醫治被習俗和事物常規所敗壞了的理解力。

二九

（八）**超出常規的事例**——這是自然中的一些錯亂、異想和奇聞，表現著自然岔出了常規。這種自然中的錯亂與前節所說的獨特事例有一點不同，在後者是類別的奇異而前者則是個別事物的奇異。兩者的用處則幾乎是一樣的，它們同樣能夠糾正由通常現象所提示給理解力的錯誤印象，並顯示共通模式。因為在這裡，我們的探究也是非到發現出這種超出常規的原因便不能甘休的。不過這個原因卻不能正當的提升為什麼模式，而只能提升為引向模式的隱祕過程。[189]因為凡知道自然的道路者，固能比較容易察到自然的超出常規；反之，凡知道

---

188 弗勒注明，S這個字母與兩個子音字母結合者，可以英文中strap一字為例；與三個子音字母結合者，可以德文中Schwarz一字為例。——譯者

基欽則說，S這個字母不配在這裡占什麼地位。——譯者

189 弗勒注解說，這句話的意思不很明顯。這些奇異現象若真確解釋出來，應當會對它們所屬類別的性質有所點

自然的超出常規者也能更加準確的描述自然的道路。

這種事例還有一點不同於獨特的事例，就是它所給予實踐和動作的說明比後者要多得多。要產生新的種類是極其困難的；但要把已知的種類加以變化，從而產生其他不常見的結果，則困難就比較少些。[190]可以說，從自然的奇跡過渡到技術的奇跡乃是一件容易的事。[191]因爲我們一經在自然的超出常規之中把自然觀察出來，並把其所以超出常規的原因也弄明白，那麼要用技術把它引回到原來偶入歧途之點是並不困難的。並且這還不限於一個狀況，而可以推及其他許多狀況，因爲一個錯亂就會指點和啟發所有的錯亂和失常。關於這種事例，例子極多，無須贅述。因爲我們總是要把自然中一切奇聞怪事，簡言之即自然中一切

明。培根之意或許以爲，超出常規的事例是發生在過程當中，是因過程有了某種阻滯或變化以致結果未能達到通常的形式，所以他才說，把它們解釋出來，也不能直接點明模式，而只能點明引向模式的過程。不過，間接說來，這亦是對性質或模式的例解。——譯者

190 弗勒注明，這種人工變化過程常常施於植物、狗、鴿、牛、羊以及其他等等。達爾文（Darwin）曾經表明，人在花樣變化上只要經較短時期就能做到的，自然在種屬上以至更高的類屬上卻要用很長的歲月才能做到。——譯者

191 弗勒注明，James Mall曾借猛烈壓力下的熔解製造出人工雲母石，這可算是技術模仿自然成功的一個良好事例。——譯者

新穎、稀罕和不常見的事物，專門集成一部特殊的自然史的。[192]不過要做這事就必須以最嚴格的審查確認其確實性。像那種多少是根據宗教而來的事物，如李維所記的一些奇聞，是主要應當予以懷疑的；還有那些自然幻術家、煉金家以及諸如此類酷愛無稽之談的人們所撰寫的事物，也是同等應當予以懷疑的。總之，凡我們所認可的東西必須是得自可信的歷史和確實可靠的報告。

三〇

（九）**跨界的事例**——這也叫作**兩屬的事例**。[193]這種事例展示著彷彿由兩個屬性合成的一種物體，或者說彷彿是介乎兩個屬性之間發育尚未成熟的物體。這些事例大可算入獨特的、亦即不規則的事例之列，因爲在自然的整個範圍內它們乃是稀罕的、異乎尋常的東西。但是從它們的價值來看，仍應把它們單獨列開，另行論究；因爲在指明事物的組合和結構方面，在提示宇宙中平常物種的數目和屬性的原因方面，以及在把理解力從現有的東西推

192 弗勒注明，在*Sylva Sylvarum*一書中便有許多這樣的實驗。——譯者

193 拉丁文爲participia，英譯文作participles。基欽注解說這正如文法中的分詞，既屬動詞的性質，又屬名詞的性質。——譯者

進到可有的東西方面，它們都是有其卓越用處的。

這種事例的例子有：苔蘚，那是介乎腐朽物與植物之間的；[194]某些彗星，那是介乎星星與帶火流星之間的；[195]飛魚，那是介乎鳥類與魚類之間的；蝙蝠，那是介乎鳥類與四足獸之間的；還有人猿，那是介乎人與獸之間的，古語說得好：「那最醜陋的畜生，猿猴，是和我們何等相像啊！」[196]此外還有動物中由不同種屬混成的兩形物以及類似的東西，亦都是這種事例的例子。

三一

（一〇）**權力的事例**或**威標的事例**（借用帝制儀仗中的一個名詞）——這亦叫作**人類智**

194 基欽指出，這些例子不盡令人滿意。苔蘚並不是介乎腐朽物與植物之間的。飛魚和蝙蝠，除在表面上看來外，亦都不是跨著兩個種的某些具有植物形態的動物或某些似非而是的鳥禽，倒許是較好的例子。——譯者

195 弗勒注解說，星星恆常可見，流星一瞬即過，彗星則出現一些時候而後不見：培根必是據此而指彗星爲跨界的事例。——譯者

196 弗勒注明，見Cicero所著*De Natura Deorum*，第一卷三五節，是引Ennius之言。——譯者

慧或**威力的事例**。[197]這種事例乃是每種技術中最高貴、最完全的事功，體現著這技術的極端完善。既然我們的主要目標是要使自然服務於人類的事業和便利，那麼，符合這個目標的做法就該先把那些已在人類權力之內的事功，特別是那些最周全和最完善的事功（作爲早先已攻占和征服的若干領域），加以記錄並予以列舉。因爲從這些事功出發，我們就會找到一條較易較近的途徑通向迄今還未經嘗試過的新事功。因爲如果人們能夠用熱情和主動性在這些事功的注意深思之中，來把自己的事功加以推進，那麼他們就一定會把這些事功稍稍向前推展，或者把它們轉向旁邊鄰近的一些事物，甚至更把它們轉移而應用於某些更加高尙的用途。

還不止此，正如自然中稀罕非凡的事功能夠刺激並提高理解力去查究，以至發現那些能把它們包括在內的模式，[198]同樣，技術中卓越奇異的事功也能做到這一點，而且還能做到更大；因爲創造和建構技術中這種奇跡的技法在多數狀態上是淺顯易見，而自然奇跡中的方法則一般是隱晦難知的。

---

197 弗勒注解說，這些事例因其是「每種技術中最高貴、最完全的事功」，所以是人類權力的表徵。近代的例子不勝枚舉，諸如蒸汽機（連同其多種的應用）、電報、麻醉藥、攝影以及類此等等都是。——譯者

198 這句話是承上文第二八條第一段之意而言。——譯者

但在這裡我們也必須極度的警覺，切不可讓這種事功彷彿把理解力壓制在地。因爲這裡有一種危機，就是人們一經思索到技術的這種事功，而這些事功看來又像是人類努力的巓峰，他們的理解力或不免就此受到震驚與束縛，以致受到蠱惑，竟至無力再去對付任何其他事功，卻只認定除沿襲舊法外便不能再做出那類事物，因而只要用努力和更準確的準備去照做就得了。[199] 而其實，確定的倒是相反的情形。意即，人們迄今所發現到、所觀察到用以獲致效果和事功的辦法和手段大部分是很低劣、次等的；全部高級的權力依賴於模式，都必須有條不紊的從那個源頭抽引而得，而這種模式直到現在卻連一個都沒有發現。[200]

因此（我在別處已經說過）[201] 假如一個人只是思想著古代人們的戰爭機械和攻城機器，縱使他竭盡畢生之力去想，也永不會發現使用火藥來發射大砲。同樣，假如他只是盯著羊毛和棉花的製造去觀察去思想，他也永不會借此發現到繭或絲的性質。

由此可見，過去一切勉強列入比較高貴一類的發現（如果你考察一下），都不是由技術

199 參見第一卷語錄八五。——譯者

200 弗勒注明，參見第一卷語錄七五，第二卷語錄二及一七，並參見*De Augmentis Scientiarum*第三卷第四章。——譯者

201 參見第一卷語錄一〇九。——譯者

的些微經營和開展所揭出，而是完全出於偶遇。那麼，要如何才能提前或預支偶遇（那一般只是以很長的時間間隔來動作的）呢？除了發現模式是不行的。[202]

關於這種事例的特定例子是很多很多，沒有必要在這裡舉例。因爲我們終歸要把所有機械性和文化性學術（只要它們是有關於事功的）都尋找出來並澈底檢查，從而把兩者當中偉大、精妙的和最完善的事功，連同其產生或動作的方式，都集爲一編或一部特定的歷史。

但我並不是要束縛人們的努力，僅僅去蒐集技術當中稱爲傑作、神奇、足以引起驚豔的那些事功。因爲驚豔只是罕見的產物；一個事物只要是罕見的，雖然在種類上實在並無異於尋常，人們也對它感到驚訝。而另一方面，有些事物從其與別的種屬相較所表現的種屬區別來看是眞正值得驚訝的，可是只因在普遍使用中我們與它相近，就往往很少加以注意。

技術方面的獨特事物之值得注意也不亞於自然方面的獨特事物，後者是我已經說到過的。[203]關於自然方面的獨特事物，我已舉出太陽、月亮、磁石等等爲例，這些都是最熟習不過的事實，但在性質上卻幾稱獨一無二；同樣，關於技術方面的獨特事物，我亦必須照此舉一個例子。

---

202 參見第二卷語錄三。——譯者

203 參見第二卷語錄二八。——譯者

有一個例子就是紙，一個極其普通的東西。現在要指出，我們只要注意考察就會看到，但凡人工製造的材料，不是以經緯兩線織成的東西，如絲綢、毛布或麻布等等；就是以混凝漿汁黏成的東西，如磚、陶器、玻璃、琺瑯、瓷器等等，它們如果調製得精就很光亮，如果不精就雖堅而不亮。但一切以混凝漿汁製成的東西總是脆而易碎、沒有黏性或韌性的。而唯獨紙恰恰相反，它是一種具有韌性的質體，可以裁剪或撕扯，竟可與動物的皮膜、植物的葉子，以及大自然的其他類似作品不相上下。它既不像玻璃之脆而易碎，也不像布匹的織法，而恰似自然的材料，有纖維組織而沒有分明經緯。在人工製造的材料當中，我們再難找到與它相似的東西；它可算是完完全全獨特的東西了。[204]無疑，在人工製造的東西之中，更可取的是那種模擬自然最爲近似的東西，再不然就相反的是那種壓制自然和阻遏自然的東西。[205]

還有，作爲人類智慧和威力的事例，我們亦不可完全蔑視魔術和符咒之類的把戲。因爲其中有些東西雖然在效用方面是可笑的，但從它們所供給的訊息來說也許是有很大價值的。

---

204 很奇怪，培根竟未說到氈和紙一樣，亦具有這裡所提到的一切性質。——譯者

205 弗勒注明，關於後者，電導器是一個可稱的例子。——譯者

最後，迷信和幻術（就普通所瞭解的這個字的意義說）的事情也不可完全略而不論。[206]這些事物雖然是深埋在一大堆的虛僞和假想之中，可是我們也要稍稍察看一下，因爲其中有些事物如蠱魘、如想像力之加強、如遠地事物之交感、如精神與精神間正如物體與物體間感受之傳送等等，也許在其底層深處是有著自然的某種動作的。[207]

三二

從以上各點看來，我們可以明白，最後所提到的五類事例（即相契的事例、獨特的事

---

206 基欽指出，培根甚至對於一些把戲和幻術手法也寄予希望。參見第一卷語錄八五。他希望在發現模式之後便會有一種更高級的幻術。參見第二卷語錄九。——譯者

207 弗勒注明，參見*De Augmentis Scientiarum*第四卷第三章，Sylva Sylvarum第十世紀一段。在「實驗」第九八六項下，培根敘述了其父逝世之前兩三日，他在巴黎曾預得夢兆的一段故事。弗勒還說，關於所謂遠地事物之交感及精神與精神間感受之傳送，Glanvill在所著*Scepsis Scientifica*一書（出版於一六六五年，即《新工具》一書出版後四、五年）中記有一些頗可喜悅的事例。他並選錄兩事附於注中，茲不具譯。——譯者

例、超出常規的事例、跨界的事例和權力的事例）不應留到某個性質有待考究的時候再來加以處理（像其前所列的其他事例和後面所舉的大部分事例那樣），而應當開頭就集爲一編，作成一種特定的歷史。因爲這些事例都有助於把進入理解力的事情加以彙編，有助於改正理解力本身的不良面貌——我們知道，理解力在逐日習見的印象之下絕對是會被玷汙、被染壞，以致最後走入岔道，而變得扭曲。

因此我們應當使用這些事例作爲糾正和洗滌理解力的一種預備措施。因爲凡能把理解力從其所習以爲常的事物抽離出來，都是能把理解力地面磨光鏟平，以便於接納眞正理念這個冷靜純潔的光亮的。

再說，這些事例也替「行動」鋪平和準備道路。關於這一點，以後說到導向實踐的演繹法的時候，我就要在適當的地方予加以說明。[208]

208 弗勒指出，所謂導向實踐的演繹法，即第二卷語錄二一所列對理解力的九種幫助中的第七種，培根並沒有做出。——譯者

三三

（一一）**友敵的事例**——這也叫作屬於**固定命題**的事例。這種事例顯示兩種情況：一種情況是一個物體或一個具體質體經常攜有所要探究的性質，像是一個不可分離的友伴；另一種情況相反的是經常不見所要探究的性質，它經常不做友伴，而像是敵人和仇人一樣。從這種事例中，我們可以做出確定的、普遍性的命題，肯定的或否定的都一樣，其中主詞就是一個具體的物體，受詞就是那個有待研究的性質自身。我們知道，特殊命題不會是固定的。這就是說，在這種命題裡，有待研究的性質在任何具體物體當中是會消逝的、會移動的，時而增長或被獲得；另一方面又時而消失或被拋開。因此特殊命題，除非像前面說過的轉變那種狀況外，是並不比其他命題享有什麼優先權的。但即便是這些特殊命題，如果是經普遍命題而得並經普遍命題加以校對，也仍有很大的用處；這在後面適當的地方我還要有所說明。[209] 另外，即便在普遍命題當中我們也不要求精確或絕對的肯定或否定。因爲即使它們容有某種稀罕的和獨出的例外，也足供在當前目的下使用。[210]

209 弗勒注明，這是暗指下條所補充的事例。——譯者

210 弗勒指出，但是這種例外必須常視爲待解釋、待說明其所以逸出常軌之故。在科學史中，這種解釋正自不少。——譯者

友伴的事例的用處就在於把模式所應肯定的東西收縮到一個狹窄的範圍。正如借轉變的事例可以把模式所應肯定的東西收縮到這樣——就是說這事物的模式必須是借這轉變活動而傳遞或消滅的某些東西，同樣，在友伴的事例中模式所應肯定的東西則被收縮到這樣——就是說這事物的模式必須是作爲一個構成分子而加入到物體的這樣一種結成當中的某些東西，或者相反的是拒絕加入的某些東西。這樣一來，只要誰把這樣一個物體的組成和結構摸透，誰就接近於能把探究中的性質的模式揭示出來。[211]

舉例來說。假定有待研究的性質爲熱，那麼火焰就是一個友伴的事例。因爲在水、空氣、石頭、金屬以及大多數其他質體當中，熱都是有變異的，可以有來有去；而唯獨一切的火焰總是熱的，這就可見熱在火焰的結成上是常在的。就著熱來說，我們這裡還找不到一個仇敵的事例。關於地腹的情況感官是一無所知，以我們所確知的一切物體而論，沒有任何一個具體的東西是不能感受熱的。

---

211 弗勒注評說，例如，假定所要探究的爲熱的模式，而我們看到熱永遠與火焰相伴，那麼，對火焰加以仔細考察，就會偵察到熱的模式或性質了。同樣，假設要探究透明性的模式，而看到可展性從不與透明性相伴，那麼，透明性的模式或性質必是在可展性的質體中尋找不到的東西（或者，假設也可在其中來尋找，至少也是爲其他屬性所抵消過的東西）。由以上所述的規限顯然可見，推理若僅建築在仇敵的事例上是如此容易陷入錯誤的。——譯者

但是另舉一例來看，若以固結性作爲有待研究的性質，那麼空氣就是一個仇敵的事例。金屬是既能流動亦能固結的；玻璃亦然；水也還是能夠固結的，那就是當其凍結之時；唯獨空氣則永無固結之可能，或者說永無放棄其流動性之可能。[212]

不過說到這種屬於固定命題的事例，我還提出兩點勸告，這可以有助於我們當前的工作。第一點，如果一個普遍的肯定或普遍的否定是不能有的話，那麼就要對這事物仔細注意，就認作是無有的事物。[213] 像上面所講我們對於熱這狀態便是這樣做的，在這裡，從事物

---

212 基欽指出，物體與重量是極好的友伴事例，透明性與可展性是極好的仇敵事例。培根舉空氣與固結性爲仇敵事例，其眞確性是可疑的。弗勒更進一步指出，甚至在培根之後很久，科學界人士還抱有這種見解；Playfair也曾重述此意，雖然用語比較審愼。其實，Cailletet和Pictet所做的實驗已經帶有結論性地表明，就是氧氣、氫氣和氮氣也是可以液體化的，從而或許也是可以固體化的。關於這些實驗，在Ganot所著《物理學》（英譯本第一二版，第三八二節）中有簡略敘述。這樣看來，舊時所謂永久性的氣體與非永久性的氣體之分是已經完全抹滅。根據合理的類推，似可以高度的或然性得出推斷，一切液體亦都可以固體化。只是有幾種液體，如酒精、醇精和二硫化碳，至今經一切努力，即使在所知最低的溫度下，還不能把它們變成固體。參見Ganot所著《物理學》第三四三節。——譯者

213 拉丁本原文爲non-entia。基欽指出，entia and non-entia（有與無有）是經院派的名詞，培根又使用了。

的性質看（至少就著我們知識所及的性質來說）是找不到普遍的否定的。同樣，若以永恆性或不壞性作為有待研究的性質，那麼在我們這裡就又找不到一個普遍的肯定。因為對於天之下、地之上的任何一個物體都是不能使用永恆或不壞兩字來作受詞的。[214]第二點的勸告是說，我們在提到有關任何具體物體的普遍命題時，肯定的或否定的都一樣，都要把那最接近於不然的具體物體補充說明於後。[215]例如提到熱，就要補充那種最溫和的、灼燒性最小的火焰；又如提到不壞性，就要補充說明金子，那是最近於不壞的。因為這種情況指明著自然中然與不然之間的界限，有助於範定模式，防止模式超出常軌和岔出於物質條件之外。[216]

弗勒說，這一點勸告雖是以經院派的語言來表達，其意義則是明顯的。我們若不能建立一個普遍的肯定或普遍的否定。僅僅這一事實本身就值得注意。

214 弗勒注明，培根在*Descriptio Globi Intellectualis*一書中曾嚴厲批判了亞里斯多德和逍遙派所講的天體不變那一教條。——譯者

215 參見語錄三四。——譯者

216 基欽指明，培根認為模式必須限於物質條件的界限之內，這就是反對柏拉圖的理念說。他又指出，這兩點勸告實際是體現於下條語錄當中。——譯者

三四

（一二）**極限的事例**——這就是前條所提及的那種**補充的事例**，這裡換個名稱另行列出。因爲這種事例不僅是補充於固定命題之後才有用處，就以它們本身的本性來看，也是有用處的。[217]它們明確指出了自然的實在區劃和事物的度量，指出了自然在什麼狀態上可以活動到或被施加活動到何等程度，然後進而指出了自然向其他東西的過渡。若要舉例來說，那麼在重量方面有黃金、在硬度方面有鐵、在動物身量方面有鯨魚、在嗅覺方面有狗、在急遽膨脹方面有火藥的燃燒，以及諸如此類有事例。[218]同時，對於低度方面的極端也要和對於

217 基欽注明，這些事例乃是對前條事例的一種附錄，其地位近乎前條的一些例外。也因此培根說，這些事例之用處乃在表明固定命題的極限，例如金子爲重量的最高限度（培根這樣說）；另一方面則有某些火焰（例如酒精的火焰）輕到幾乎不可稱量：這些都是物體與重量中的極端事例。弗勒更指出，這類事例除非與前條所述事例聯繫起來，殊難看出它們如何能夠自成一項。顯然，若不與其他事例相聯而僅就其自身來看，則它們只不過是一些明顯的事例和隱微的事例罷了。——譯者

218 弗勒指出，這些例子多不確當：白金就比金子還重；醇精就比酒精還輕；金剛鑽就比鐵還硬；有些爆裂性的粉末在膨脹力方面就比火藥更強；鯨魚固然比現存的其他動物都大，但與近代地質學家和解剖學家所複製出來的地質學上的怪獸相比，就當退居次位了。——譯者

高度方面的極端同樣地予以注意。在這方面的例子，重量方面則有酒精、[219]硬度方面則有絲綢、動物身量方面則有皮蟲、[220]以及類此等等。

三五

（一三）**聯盟的或聯合的事例**——有些性質在公認的區劃下是被標定爲各自獨立的，而實際上卻可以摻和或聯合在一起。顯示這種情況的事例就叫作聯盟的或聯合的事例。

這種事例表明，原來歸屬於某一獨立性質並視它爲所特有的作用和效果卻也會爲其他一些所謂獨立性質所具有；這就證明原先所假設的獨立性並不是實在的或本質的，而只是一個

---

219 醇精的精確製法雖在一五四四年已由Valerius Cordus做出，但據說直到第十八世紀重經發明後始爲人所注意。所以培根對它缺乏認識也是合理的。

220 拉丁本原文爲vermiculi cutis，培根在第二卷語錄四三曾再次提及。基欽指出，這並不是什麼動物體；皮下腺原有小管排汗，發生障礙，遂成此物。弗勒注稱，已故Rolleston教授告訴過他，有一位名叫Simon的德國醫生曾發現一種極小的，顯微鏡下的動物，名爲Demodex folliculorum，生存於它在皮膚油管內部收集起來的油質中。但是，這當然是培根所未及知的。——譯者

共同性質的一種變相。因此這種事例是具有極其卓越的功用的，它能把理解力從種屬區別性提升到**類別**，它能把具體質體中以僞裝來到我們面前的事物的幻影和假象加以驅除。舉例來說，仍以熱作爲有待研究的性質。人們告訴我們說（並且像是眾所公認頗具權威的一種區劃的樣子），熱有三種：即天體的熱、動物的熱和火的熱；[221]它們（特別是其中之一與其他兩種相比）在本質上和種屬上——這也就是說，在種屬的性質上——乃是各自分明、各自獨立的；因爲天體的熱和動物的熱是能生養、能保育的，而火的熱則是消耗性的、毀壞性的。[222]於是我們就必須指出它們之間的一個共同狀態來看看聯盟的事例了。試把一枝葡萄藤牽入一間經常生著火的暖室內，上面的葡萄就會比在室外時早熟整整一個月。這就顯示，水果的成熟，即使果子還掛在樹上，也是可以由火來做到的，雖然這種成熟作用看來應該是太陽的本分工作。[223]由這點端倪出發，理解力於排拒了本質獨立性這個概念之後，就容易起而探究：

---

221 弗勒指出，把熱分爲這樣三種，這是甚至現在還存在著的流俗想法。——譯者

222 弗勒注明，參見亞里斯多德所著*De Generatione Animalium*第二卷第三章。——譯者

223 就暖室和花房來使用正規的人工保溫法，這在培根時代還無所知。在一六〇七年出版的*Maison Champêtre*（一部關於園藝和農業的百科全書）當中，未見提及；Parta雖曾著文論述助長花果的各種方式，亦從未談到這點。可是培根在*Sylva Sylvarum*一書（第四一二項）中卻說到將熱帶植物置於室內加以保護，在Essay on Gardens一文中又說到用火爐烘養雁來紅。現代所謂溫室的概念，約在革命時期始由荷蘭傳入英國。約在第

太陽的熱和火的熱之間究竟有什麼實在的區別之點使得兩者的作用如此不同，而卻又參加一個共同的性質。

區別之點有四個：第一，太陽的熱與火的熱相比，在程度上是遠較溫和；第二，在質上是遠較潮潤（至少照它透過空氣而達到我們身上的樣子是如此）；第三（這是主要的一點），它是極端不平均的，時或臨近而增強，時或引退而減弱；而這正是對於物體的生成的主要說明。亞里斯多德說得對：地球表面上的一切生滅過程，其主要原因乃在太陽行經黃道的途徑是傾斜的；[224]因爲那樣，一部分由於晝夜的交替，一部分由於冬夏的相續，就使得太陽的熱成爲異常的不平均。但這位偉大人物卻隨即又把自己的這點正確發現毀掉和敗壞

一七世紀中葉在Heidelberg地方建成的橘園，據說是記載中最早的一座花房。據記載，Albertus Magnus於某年冬季在Cologne地方款宴皇帝地點在其修道院中的花園。積雪覆蓋著一切，眾賓有不樂之意。待筵席初開，積雪盡除；樹木擺出來了，先是葉，後是花，繼之以果實；氣候也頓成夏季。筵開時，盛夏驟接嚴冬，宴甫畢，夏去又入冬季，一切仍復如前。這當是一種幻想的解釋；不知曾否有人想到這是說明那位主人實設宴於花房之中，而先引眾賓行經園內罷了。此故事見Grimm所著*Deusche Sagen*一書。

224 弗勒注明，參見亞里斯多德所著*Meteorologica*第一卷第一四章，*De Generatione et Corruptione*第二卷第十章。——譯者

掉。他在對自然規定法則時（這是他照例的做法）竟極其專斷的把太陽之臨近指爲生的原因，把太陽之引退指爲滅的原因；而其實是兩者在一起（太陽的臨近和引退），不是各有專司的，而是不分彼此的構成或生、或滅的原因；因爲熱的不平均是利於生滅兩者的，而平均則僅利於保存。太陽的熱與火的熱之間還有第四點種屬的區別，這又具有很大的重要性，意即，太陽的動作是以輕徐的活動透過長的時間進行的，而火的動作則是人爲的急躁性所驅，要在一個較短的期間完成它的工作。假如有人根據上述四點努力的從事調節火的熱：首先採取許多並不困難的辦法把它降低到較爲溫和的程度；再稍稍灑上和摻入一些潮溼；而最主要的是又使它仿效太陽那樣不平均的熱；最後還把它納入一個徐緩的程序，縱然不像太陽的動作那樣徐緩，也要比人們一般用火的辦法較緩一些，假如有人做到了這樣，那麼他很快就會拋棄熱有不同種類的概念，而要力圖以火的熱去模仿太陽的工作，即使不能與後者並駕齊驅或甚至在某些狀態上尤勝於它。在這裡，我們還有一個相似的聯盟的事例：一隻凍僵到半死的蝴蝶，經放在火邊稍受溫暖之後就會復甦。這就使我們很容易看到，火有能力給予動物生命，亦不亞於它能使植物成熟。弗拉卡斯多呂亞斯（G.Fracastorius）[225]的一項著名發

225 基欽注明，這是一位著名的哲學家、天文學家、醫生、詩人，一四八三年生於Verona，卒於一五五三年；著有《交感與反感》、《傳染與傳染病》等論文。——譯者

明亦是這樣，那就是用一個烘熱的淺鍋覆在不治的中風患者的頭上，把那些因腦中溢出汁液和各種障礙而壓下去和熄滅的動物元精顯著的膨脹並刺激運動起來，[226]就像火之作用於空氣或水那樣，結果就使患者甦醒並延續生命。還有，卵有時亦可用火的熱來孵化。這又是火的熱對於動物的熱的精確模仿。此外，諸如此類的事例還有很多。由此可見，火的熱在許多事物上可以變得與天體的熱和動物的熱頗相近似，這是無人再能懷疑的了。[227]

再舉一例，以運動與靜止作爲所要研究的性質。在這裡，有一種彷彿是眾所公認的並且彷彿是從哲學深處得出的區劃，就是說，凡屬自然物體不是依圓形運動，就是依直線向前運動，再不然就是靜止不動。這也就是說，不是運動而無端極，就是進向一個端極，再不然就是靜止在一個端極。而那種不息的旋轉運動似乎獨歸天體所特有；靜止不動這種狀態似乎屬

---

226 弗拉卡斯多呂亞斯傳記中載稱，當他忽患中風症已不能說話時，他大概還記得自己在Verona曾經如何治好一位女修道者的事，故急做手勢向人，要把熱罐覆在頭上。（弗勒注明，這種熱罐的作用在於使罐中的空氣變得稀薄，因而把皮膚上的空氣壓力減除一部分，而皮膚即隨之腫起。做這種療法時，一般還要用刺皮放血的工具在腫起的皮膚上劃破一個口子，然後再次用上熱罐，目的是要吮出血來。關於培根所說對於動物元精的作用云云，參見下條中所舉第六種例子。——譯者）

227 培根之否認這三種熱各有其本質獨異性，顯然是出自Telesius之說，見所著*De Rerum Natura*，第六卷第二〇節。Telesius已先說過，用人工施熱法可以孵卵，也可使看上去似已僵死的昆蟲恢復生命。

於地球；而其他物體（人們稱之爲輕與重，實把置於它們所自然歸屬的區界之外）則趨向於和自己相類的塊體或集團；輕的物體上趨於天邊，重的物體下趨於地面。這不失爲美妙的說法。[228]

但在這裡我們卻有一個聯盟的事例，那就是一些較低的彗星，它們雖遠在天邊，卻亦做

---

228 弗勒指出，這是逍遙派對於所謂旋轉運動的通常說法，字句都幾乎像出於亞里斯多德本人之口；參見他所著*De Coelo*第一卷第二章，Physica第八卷第九章。

從本節最末一句話看來，培根是否接受此說，還不很清楚。在第二卷語錄四八論述第十七種運動時，他似乎是接受了此說；但在Descriptio Globi Intellectualis一文中，他又對天體轉圈運動和永恆運動兩個教條提出質疑（關於前一點，並參見《新工具》第一卷語錄四五）。這篇論文是撰於一六一二年前後若與《新工具》中的兩段話合看，除非我們假設他在這裡僅是敘述一般公認的意見而未想到須加批判，便不得不承認他在處理這一問題上有些自相矛盾。

運動的眞實性質和法則，是至培根以後的時期始告確立，以伽利略的一些發現爲起點，以牛頓的一些發現爲終結。

基欽則評論說，很可歎，在克卜勒的三條法則已爲眾所周知之後，培根竟還寫出這些話來，假如他尚相信這些法則的話。——譯者

旋轉的運動。[229]亞里斯多德所虛構的彗星是繫於或從於某個特定星斗的說法[230]是早已被攻破了，這不僅因爲他對此所提出的理由不是或然的，亦因爲我們已有顯明的經驗知道彗星在天空各部分中的歧出的和不規則的運動了。

在這個題目上還有一個聯盟的事例，就是空氣的運動。空氣在旋轉圈子較大的回歸線之內，其自身似乎也是由東到西旋轉的。[231]還有海上的漲潮與退潮也可算是這裡的一個事例。[232]從這當中我們看到水本身也被帶入

229 弗勒指出，彗星也是和行星一樣的天體，這裡把它舉爲聯盟的事例，是沒有意義的。但基欽則從與培根所想不同的另一意義上說明彗星是一個好例。他說，彗星的軌道看來是不規則的，但實際上也和任何其他軌道一樣嚴格服從著引力法則。但這點當然是培根那時所不知的。——譯者

230 弗勒注明，參見亞里斯多德所著*Meteorologica*第一卷第七章；但他並不是就著一切彗星來想出這個學說的。——譯者

231 弗勒注明，信風若無地方性的原因來干擾，大致說來總是由東颷到西的；培根在這裡即指此而言。——譯者

232 弗勒注明，半日潮是太陽和月亮聯合的或有時相反的吸力所引起，這些力量既吸起最近於它們的水流，同樣也吸起最遠於它們的水流。這是眞確的學說。首先用計算方法爲這學說奠定基礎的是牛頓，雖然以前也常有人以多少有些模糊的說法提到太陽和月亮，或者太陽或月亮對於潮水的影響。看來，培根對於這一眞確學說並不懷疑。培根自己的理論似乎是說，水在太陽影響下是自然由東行到西的，不過卻爲美洲海岸上的衝擊所

一個由東到西的旋轉運動（不論這運動是怎樣緩慢和易散），不過是不得不在一日兩度被迫退回的條件下來進行罷了。許多事物既是這樣，那就顯然可見旋轉運動並非僅限於天體，而是爲空氣和水所共有的。

甚至所謂輕的質體本性向上之說也未必盡然。[233]關於這一點，可以拿水的氣泡作爲一個聯盟的事例。水面下如果有空氣，這空氣就急遽的向水面上升，但這卻是由於水面向下撞擊運動（德謨克利特這樣稱它）[234]打得它這樣，而非出於空氣自身的任何努力。當空氣升到水面之後，僅僅由於遭到水不立即允許自己受到分裂這點輕微的阻力，就不再進一步向上

驅回（參見他所著Tractate de Fluxu et Refluxu Maris一文）。海灣水流在信風影響之下，在其早一部分的行程中是向西流的，是由非洲海岸流向美洲海岸的；培根或許有見於此，遂得到這個想法。參見下條中所舉第一例。——譯者

233 基欽指出，自牛頓發現引力後，這個揣想亦變得完全無用了。——譯者

234 弗勒注明，培根在本書第二卷語錄四八第三種運動項下還曾提到這撞擊運動；在*Sylva Sylvarum*一書（實驗第二四項）中也有一段話說：「至於說到空氣在水下面急遽上升，那是由於水的向下撞擊運動把空氣驅趕上來，並不是由於空氣輕浮而向上運動。這在德謨克利特就叫作撞擊運動。」無須說明，培根的這個解釋是虛妄的。較輕的分子爲向底沉下的較重分子所排擠，當然必定要升到上面來。——譯者

升。[235]由此可見，空氣的上升欲求實在是極其微弱的。

再以重量作爲所要研究的性質來舉一例。這裡亦有一種頗爲眾所公認的區分：凡厚密和堅實的物體是向地的中心運動，凡稀薄和輕浮的物體是向天的周邊運動，彷彿它們是各向其所當去的地方。說到這個所謂地方的概念，這雖然盛行於學院之中，但要假定地方會有什麼力量卻實在是愚蠢而幼稚的。哲學家們常說，假如地球穿透了，重的物體在達到中心時就會停住，這只可算是開玩笑。[236]世界上如果眞有一種虛無或數學上的點會起作用於物體，或者物體會對它有什麼欲求，那就眞是一種古怪、有效力的虛無了。物體是只有從物體而不

235 弗勒注明，這個事實是由於水中分子具有黏著力，但一到空氣外逸的努力勝過這個力量時，氣泡即告破裂。——譯者

236 弗勒注明，在人們對於加速度力量的法則還無所知時，從逍遙派的重物體向下的教條出發來推論，結果必然是這樣。眞確的說明是：假設把一條管子穿貫地球中心，擲入一個物體，這物體便會在入口與對口之間，亦即在地球這面與地球那面兩點之間擺動；假如其中沒有抵抗性媒介物，擺動就永遠不停。參見Price所著《無限小的微積分》第三卷第二三三節。這條定理在那裡是在一個同質的球體中得到證明的；地球雖不是同質的，但中心這邊的異質性與中心那邊的相應的異質性差不多兩相平衡，所以結論也是差不多眞確的。不過，若把抵抗性媒介物的影響計算進去，那麼，物體會在極多次的擺動之後，最後在中心停止下來。——譯者

會從別的什麼東西受到作用的。物體的這種上升和下降，不是出於被推動的物體的結構，就是出於它對某些其他物體的交感或相應。[237]現在如果找到一個物體雖屬厚密堅實卻並不向地運動，[238]那麼這種區分就可宣告破產。如果我們能夠接受吉爾伯特的意見說地球吸引重物體的磁力並不越出其特性所及的軌道之外（那永遠是在一定而不會更遠的距離之內起作用的），[239]如果這個意見能爲哪怕是一個事例所證實，那麼我就將終於在重量這個題目上得到一個聯盟的事例。但是直到現在在這個題目上竟還沒有遇到一個確定的和明顯的事例。惟一

---

237 弗勒注明，培根自己的理論顯然是說，規定輕物體上升重物體下降的運動的，不是所謂地方，而是物體對物體的交感或相應。在Thema Coeli一文中，開頭就有一段很醒目的話，與此點正合，可參見。又，所謂「上升和下降的欲求」，這字句本身即含有積極的輕這一概念。——譯者

238 弗勒指出，很奇怪，培根在這裡竟未看出月亮恰是這樣一個適當的事例，竟未揣想到月亮繞地運行與物體下墜現象之間的眞正聯繫（即培根所謂聯盟或聯合）。——譯者

239 在吉爾伯特的哲學中，地球的磁性作用與引力是不分的（參見所著*De Mundo Nostro Sublunari*第二卷第三章）。又，地球或者一塊磁石的作用必限於一個固定的軌道之說，見於多處（參見所著*De Magnete*第二卷第七章和書前面所附定義表）。吉爾伯特分別出特性的軌道與交合的軌道，前者即爲任何磁性作用所伸及的全部空間。他斷言磁的特性的軌道直伸展至月亮，並稱月亮的不平均之處即是受此影響（參見*De Mundo*第二卷第一九章）。

最相近的事例只能提到水柱，即人們在大西洋中向兩個印度航行時所常見的那種水柱。那些水柱陡然地傾下極大量的水，竟像是預經儲聚，一直懸掛在那裡；後來也像是爲某種原因所拋落下，而不像是因引力的自然運動而傾瀉。240這就使人可以揣想，會有一個厚密而緊的塊體像地球自身那樣懸掛在距離地球很遠的地方，而且是非經力推不會落下。不過在這點上我並不能確定。同時，正是從這一點以及其他許多狀態上可以看出我們在自然史方面是何等貧乏，以致我在舉例時竟常被迫舉出一些純粹的假想來代替確定的事例。

再舉一例。假定所要研究的性質爲理性的推論。說到人類理性與禽獸智慧之間的區分，看來像是完全準確的了。可是也有一些動物活動的事例顯示著它們竟亦有某種三段論式的推論能力。古老的故事當中曾講到一隻烏鴉，牠在乾旱中渴到垂死之際看到樹根洞穴裡有

---

240 弗勒注明，關於旋風、水柱和塵陣等現象，參見赫薛爾所著*Meteorology*第二四一—二四七頁。赫薛爾寫道：「海上的這種旋風遂引起水柱，那是很奇異的，有時也很危險的現象。高高的柱子，看去像是雲柱，由海面直達雲際，宏壯而威嚴地移動過來，往往一下子有好幾個，有時是筆挺和垂直的，有時是傾斜和彎曲的，但靠近看時，總是在急遽旋轉著。底下，海猛烈激動著，以跳躍或沸騰的運動堆湧起來。的確，至少在某些情節，海水像是實際上被大量地提吸起來，從很高處向周圍拋灑，如同固體的東西在陸地上那樣。因此遂有人設想這是借抽吸作用把水從海裡提出，這顯然是不可能的事。」

弗勒接著說，無須指出，培根對這些現象的敘述和解釋都是很粗疏的。——譯者

水，可是洞口太窄，身體進不去，牠就投入許多小石子而使水升高，於是牠就喝到水了。這個故事後來還變成了諺語。

再以可見性作爲有待研究的性質來舉一例。人們都說，光在可見性上是基本的，並供給人們得以看按物體；色在可見性上則是次等的，沒有光就不能看見它，因而它似乎不過只是光的變種或變相。[241]這個區劃看來像是十分準確的。可是這裡也有著從兩方面來看的聯盟的事例。一方面是大量的雪，[242]這看來是以色爲主，由色生光；另一方面是硫磺的焰，[243]這又是光而趨近於色的。

241 這段話的學說似取自Telesius，見所著*De Rerum Natura*第七卷第三一章。弗勒則說，兩人所用字句並不見十分相應；但也很可能是培根讀到那書第七卷各章，有所啟發，因而得出他自己的光學理論。

242 弗勒指出，這實在不成爲一個聯盟的事例。雪只是能把投在它上面的光全部反射出來，因而比其他只能吸收一部分的光的白色物體更爲易見；但雪在任何意義上都不像太陽或火焰那樣，是光的一項獨立的來源。——譯者

243 弗勒指出，一切火焰，不僅硫磺的火焰，看來都是有色的。至於其色如何，端視於燃燒中各種質體的性質和比例，再則也要看我們看到火焰時是透過什麼媒介物。這樣說來，火焰既是光的一項來源，本身也是一種有色的東西，所以把它當作一個聯盟的事例是確當的。——譯者

三六

(一四) **指標的事例**——這是借用指標置於歧路指示方向的意思。244

244 這是培根所舉二七種優先事例當中最著名的一種，對查究自然是最有價值的。「指標事例」在英語中已成爲一個家喻戶曉的名詞，比歸納邏輯中任何其他名詞使用都廣。「要把一些無關的原因銷去，要在幾個相競的假設中有所抉擇，這種事例是最簡易的亦是最可靠的手段。」（見赫薛爾所著《自然哲學論》第一九六節）「在進行查究中，往往遇有兩個或兩個以上的原因，以當前所知，對於一些現象同樣都能說明，這時理解力便處於均勢之下，無所適從；這時若能找出一個事實，只能由這些原因之一而不能由其他來作解釋，那麼，不能確定的就確定了，眞正的原因就判明了。」（見Playfair所著*Preliminary Dissertation*第三章）在化學過程中，例如當我們做一個試驗來確定某一質體的性質或者來偵察某種毒性之出現時，便是最常見的例子。若以邏輯上的分類說，一切指標事例都可說是差異法之應用。其他一切情況既然盡同，那麼，某一情況或某一組情況之出現與否或存在與否，便使我們能夠判定待決的問題了。

Playfair曾舉出金屬一經煅燒所謂「燃素」或「絕對輕」便從中逃逸之說作爲例解。人們看到，金屬一經煅燒便比未經施熱以前較重。要解釋這一事實，會有兩種理論：一種就是燃素說，說是「絕對輕」從中逃逸出去；另一說則謂有某種新的化合物被介引進來。Lavoisier終於破除了燃素說，其方法就是用了一個指標事例。取定量的錫，嚴密封貯於一個玻璃製的彎頸蒸餾器中，一併稱量一遍。然後加火煅燒，再稱量一下，知

這也叫作**判定性的和裁決性的事例**；在某些情節上又叫作**神論性和詔令性的事例**。現在讓我說明一下。在進行查究某一性質時，由於往往有兩個或兩個以上的其他性質同時並現，就使得理解力難於辨別輕重，不能確定應把其中哪一個性質指爲所研究的性質的原因；這時指標事例就能表明這些性質當中之一與所研究的性質的聯繫是穩固的和不可分的，而其他性質與所研究的性質的聯繫則是變異的和可分的；這樣就把問題定調爲前一性質爲原因，而把後者摒棄和排去。這種事例帶給人們很大的光亮，也具有高度的權威，解釋自然的行程有時竟就結束並告完成。這種指標事例有時也可在那些已經講到的事例之中偶然遇著；[245]但大部分說來它是新的，是要特別的和有計畫的加以尋求和應用的，而且也是只有以認眞的、主動的努力才能發現出來的。

道重量並無改變。冷卻以後，把蒸餾器打開，空氣湧入，顯示造成了部分的眞空。這時進行第三次稱量，即見多得了一些重量，就代表是有一些空氣湧了進去。然後把燒過的錫取出，稱量出正比經火以前多重了這相同的重量。由此可見，這重量乃是從空氣吸收來的。由此實驗，遂發現氧氣及其能與經火金屬相化合的性質。

他如Torricelli之發現空氣壓力，亦是一個好例，參見赫薛爾所著《自然哲學論》第二四六節。

以上是綜合節譯基欽和弗勒兩人的注釋。——譯者

245 弗勒注明，例如在獨特的事例和顯耀的事例中就曾遇著。——譯者

舉例來說。假設所要研究的性質為海水的漲潮與退潮。它們各是一日兩次，每次需時六小時，隨月亮的運動而相應有著些微的不同。以下且看這裡所遇到的歧路。

造成這個運動的原因不外兩個：或者是由於水的前進和後退，像一盆水搖盪起來時漫到一邊就離開另一邊那樣；[246]或者是把水突然提起然後重又落下，像沸水的起落那樣。[247]問題就在：究竟應把兩者之中的哪一個定為漲潮、退潮的原因呢？首先，若假定原因在前者，那麼勢必是海的一邊有潮來時其另一邊就要同時有退潮。於是就要就著這一點來探究。據亞考斯達（Acosta）及他人在仔細調查後指出，在佛羅里達（Florida）海岸及其對面的西班牙和非洲海岸是同時發生漲潮，也是同時發生退潮，而並不是當前者有漲潮時後者就恰有退潮。[248]但如果我們更深入看一看，這個情節卻又並非有利於升起運動的設想而足以反駁前進

246 弗勒注明，這是伽利略所主持的見解。他把漲潮、退潮之交替歸諸地球的年轉運動與日轉運動之組合。見所著*Dialogi dei Massimi Sistemi*第四章，Thomas Salusbury英文譯本第三八九—三九〇頁。在稍前數頁（英譯本第三八三頁），他並暗提到月亮影響潮水之說而加以諷刺。——譯者

247 弗勒注明，從後文看來，培根若採取此後說，顯然是用磁力吸水來作解釋。但如愛因斯坦所述，「也有一種學說，即Telesius和Patricius所說，把海洋比作大鍋中的水，在太陽、月亮、星星等自然熱力影響下，會升起並趨於沸騰，然後不多時又沉息下去。」見艾利斯和斯百丁英譯《培根全集》，第三卷第四一頁。

248 Acosta曾談到南美兩對面有潮水同時併發，表現在麥哲倫海峽中有兩股潮浪相遇；但未見有些處所述的這句

運動的設想。因爲水原是可以既在前進又於同一口子的對面兩岸同時升起的，像諸水從另外某些地方匯流而湧進時就是這樣。河流的情況就是如此：它在兩岸同時起落，而顯然又是一個前進運動，即水由海進入河口的運動。與此相同，上舉之例亦可能是由於有從東印度洋匯合而來的極大量的水流湧入大西洋，從而就在兩邊同時發生漲潮。因此我們又必須探究是否還有海水所歸聚之處能夠容許大西洋的水在那同一時間退來，而在其中發生退潮，在這裡我們恰有南海，與大西洋至少是同樣寬廣，實則是還更寬更大，足夠供這目的之用。

然後我們終於來到關於這一情節的一個指標的事例。它是這樣的。如果我們確知當大西洋上佛羅里達那邊和西班牙這邊兩岸發生漲潮時在南海上祕魯[249]那邊和中國背面這邊兩岸也發生漲潮，那麼，在這一判定性事例的權威之下我們就必須拒絕上述那一假設，我們就必須說，所探究的海上漲潮與退潮絕不是由前進運動發生的，因爲事實上並沒有什麼海留著餘地來容納退水也即容許在那裡同時發生退潮。要確定這一點是再方便不過的，只須向巴拿馬和黎馬（這是大西洋和太平洋兩洋爲一個小小土腰所分界的地方）的居民問一問，海上漲話。

249 基欽指出，培根所謂祕魯，似包括南美洲東岸上的主要部分。參見第二卷語錄二七。南海亦非僅指現在所謂南冰洋，而是指南冰洋連同太平洋。——譯者

潮和退潮是在土腰的兩邊同時發生還是當一邊發生退潮時另一邊恰發生漲潮。這一個判定或這一個否認看來是確定的了，但還要指出，這卻是假設地球不動來說的。[250]如果地球是旋轉著，那麼或者亦可能由於地球和海水旋轉得不平衡（就速度而言）之故而使海水推擠向上湧起，那就是漲潮，然後（當它無處可推的時候）又放鬆而落下來，那就是退潮。[251]但是這一點還須另作探究。不過即使在這個假設之下，我們依舊站得住腳，意即，當某些部分有漲潮發生時，另一些部分總必須同時有退潮發生。

其次，我們在經過仔細考究而否認了上述兩種原因之前一運動，即前進運動以後，就要再把後一運動，即升降運動作爲有待研究的性質來看所謂指標事例。關於這一性質，擺在面前的有三條歧路。沒有外水加入而有漲退升降的運動，這當然只能是由於下述三條途徑之一：或者是從地球內部冒出水來加入其中，而又退回地球內部；或者是水的總量並無增添，而只是原水（沒有量的增加）伸展或變稀而占據較大的面積和厚度，而又把自己收

250 關於是地球旋轉還是天體旋轉的問題，培根在本條下一節所舉另一例子中有詳細的討論。——譯者

251 弗勒指出，參見伽利略關於地轉與潮水的學說，見前注。基欽注明，地球旋轉在海洋中引起巨流，如兩極水流和海灣水流，也在空氣中引起信風；但不引起潮水。——譯者

縮；[252]再不然就是既無量的增加亦無體的增大，而是原水（量和密度都照舊）被某種從上而來的磁力所吸引，[253]借相應作用而升起，隨後又降落。我們現在可把前兩種原因撇開不談，專來探究最後一個是否會有這種因相應作用或磁力吸引而起的上升現象。且看，首先有一點是很明顯的，水既處在海這個槽心之中，當然就不能一下子全部升起，因爲底下並沒有什麼東西來填補它的空隙。這就是說，即使水有這種升起的欲求，它也要被事物的黏合性或如一般所說的憎惡虛空的性質所阻礙、所遏抑。[254]於是只剩下一種情況，就是水必須只有一部分升起，並因此而在他部分有所減退。再從另一方面看，磁力既是不能夠作用到整體，所以它必然是以最大的強度起作用於中心，這樣就把海水從中心吸升起來，其餘部分則必然隨之而從周邊降減。

這樣我們就終於來到有關這個題目的一個指標事例。如果我們看到在退潮中水面是比較

252 弗勒注明，這大概是Telesius和Patricius的意見，見前注。Campanella亦持此說。——譯者

253 弗勒注明，從第二卷語錄四五論到吸力的幾句話看來，很明顯，培根在高潮與低潮的現象上是採取了磁力吸引說的。此意或是取自吉爾伯特，見所著*De Magnete*第二卷第一六章末尾。——譯者

254 弗勒指明，我們已看到培根是否認有虛空之可能的，見第二卷語錄八開頭處；並參見第二卷語錄四八中論第二種運動及同條中的結論。誠如艾利斯在*Historia Densi et Rori*一書的序言中所說，培根對這一問題的見解，在撰著*Cogitatione de Rerum Natura*和*Fable of Cupid*兩書以後，是經歷過一回決定性的改變的。——譯者

拱作圓狀，水是在海心升起而從周邊也即海岸低降，而在漲潮中同一水面則比較平均，水是在恢復其原先的態勢，[255]如果我們看到這種情況，那麼，在這一判定性事例的權威之下我們就必須認定上升是由磁力所引起；反之，如果沒有這種情況，我們就必須完全拒絕這一說法。要確定這一點並不困難，只須用探繩在海峽中試驗一下，[256]看看海的中心是否在退潮中要比在漲潮中較高或較深一些。但如果情況眞是這樣，那麼我們就還必須指出（與普通的意見相反），水必定是在退潮中升起而在漲潮中降落去沖刷諸岸。

再舉一例。假定所查究的性質爲自發的旋轉運動，[257]特別是要查究一下形成太陽和星星在我們眼前逐日起落的那種日轉究竟眞是天體中的旋轉運動，還是看來像在天體而實際是在地球的運動。在這裡，如下所述各種情況便可算是一個指標的事例。如果我們看到海洋中有

---

255 弗勒注明，情況正是這樣，雖然我們得知此點倒是從潮水的理論演繹而來，而不是從觀察事實歸納而來。潮高時拱度最大，低時拱度最小。——譯者

256 弗勒指出，儘管測探，潮水終是轉成的，因而這試驗也不會是斷結性的。——譯者

257 關於所謂自發的旋轉運動，第二卷語錄五末尾已提到，第二卷語錄四八（第十七種運動）中還有更詳細的論述。弗勒指出，這幾段話都顯示培根對於運動的性質還遠遠未能形成什麼眞確的概念。基欽也說，儘管我們替培根辯解（見第二卷語錄五下有關的注），但就其一則把哥白尼與舊天文學家並列，二則忽視伽利略，三則對於的三條法則像是一無所知這幾點來說，他在一定程度上是當受譴責的。——譯者

著一些由東到西的運動，但是極其微弱而遲緩；如果我們又看到空氣中亦有同樣的運動而稍微快一些，特別在回歸線之內由於旋轉圈子較大而更易察覺到；[258]如果我們還看到一些較低彗星中也有這種運動，而且運動在這裡已是活躍而有力；如果我們最後更看到行星中亦有這種運動，又隨位置之分布而有不同等級，距離地球愈近者其運動愈慢，距離地球愈遠者其運動愈快，而在恆星界中者其運動則最快；[259]如果我們看到上述這一系列的情況，那麼我們就實在應當承認日轉是眞在天體中的運動，而拒絕承認它是地球的運動。因爲這種由東到西的旋轉運動既然是在天的最高部分最快，而且逐層緩慢，最後到地球則停息下來而靜止不動，那麼它就顯然是純屬宇宙的運動，是由宇宙的相應作用所引起的。[260]

---

258 弗勒注明，泰萊夏斯曾堅持空氣有這種運動，其根據一部分是依據權威，一部分是有見於以手或角加於耳上則產生聲響（見所著*De Rerum Natura*第一卷第三章）。培根在第二卷語錄四八（第十七種運動）中還再談到空氣和水的運動，在那裡，看來對這一問題似無所懷疑。——譯者

259 基欽指出，培根深喜諸圈共一中心之說，就是以地球爲中心點，諸圈層層圍繞，最外面的一圈則是所謂恆星界。他還把彗星分出高低，這亦與此說有關。——譯者

260 要表明不可能把哲學的推論化爲始終如一的排除法，培根的這段話可算是最佳的一種事例了。怎麼可能把書中類推性的論據說得與培根似乎一向認爲歸納法的唯一眞確方式，即靠排除法來進行歸納的方式相合起來呢？這裡的論據是依靠著一個完全不合邏輯的因素，就是依靠著確信自然界的統一性和諧和性這一點的。

再舉一例。假定有待研究的性質爲哲學家們所奢談的另一種旋轉運動，即與日轉相拒相反的那種運動，就是說由西到東的旋轉運動。[261]舊哲學家們曾說行星有這種運動，又說恆星界中亦有，[262]而哥白尼及其追隨者還說地球亦有這種運動。[263]我們現在要探究一下，自然界究竟是否有這種運動，這是否是人們爲求計算的簡化與方便，以及爲滿足那種以完整圓圈來

（弗勒指出，假設天體都以一致的運動繞地而轉，當然是離地愈遠的一點動得愈快。但若再假設地球依其軸而轉動，也會與前一假設一樣，得到完全相同的一套現象，而如果我們又不知道地球旋轉的事實，我們就會想像遠的一點比近的一點動得快得多。這樣看來，這條所謂指標事例，其條件即使都滿足了，卻會是同等適合於兩個假設的。不過，若以行星和彗星固有的運動加入考慮，條件顯然就更加複雜化了。——譯者）

261 弗勒注明，讀者若想確知培根傾向於哪些天文學說，可參見*Descyiptio Globi Intellectualis*（及艾利斯對此書的一篇序言）、*Thema Coeli*、*De Augmentis Scientiarum*（第三卷第四章）、*De Fluxu et Refluxu Maris*以及*De Principiis atque Originibus*等著作。在*Thema Coeli*一書結尾處，培根曾明白地否認由西到東的運動，而把行星運動諸現象歸諸速度的差別。

262 弗勒注明，這或許是指那些把「恆星界」與「首要推動者」區劃開來的學說體系而言，如Gassendi（一五九二—一六五五年，法國數學家與哲學家，對天文學有所貢獻）即持此說。參見第一卷語錄六〇的注。——譯者

263 弗勒注明，舊說有認爲諸天由東到西而轉者，至哥白尼始代之以地球自身由西到東而轉之假設。——譯者

解釋天體運動的美妙概念而杜撰和假想出來的說法。我們的這種運動的概念是從兩個現象得來的：一種現象是一個行星在其日轉運動中不能返至恆星界中的原點；另一種現象是黃道的各極不同於世界的各極。但這兩點實在都無法證明天界中眞實有著這種運動。因爲關於第一點現象，只要設想恆星超越行星而把它們遺在後面，就可以得到很好的解釋；關於第二點現象，只要設想有一種螺旋線的運動，也就可以得到很好的解釋。因此，上述行星不能回原點和運動傾向回歸線這兩種現象，毋寧說是一次日轉運動的某些變象，而不是與日轉相反的或旋繞著不同的極的運動。只要人們暫時充當一下常人[264]（拋卻天文學家們和經院學者們的一

---

264 這段話殊未能爲著者提高信譽。培根似乎沒有見到，要使一些現象能夠按組歸集在某些普遍法則之下，一個主要的必要步驟是先把呈現在感官面前的運動分解爲其他比較簡單的運動。要由感官面前的運動過渡到眞正的運動，若不把前者照培根在這裡所譴責的樣子加以分解，便不能做到。至於這裡結論所說「這種運動實實在在呈現在感官面前」，沒有一個天文學家會不同意，這點沒有問題；但是這整段話卻顯示培根對於他自己這一時代的天文學的範圍和價值是懂得太少了。

弗勒亦評論道：惠威爾（Dr. Whewell）說：「培根斷言每個行星的運動在感官看來都是螺旋線的，我們可以說這無疑是眞確的；但科學的任務，在這裡和在別處都一樣，卻正在把複雜的現象解釋爲簡單的現象，把複雜的螺旋線的運動解釋爲簡單的圓形的運動」（見所著*History of the Inductive Sciences*，第三版，第一卷三八八—三九〇頁）。培根在這裡和在別處，每當處理天文學問題的場合（例如在*De Augmentis*

些幻想，這些人的做法一向是無理由地貶抑感官而喜愛曖昧不明的東西），誰都會認定這種運動確實是像我所描述的那樣呈現在感官面前的；我有一次還曾用鐵絲做過一個機器來表現它。

在這個題目上，下述事例就是一個指標的事例。假如我們在一部值得信任的自然歷史中看到曾有一個彗星，不論是高是低，[265]其旋轉方向與日轉運動不顯著一致（不論多麼不規則），而是以相反的方向旋轉，[266]那麼我們當然就可把這一點確立到如此的程度，就是說自

Scientiarum，第三卷第四章），對於以數學計算應用於天體運動這一點，總是貶低其重要性。可是，若無數學相助，哪裡會有近代的天文科學呢？作爲從數學上進行精細查究的結果，亞當斯（Adams，一八一九—一八九二年，英國天文學家）和勒弗呂葉（Le Verrier，一八一一—一八七七年，法國天文學家。——譯者）兩人同時發現了海王星，僅此一事（且不說預告日蝕、月蝕這類更熟知的事例）就足以駁倒培根的見解了。

265 弗勒注明，培根在*De Fluxu et Refluxu Maris*一書中講到較低的彗星，說它是低於月亮的軌道。古代許多哲學家都認爲所有彗星皆在月亮以下。實際上，一切眞正的彗星都屬於太陽系而不屬於地球。不過，我們在讀古代著作時必須記住，他們所謂彗星，往往是僅指大氣中的流星而言的。——譯者

266 弗勒注解說，行星及其衛星，除天王星的衛星爲所知的惟一例外之外，都以所謂順行運動，即由西向東運轉，彗星則看來差不多均分爲兩種：一種具有由西向東的順行運動，一種則逆行運轉，由東向西。但培根在這裡所需要的則是這樣一個彗星，其固有的由西向東的運動抵償諸天的在感官上爲由東向西的日轉運動而有

然界中**或許會有**這類的運動。但如果沒有這種事情能夠見到，那麼就必須認爲這還是個問題，而再求助於關於它的其他指標事例。

再以重量或沉重作爲所要研究的性質來舉一例。[267]這裡有兩條歧路，是這樣的。重物體之所以趨向地心必定不外兩個原因：或者是由於它們自己因其固有的結構之故而具有這種性質；或者是被地球這個塊體所吸引有如被相近質體的集團所吸引，借交感作用而向它動去。如果兩者之中的後者是眞的原因，那麼勢必是重物體愈臨近於地球，其朝向地球的運動就愈急、愈猛；距離地球愈遠，其朝向地球的運動就愈弱、愈緩（像磁力吸引的狀態

餘，因而能見其與諸天相反而行。若能有此發現，則看來他就會相信確實有一種由西向東的旋轉運動，而這運動（培根認作天文學家僅爲計算方便起見而杜撰出來的）也才不止是日轉運動的一種變相。若不能找到這樣一個事例，那麼，他說，我們對此學說就必須繼續存疑，直到能發現另一指標事例來解決問題。——譯者

267 關於這一段，艾利斯在英譯本注中評論道：伏爾泰（Voltaire）曾說「培根在哲學上的最大貢獻在於對吸力有所判別」，即引證書中這段話來支持其論斷。但嚴格說來，關於吸力之具有種種形式（如月亮之吸起海水），早在臆測自然之萌芽時期即有此想；而培根對此問題之觀念亦未及其前人吉爾伯特所論之明晰。弗勒則說，艾利斯此論未爲公允。即使說培根的這一觀念是得自吉爾伯特之提示，但至少仍應把劃分吸力概念與磁力概念這一點歸之於他。弗勒還說，此節所言大足表現培根之明敏；培根頗有些說話使他配稱爲科學先驅者和方法改革家，此節便是其中之一。——譯者

那樣）；而且這個活動還勢必限於一定的範圍，就是說假如把它們移到距離地球的某一點上，以致地球的特性對它們無法再起任何作用時，它們就會像地球自身一樣停懸在那裡而絕不墜落。關於這一點，下述事例就可算是一個指標的事例。拿一個借鉛錘走動的鐘，[268]另拿一個借縮緊的鐵製發條走動的鐘，將兩鐘對準，使兩者走得完全一樣快慢；然後把前者放在一個很高很高的禮拜堂尖閣的頂上，而後者仍舊放在下面；仔細觀察那在閣頂上的鐘是否因其錘重的特性有所降減之故而比前走得較慢一些。還要把這個實驗再在一個入地極深極深的礦穴中重複一下；這就是要看看鐘放在那裡之後是否又因其錘重的特性有所增強之故而比前走得較快一些。如果我們看到錘重的特性在閣頂上則有所降減，在礦穴中則有所增強，[269]那

---

268 拉丁文原文爲horologium。弗勒注明，這必是指擺鐘那時尚未發明。——譯者

269 弗勒指出，培根所建議的這個實驗固然富有創造性，卻也正顯示有一點爲他所不知，就是：當高離地面時，其吸力當在地面上時，當下離地面時，吸力法則是不相同的。當一個同質球體吸引一個在它以外的分子時，其吸力是和那分子對球體中心的距離的平方成反比的；而當吸引一個在它面上或者在它下邊的分子時，其吸力則和那分子對球體中心的距離成正比例。因此，吸力當在地面上時達到最高度，離開地面而下入礦穴或者上入高空，就都降減下來。換句話說，一個借錘重走動的鐘，不論是上山愈高或者是入穴愈深，都應當愈走愈慢。所以，培根的這一假設，前一部分是對的（這就其自身來說，也足夠成爲一個指標事例），後一部分則是錯的。——譯者

麼我們就可以認定地球塊體的吸力乃是重量所致。

再舉一例。假設以鐵針受磁石吸引時的指極性作爲所要查究的性質。關於這個性質，有這樣兩條歧路：或者是磁石的吸力本身賦予鐵針以朝向南北的指極性；或者是磁石的吸力僅對鐵針有所刺激，而實際運動則是借地球的出場而傳送。吉爾伯特所設想並痛下苦功以求證明的就是這後一點。[270]他以巨大智慧和努力所蒐集的觀察材料也都趨向於這一點。其中有一條是：一個鐵釘經在南北兩方之間擺置很久之後，就會因此不經磁石吸力而集獲指極性；[271]彷彿地球自身雖因距離之故而作用甚弱（他堅持說，地球的表面或外殼上是缺乏磁力的），但在這樣長久持續之下仍能施出磁力以勵鐵釘，並在其受勵之後加以調整，使之轉向。還有另一條觀察說：鐵經燒到白熱而在冷卻時，如被任意置於南北兩方之間，它也會不經磁石吸力而獲得指極性；彷彿鐵的分子先經燒而得以運動，然後逐漸恢復原狀，當其漸趨冷卻之際，就比在其他時候較易感受地中所發射的特性，從而爲它所勵。上述這些事物，雖然觀察得很好，但並不完全能證實他的論斷。

---

270 弗勒注明，參見吉爾伯特所著*De Magnete*全書，特別是第六卷第一章。沒有疑問，後一假設是對的。地球正可視爲大塊磁石，其磁熱則與地極稍有距離，差距所形成的角度即所謂磁針的偏角或差度。——譯者

271 弗勒注明，此條及下一條觀察，俱見*De Magnete*第三卷第一二章。——譯者

關於這個問題，下述情節可以作爲一個指標的事例。拿一個磁石的小地球，[272]標出它的兩極；使球的兩極朝向東西而不朝向南北，讓它們保持這樣不動；然後把一個未經吸力的鐵針放在頂上擱置六、七天。

鐵針當其在磁石上面時總是要離開地的兩極而轉向磁石的兩極（在這一點上是沒有爭論的）。因此，只要這磁石球老是像上述那樣擺著，鐵針就老是指向東西。現在要看的是，鐵針一經移離磁石而放在一個樞軸上之後，假如它立刻就轉向南北，或者是逐漸地向那個方向轉去，那麼我們就必須承認地球的出場乃是原因；假如它是仍舊指向東西，或者是失去了它的指極性，那麼我們就必須認爲這點原因還是個問題，必須再作進一步的探究。[273]

再舉一例。假定所要研究的性質爲月亮的實在的質體。[274]意即我們要探究一下，月亮的質體還是稀薄的，由火焰或空氣所構成的，如同大多數舊哲學家所主張的那樣；或者還是

---

272 拉丁本原文爲terrella。吉爾伯特使用此字來指稱一塊球形磁石。他既認爲地球乃是大塊磁石，所以就把球形磁石叫作小地球。見*De Magnete*第七、八兩章。

273 弗勒注明，當然，前一段肯定是合乎事實的。一根不論如何磁化過的鐵針，一經放任自由並脫開其他磁石影響，自己總是轉向南北的。——譯者

274 弗勒注明，關於一般天體的質體問題，培根另在*Descriptio Globi Intellectualis*（第七章）和*Thema Coeli*兩書中有所討論。

堅實的，如同吉爾伯特和許多近人以及一些古人所主張的那樣。[275]主張後一說者的理由主要是說，月亮是反射太陽光線的，而能夠反射光線的似乎只有堅實的物體。[276]因此在這個問題上，一個指標的事例（假如有的話）須能證明從像火焰之類的稀薄物體，只要具有足夠的濃度，是亦能夠發生反射的。[277]我們確知，構成微明景象的若干原因之一就是從空氣上部反射出來的太陽光線。[278]同樣我們還不時看到晚晴的日光從溼雲的邊際反射出來，其光輝並不亞於從月亮反射出來的光輝，而只有更爲明亮和更爲燦爛，[279]可是這裡並沒有證據能說那些溼

275 參見吉爾伯特所著*De Mundo Nostro Sublunari*第二卷第一三及以下諸章。（弗勒則指出，這當是暗指吉爾伯特的已爲眾所周知的一些意見，而不是逕指其著作，因上述這一遺著是到一六五一年始見印行。但也可能培根曾閱讀其手稿。——譯者）

276 弗勒指出，從吉爾伯特的書中看來，這確實不是他的論據。他以在日蝕中月亮並不傳透任何日光這一事實來論證月亮是不透明的、是堅實的（見第二卷第一三章），這很正確。他也不曾說光線只能由堅實的物體來反射，在討論過程中他還提到水反射光這一習見的事實。——譯者

277 弗勒注明，一切物體，只要不是絕對黑的或絕對透明的，都能反光，程度則當然大有不同。火焰只不過是燃著的氣。——譯者

278 弗勒注明，還有折射，和反光一樣，同爲構成這個現象和類似現象的原因。——譯者

279 以晝月的光亮與雲彩的光亮相比較，這曾被布瑞（P. Bouguer，一六九八—一七五八年，法國物理學家）創

雲已聚結爲水這樣的厚密物體。我們還看到晚間玻璃窗後面的黑暗空氣反射蠟燭的光，正如厚密的物體那樣。[280]我們還可以試做這樣一個實驗：讓太陽光線透過一個孔洞而照在一種暗淡發藍的火焰上；這樣就看到，敞亮的太陽光線一落到比較幽暗的火焰上，似乎就使它失光褪色，以致看來較似白煙而不太像火焰。以上這些就是我目前在這個問題上所遇到的指標的事例，也或許還會找到更好的。[281]但是我們永遠要注意，所謂從火焰而來的反射只有從具有造性的應用來判定月光對日光的比率。

280 基欽指出，培根對這個現象的解釋是錯誤的。反射燭光的乃是玻璃而不是空氣；玻璃實際上一直在反光，不過只有在背面既無光亮也無東西來破壞所生影像的時候，我們才能看出罷了。——譯者

281 關於整個這段話，基欽評論說，培根似乎傾向於認爲月的質體是稀薄的而不是堅實的，與吉爾伯特及新學派的意見或有衝突。後者主張月亮爲堅實的質體，而證據卻無大價值。但現在說來，這已無意義，因爲我們現在不僅對於月亮，甚至對於一些距離最遠的行星，已能精確計算其密度了。弗勒也說，這些事例證明了非堅實的物體也反射光線，因而接下來便說，我們不能因爲月亮反射光線就推斷它是堅實的物體。但是，這些事例儘管處分掉了論據，卻處分不出結論。非堅實的物體是否反射光線這一問題正是所謂單方測驗（unilateral test）之好例：假如說否，那就證明月亮是堅實的物體；假如說是，那就什麼也不證明。到了今天的時代，我們對於月亮已能加以稱量，已能知道一些它的化學成分，已能完全準確畫出它的表面，這是培根始料未及的。——譯者

某種深度的火焰才能得出，因爲否則它就跨到透明性的界線上去了。不過這點總可以確定下來，就是說：凡投射於平均物體的光線永遠不是被吸收進去，就是被穿透過去，再不然就是被反射出來的。

再以透過空氣的投射物（標槍、射箭、拋球等等）的運動作爲有待研究的性質來舉一例。關於這種運動，經院學者們的解釋照例是極其粗疏的。他們以爲只把它叫作一種強力的運動以別於他們所稱的另一種自然的運動就足夠了；[282]他們對於第一次的衝擊或推進只是用這一條原理來解釋，就是說由於物質的不可入性，所以兩個物體不能占據同一地位；至於這運動以後又如何前進，他們就絕對不再操心過問了。現在要指出，在這個探究上有下述兩條歧路，也就是說，這種運動的原因可以有下述兩種解釋：或者說這是空氣把投射物推送前進，並不斷在後聚攏加以推擠，就像川之於舟、風之於草那樣；或者說這是由於物體自身的分子無法經受內壓，因而不斷向前推進以求解脫出來。前一解釋是弗拉卡斯多呂亞斯以

---

282 弗勒注明，參見第一卷語錄六六的注。基欽指出，這種投射運動現已穩作動力科學之一支，而一切關於強力運動與自然運動之討論亦已告結束。——譯者

及幾乎所有帶有詭思進入研究的人們所採取的。[283]毫無疑問，空氣於此也**是有**一些關係。但無疑只有後說才是眞的解釋，這是由無數實驗中可以見到的。下述事例就是關於這個問題的若干指標事例之一：一個薄的鐵片或一段硬挺的鐵絲，或者甚至一個成兩半的蘆管或羽莖筆管，當以拇指和食指將它們彎作弧狀時，它們就會跳突而去。顯然不能把這個運動歸諉於擁

283 艾利斯在英譯本中注明，說見弗拉卡斯多呂亞斯所著《交感與反感》第四章。他又提到，在柏拉圖的「Timaeus」一篇對話中，已有空氣參加產生投擲物的連續運動之說。柏拉圖在那裡談到呼吸，其理論是說：口鼻呼出的空氣推擠外面鄰近的空氣離開其位置，這又擾動了附近的空氣，如此遞推直到形成一圈，然後空氣又因反作用而被迫通入肌肉，塡滿胸膛中的空隙，簡言之就是說空氣透過人體而迴圈。根據這一原理，他還將進而解釋其他多種現象，如拔火罐、吞吸作用、投射物的運動等等。但對於這些現象，他僅提議作此解釋而未加以說明。到了勃魯塔克（Plutarch of Athens，第五世紀時哲學家，雅典新柏拉圖學派的創始人），又發展此說而對上述現象一一作出解釋，見所著*Quaest. Platon*一書第十卷。弗勒還指出，亞里斯多德亦認爲投射物的運動是靠空氣來維持的，見所著Physica第四卷第八章和第八卷第十章。弗勒最後說，要來批判這個和這類運動學說，實爲對讀者的耐性作不適當的苛求。總之一句話，古代和中世紀物理學中的這些黑暗之點，自那簡單明瞭的運動的第一條法則出現之後，已經一下子都被照亮了。

——譯者

聚在物體後邊的空氣，因爲這運動的源頭是在鐵片或蘆管的中部，而並不在它們的兩端。[284]

再舉一例。假定所要研究的性質爲火藥之膨脹爲火焰那種急遽而有力的運動，[285]那種像在地雷和大砲中所見到竟能把很大的塊體炸起、竟能把很重的東西射出的運動。關於這個性質，有這樣兩條歧路：這種運動之激起，或者是僅僅由於物體經點火後所發生的膨脹欲求；或者是一部分由於上述欲求，一部分又由於物體中的粗糙元精有急速從火中飛出的欲

---

284 弗勒指出，儘管上文已把問題劃清，這裡卻似又弄錯問題之所在，仍把問題說成在於投射物運動之起源而不在於其繼續。再說，即使這個事例算是切題的，它也只是破除一說而無助於另一說。——譯者

培根在*Cogitationes de Natura Rerum*一書第八章中，對這問題還作了更詳細的討論，並增添了一些別的實驗，但也都不比這裡所舉的事例較有特定意義。

285 弗勒指出，這個問題在*Cogitations De Natura Rerum*一書第九章中也有所討論。培根以「兩個物體的衝突」來解釋爆炸，使用了「硝石中的粗糙元精」這類說法，這些都是他自己的，也是那一時代的化學觀點的特徵。我們必須記住，化學那時還未具有科學的形式，並且深爲幻想式的和隱喻式的用語所牽累。

至於火藥之所以具有強大的爆炸力，其眞確的解釋是「由於大量氣體，主要是氮和碳酐的驟然發展，這些氣體所占空間在通常氣溫下約三百倍於所用藥粉之體積，而在爆炸的一刻由於劇烈驟增之故，則膨脹到至少爲火藥體積之五百倍」。見密勒所著《化學原理》（*Miller's Elements of Chemistry*）第二部分，三九九—四〇〇頁。——譯者

求，因而就猛烈的衝出火的包圍，像越獄一樣。經院學者和普通人們的意見都只說到了前一欲求。他們以爲，只要斷言火焰爲其四大元素性的模式所規定，必然要占據大於物體在粉末形式下所填塞的空間，因而結果當然發生這種運動，自己就算是很好的哲學家了。他們卻忘記注意到，在火焰已經產生的假設之下，這話說來固然是對的，但根本上火焰的產生卻大有可能被大塊物質所阻止、、壓制和窒息；所以這事情還無法就歸到他們所堅持的那種必然性。假定火焰已經產生，再來說必然要發生膨脹，並從而必然要把反對的物體射出或卸掉，這些判斷當然都是不錯的。但假如有堅實的塊體在火焰產生之前就把它壓住，那麼所說的這個必然性可就完全落空了。而我們看到火焰，特別是當其產生之始，恰是柔弱溫和，需要有空隙來活躍、鍛煉自己的力量的。因此那種暴烈性便無法歸之於火焰自身。事實是，那種帶風火焰，或者亦可叫作帶火的風，乃是起於性質恰相反的兩個物體的衝突：一種是高度的易燃性，那是硫磺所具有的性質；一種是惡燃性，像硝石中的粗糙元精就是那樣。這兩種物體間發生著異乎尋常的衝突：硫磺盡其全力來燃發火焰（柳木炭這第三種物體只不過把其他兩者結合起來）；硝石的元精則竭其全力要逃出去同時膨脹（空氣、水以及一切粗糙物體受到熱的影響時都是要膨脹的），而在這樣飛逃奔突之中卻又像暗裝的風箱一樣從各方面扇動著硫磺的火焰。

在這個題目上我們可以有兩種的指標事例。[286]一種是那些具有最高易燃性的物體，如硫磺、樟腦、石油精和其他等等，以及它們的混合體；它們如不受到阻礙，是要比火藥還更容易著火和更快的燃燒的（從這裡就可看出，火藥的那種宏大的效果並不是由爆發火焰的欲求自身所產生的）。另一種事例就是那種躲避和憎惡火焰的物體，如一切鹽質便是。我們看到，鹽粒投入火中後，其水質的元精先要帶著迸裂的聲響迸出，然後才燃發火焰。這種情況也見於各種比較硬挺的樹葉，它們也是先有水質分子逃出然後才見油質分子燃燒，只不過程度較輕罷了。而最顯明的情形則見於水銀，那眞無愧於礦物水之稱。[287]它不必然發火焰，僅憑它的噴發和膨脹就幾乎能與火藥的力量不相上下，而據說若與火藥混合起來還更增加它的力量。

最後再舉一例。假定所要研究的性質爲火焰的過渡性和逐時逐刻的熄滅性。我們知道，火焰在我們這裡看來並沒有固定的最後一貫性，而是在瞬生瞬滅之中的。很明顯，我們所看

---

286 弗勒指出，這些指標事例固能處分掉相競的假設，卻未能建立起培根自己的假設。要在這樣一種例子中把多種可能的解釋都說盡，這需要對這個題目具有遠遠更多的科學概念，非培根及其同時人物那時所能獲致的。——譯者

287 水銀蒸氣在高溫下具有極大的膨脹力，這是眾所周知的。

到的延續存在中的火焰並不是同一個火焰的繼續，而是一系列按照規律而生的新的火焰的連續。若以數計，火焰亦不是保持前後等同的。這點很容易看到，因爲只要把燃料一撤，火焰就立刻熄滅。關於這種逐時逐刻的熄滅性質，有著兩條歧路：或者是由於最初產生火焰的原因，像在光與聲和所謂「強力」運動方面的原因停止下來；或者是由於火焰按其自己的性質雖然能夠保持，但卻受到周圍許多相反性質的傷害而遭到消滅。

於是在這個問題上我們可以取下述事例爲一個指標的事例。我們都看到大火中的火焰升得如何之高；這是因爲火焰的底盤愈寬，其頂點就愈高。由此可見，熄滅是從周邊開始的，因爲火焰在那裡受到空氣的壓束和干擾。至於火焰的中心，因其爲周邊的火焰所圍繞而不遭空氣的擾動，則是能夠保持數字上前後等同的；而且它亦非到逐漸被周圍空氣壓緊的時候不會熄滅。這樣看來，可以說一切火焰都是金字塔形的，底盤寬、頂點尖；底盤爲燃料所在，頂點則有空氣爲敵而又缺乏燃料。說到煙，那卻是底盤狹窄而愈上愈寬，恰似一個倒立的金字塔形。[288]這理由就在，空氣能容納煙而要壓束火焰。請人們不要夢想點著的火焰就是

---

288 弗勒注明，火焰之所以形成金字塔形，是因爲其成分之一（氧氣）固是平均散布著，其他一個則有其固定的源頭。後者（這在純粹的情況下構成所謂未燃的核心）距離其源頭愈近，其圈盤就愈大；因爲它退離其源頭愈遠，被消耗的就愈多。煙則不同，它不與任何其他物體進行化合或衝突，所以能夠自由散布，因而就取得

空氣，事實上它們乃是性質大異的質體。[289]

我們還可有一個更適合的指標事例，假如我們能用兩種顏色的兩種光來把這事表示明白的話。把一支點著的蠟燭插在一個金屬的燭臺上，放在一隻碗底當中，周圍倒上酒精，但不要漫過燭臺。然後將酒精點著了火。這時酒精發出藍色的火焰，而蠟燭則發生黃色的火焰。注意觀察蠟燭的火焰（這是很容易用顏色來與酒精的火焰分別開的，因爲火焰不像液體那樣立刻就混合起來）在並沒有什麼東西來破壞它或壓束它的條件下是保持其圓錐形狀還是趨向於圓球形狀。[290]假如看到它有後一情況，那麼我們就可以斷定火焰只要在其他火焰圍護

---

289 書中所寫的形式。這樣說來，培根之將火焰的形式歸因於其對周圍空氣的接觸，這在某種意義上是對的。「點著的火焰就是空氣」疑應作「點著的空氣就是火焰」。基欽指出，培根的結論謂空氣壓束火焰，又謂點著的空氣就是火焰之說爲荒謬，這些都是不幸根據不足的武斷，實則空氣正是火焰的主要支持者。弗勒注明，火焰之熄滅當然是由於火焰所藉以化合而生的種種氣體供應遭到切斷。空中的氣不獨無礙於火焰，在絕大多數狀態下，空氣中所含氧氣甚至是火焰所藉以化合而生的諸種氣體之一。同時，氧氣一經帶入火焰的中心，立刻就消耗其他氣體，從而也會因破壞了火焰的成分之一而使火焰熄滅。——譯者

290 弗勒注明，這一實驗在*Sylva Sylvarum*一書中第三一項實驗下還有詳盡的敘述。艾利斯在那裡注道：「這個實驗的解釋很簡單，就是說，在不純的空氣當中，構成火焰的蒸氣在遇到足夠的氧氣來形成完全的燃燒以前經

之中而不感到空氣的敵性活動，它是能保持數字上前後等同的。

關於指標的事例，說到這裡算是足夠了。我在這一點上講得比較詳細，目的乃在要使人們逐漸學會並習慣於使用指標的事例和光的實驗來對性質進行判斷，而不要使用或然的推論來對性質進行判斷。

三七

（一五）**分離的事例**——這種事例指明一些最常見的性質之間的判離。[291]與前面友伴事例項下所補充說明的一些事例有所不同，就在後者是指明一個性質對於和它通常有關聯的某種具體質體的判離，而這分離的事例則指明一個性質對於另一個性質的判離。[292]它與指標事

熱而散布開來，以致火焰在體上增大起來。」我們或許可以推崇培根說他曾模糊的看到空氣與火焰有某種聯繫，但這整個的臆測也與前兩個一樣，卻是離題甚遠的。——譯者

291 若照弗勒對拉丁本原文的注釋，這句話應改譯爲「這種事例指明每每一起出現的一些性質之間的判離」。——譯者

292 基欽注解說，分離的事例初看似像友伴的事例，則實不同。後者只指明它通常與之有關聯的個別具體事物中

例亦有所不同，就在它不判決任何事情，而只點出一個性質與另一個性質是可分離的。這種事例的用處在於能把虛假的模式查出，能驅散那些取自表面現象的輕浮學說，對於理解力有側面的影響。[293]

舉例來說。假設所要查究的性質爲泰萊夏斯所說的互爲飯友和室友的那四種性質，就是熱、光、稀薄性和運動性。[294]我們在它們之間就看到不少分離的事例。空氣是稀薄和易動的，但不熱不亮；月亮是亮而不熱；沸水是熱而無光；鐵針在一個樞軸上的運動是快而輕捷的，但這物體卻是涼的、厚密的和不透明的；這類事例此外還有許多。

再舉一例。假設所要查究的性質爲實體性與自然的活動。自然的活動似乎是除了附存於

缺乏某種性質或屬性，例如白痴之於缺乏理性（理性是人類的一種屬性）；而前者則表明兩類相近性質之間的區分，例如光之於熱。

弗勒則說，這裡所指的不是語錄三四所講的補充的事例，而是三三所講的仇敵的事例；而分離的事例與仇敵的事例之不同也似僅在形式，僅在表述命題的方式。——譯者

293 此語同見第一卷語錄一〇四，可參閱。——譯者

294 泰萊夏斯的哲學的基本觀念是，熱與冷爲構成宇宙的兩大要素，而這兩者之間的相反性正相當於日與地之間的相反性：「日是熱的、稀薄的、有光的、動的；地則相反是冷的、厚密的、不動的、無光的」。見所著*De Rerum Natura*第一卷第一章。

某些物體外便找不到的。但在這個狀態上我們或許也能看到離異的事例：如磁石吸鐵時和地球吸引重物時所憑的那種磁力的活動便是，[295]還有其他從有距離處所施的動作亦是。這種活動，就其發生於時間之中來說，是占用若干時間而並非只是瞬間；就其發生於空間之內來說，是經過一些進度和距離而逐步過渡的。因此這個特性或活動就必在某一時刻和某一地點上空懸在那發生運動的兩個物體之間。於是問題就變成：是那作爲運動兩端的物體影響或改變一些仲介物體，使特性借著一連串的實體接觸同時並附存於仲介物體而由一端渡到另一端呢？還是根本沒有這回事，而只有兩端物體、特性和距離呢？沒錯，在光線、聲音和熱，以及某些其他在有距離處發生作用的事物當中或許有仲介物體受到影響和得到改變，而且多半竟是這樣，因爲它們需要有適於把動作傳送下去的中間物。但磁力或吸力特性之容有中間物則並無跡可尋，這特性也不見滯礙於任何中間物。這樣說來，既然特性或活動可以完全與仲介物體無關，那麼勢必要說自然的特性或活動在某一時間和在某一地點是脫離物體而存在的，因爲它既不附存於兩端的物體也不附存於仲介的物體。所以磁力的活動乃可說是實體性與自然的活動之間的一個分離事例了。[296]還有一點可以作爲一個不可略去的系論或收益來

295 弗勒指出，培根在前條第三項舉例中看來無疑已把磁的吸力和地的吸力加以區別；而他現在在這裡這樣使用「磁力」一詞，可能只是模糊的泛指吸力。——譯者

296 關於整個這段話，弗勒注解道：培根的觀念看來是說，磁力和地球吸力的活動一則是無關於中間物的（空氣

附述於此，那就是說，從這一點僅屬人的哲學當中卻得出一個證據，足以說明那種離開物質的、不具實體的本體的存在。[297]因爲一經承認從物體發射出來的自然特性和活動可以有某一

也好、乙太也好、任何其他東西也好），二則是在時間中進行的；因此所謂自然活動或自然特性必有一時空懸在施加活動的物體和活動所施加的物體兩者之間。由此他就推斷說，自然的活動是可以脫離實體而進行的。

引力究竟如何活動法，這直到現在還不明確。我們知道了這個事實及其法則，但其餘一切則還僅在臆測之中。這個力量之傳遞是否需要一個物質的媒介物、是否在時間中進行，這些都是尚未解決，又或者不會解決的問題。拉勃雷斯（Laplace，一七四九—一八二七年，法國著名數學家與天文學家）曾對它的速度作出計算（假定還可量的話），那比光的速度至少大五千萬倍。至於說到媒介物，雖然盡有根據相信一切空間中都存在著一種隱微而輕浮的乙太，但也沒有正面的證據能把這一媒介物與引力現象聯繫起來。

同樣，關於磁和電的吸力是否需要時間來傳送，是否需要借一種媒介物來進行活動，這也沒有證據足以表明。惠特斯東（C. Wheatstone，一八〇二—一八七五年，英國著名物理學家與電學家）及其他諸人曾對經過傳導的電力在多種不同媒介物下的速度作過一番計算。參見Ganot所著《物理學》英譯本第一二版第七九六節。——譯者

[297] 弗勒指出，培根所藉以達致這個結論的推理不得不說是帶有強烈幻想性，而且嚴格說來，整個這段討論也覺過於隱微，爲培根著作中所罕見。至於這個結論本身，在一個議論紛紛的麻煩問題，即培根的神學觀點的問

時間和在某一地點完全脫離物體而存在，這就近於承認自然特性和活動也可以在原始就是從一個不具實體的本體發射出來的了。須知在激發和產生自然活動方面之需要實體性原是並不減於在撐持和傳遞自然活動方面之需要實體性的。

三八

現在接下來要在一個總稱之下來講另外五種事例，這個總稱名爲**明燈的事例**或**最初消息的事例**。[298]這些事例都是說明感官的。因爲既然所有解釋自然的工作是從感官開端，是從感官的認知經由一條直接的、有規則的和防護好的途徑以達到理解力的認知，也即達到眞確的概念和原理，[299]那麼，勢必是感官的表象愈豐富和愈精確，一切事情就能夠愈容易、愈順利的進行。

在這五種明燈的事例當中，第一種是加強、放大和校正感官的直接活動；第二種是把不

---

298 弗勒注明，以前所述各種事例，其任務都在幫助理解力；以下所謂明燈的五種事例則是對感官提供消息或者說塡補感官之所不足。——譯者

題上則頗有重要意義。——譯者

299 參見第一卷語錄一、一九、六九。——譯者

能直接覺知的事物，借其他能夠直接覺知的事物顯示出來；第三種是指出事物和運動的連續過程和系列，其大部分是不到終結或告一段落時，便不爲人所察的；第四種是當感官完全無能爲力時，對它提供某種代替物；第五種是激動感官的注意和重視，同時並對事物的精微性劃出界線。現在我就依次加以論述。

三九

（一六）**門戶的事例**——這種事例是說明感官的直接活動的。我們知道，在一切感官之中，顯然在供給消息方面視覺負有主要的任務。因此我們也就應當以主要的努力來爲視覺謀取說明。對於視覺的說明不外三種：一是要使它能夠看見難以看見的東西；二是要使它能夠看見離得更遠的東西；三是要使它能夠把東西看得更準確、更清楚。

屬於第一種幫助的（眼鏡[300]和類似的東西不算，因爲那只足以矯正或救濟視力的缺陷，

300 拉丁原文爲bis-oculi。弗勒注明，眼鏡之發明，和顯微鏡之發明一樣，有人歸諸羅傑·培根（還有些別的人據稱也有此項發明權）。不論此說如何近似，但普通所謂眼鏡之發明實至少可遠溯至十三世紀末葉。參見大英百科全書（第九版）有關Spectacles和Microscope（Simple）各條。

而不能提供給更多的消息）有新近發明的那種玻璃鏡。[301]它能夠放大物體的尺寸，從而顯出其隱祕不可見的細節以及潛藏的結構和運動。借助於這個工具，我們可以精準的辨識出跳蚤、蒼蠅和蠕蟲的細節和身體輪廓，以及以前看不見的顏色和運動，而令人嘖嘖稱奇。還有人說，在那種玻璃鏡下面，用鋼筆或鉛筆所畫的一條直線看來都是很不均勻的和彎彎曲曲的；這是因爲即使借助於繩尺，手的運動以及墨水或顏色的滲印，事實上都不是眞正均勻的，不過其不均勻是如此細微以致若不用那種玻璃鏡，也就無法察出罷了。人們在這裡（也如尋常對於新奇的事物那樣）正有一種迷信的論調，說像這種玻璃鏡乃是爲自然的作品增光而使技術的作品露醜。其實，若是只說凡自然的組織結構要比人工的組織結構精微得多，這卻是眞的。所謂顯微鏡，即我現在所講的那種玻璃工具，是只對細小的東西用來有效的；因此假若德謨克利特曾經看到它，或許會高興得跳起來，想到要察看原子——那是他所宣告爲完全不可見的東西，終於發現出一種方法來了。而這個工具的無力與不稱職也正在此；由於它除非對細節而外便無能爲力，甚至對細節而在相當大的物體之中者也無能

301 拉丁本原文爲perspicillum。弗勒注明，從下文語氣看來，培根顯然似乎不曾見過這種顯微鏡。他說那是新近發明的。我們假設羅傑·培根曾經描述過他想來會是如何的顯微鏡，但不曾實際製造出來，而實際發明複合顯微鏡的則許是密德堡的詹申（Zacharias Jansen of middelberg），約在一五九〇年。

爲力，這就不免破壞了這個發明的效用。假如它的效用能夠擴展到較大的物體，[302]或者擴展到較大物體的一些細節，例如能把一塊麻布的結構顯現得像網狀組織，或者能使人們把玉石、酒漿、尿液、血液、創傷等等中的隱祕細節和不均勻之處都辨識出來，那麼，這次發現無疑會引起極大的利益。[303]

屬於第二種幫助的有另一種玻璃鏡，那是伽利略以其大堪紀念的努力所發現的。[304]借助

---

302 弗勒指出，現有對太陽的顯微鏡，已達到這個目標了。——譯者

303 弗勒指出，現有倍數很大的近代顯微鏡，這些已都能辨到，這是不用說的了。——譯者

304 基欽注明，培根在這裡以贊許的語氣提到伽利略，這是值得注意的。有些人否認望遠鏡爲伽利略所發明；但看來發明者還像是他。參見德林克瓦特所著《伽利略傳》（*Drinkwater's Life of Galileo*），《有用知識叢書》（*Library of Useful Knowledge*）本第六章。單透鏡及其用處，在伽利略以前很久已爲所知，在弗拉卡斯多呂亞斯和坡塔（Baptista Parta）的著作中便有幾段話，表明他們曾經試圖把兩個透鏡合在一起。羅傑·培根也有些話，引得一些人認爲他才眞是望遠鏡的發明者，見帕爾哥雷夫所著《商人與托缽僧》（*Palgrave's Merchant and Friar*）；但這看來不像是事實。不論如何，伽利略總是從科學原理角度來發明望遠鏡的第一人。他曾把一塊一面平一面凸的透鏡和一塊一面平一面凹的透鏡合在一起，使後者更靠近人眼，因兩者焦點距離之不同而定其間之距離；這原理正是雙眼小望遠鏡的原理。他還曾根據同一原理製造出顯微鏡。

弗勒則說，《大英百科全書》（第九版）中新近收有一條關於望遠鏡（telescope）的論述，對其構造及其歷

於這種工具，好比借助於舟船來打開水上交通一樣，人們對於天體的交接是變得較近而可以進行的了。它使我們看到，天河乃是一群或一堆完全分離、各有分別的小星；這在古人僅是一種猜想，現在則是分明可見的了。它似乎還指明，所謂行星軌道中的空間並不是完全沒有其他眾星，而是在我們看到恆星界之前，天空原就有眾星在標誌著，不過它們太小，不用這個工具就看不見罷了。用這個工具，我們還能察見那些環繞木星像跳舞般旋轉著的小星；[305]由此就可揣想到眾星之中是有若干運動中心的。用這個工具，我們還能把月球中光與影的不平衡之處察看得和定位得更加分明；從而就能繪製出太陰圖。用這種工具，我們還能察看太陽中的斑點，以及類似的現象。只要我們可以相信這類的表證，[306]那麼這些確實都是珍貴的

史俱有極爲詳盡的說明，在那裡，發明榮耀是歸諸黎伯歇（Hans Lippershey）的，他是密德堡的一個眼鏡製造者，於一六〇八年發明了望遠鏡。

伽利略雖不是望遠鏡的實際發明者，但看來卻是將望遠鏡運用到科學用途的第一人，並且無疑是透過他利用望遠鏡而取得的一些發現，望遠鏡才開始出名。我們還知道，在一段長時間內，最好的望遠鏡是只有從伽利略或其學生手裡才能獲得的。他所製造的第一具望遠鏡是於一六〇九年送給威尼斯總督。——譯者

305 基欽注明，這是指木星的衛星而言；那是伽利略發現的。——譯者

306 伽利略常常提到許多逍遙派學者力圖把一切以他借望遠鏡而取得的發現爲基礎的論據都置之不理，只說一句那都不過是光學上的欺騙。

發現。而我對於這類的表證則尚無法完全相信，這主要是因爲這種實驗竟止於這點很少的發現，而許多其他同樣值得查究的事物卻並未以這同一手段發現出來。307

307 弗勒注明，鮑威爾所著《自然哲學史》（*Baden Powell's History of Natural Philosophy*）中載有一段關於薛安諾（Scheiner）的趣事：薛安諾是一個僧人，曾以有關太陽斑點的記錄報告其上級，那位有學養的神父卻對他嚴肅的勸諭一番，反對這種邪異的想法。回信是這樣說的：「我已遍查亞里斯多德的著作，找不到你所提的那種東西：因此你可確信，那是感官或玻璃鏡子欺騙了你。」見該書第一七二頁。——譯者
可把這段話與*Descriptio Globi Intellectualis*第五章中的一段話比較一下。在那裡，培根談到伽利略的發明和發現（其最初一批成果當時剛剛宣佈出來），論調帶有熱切的期待。那段話寫於八年之前，從那裡我想，我們可以懂得爲什麼培根現在在這裡又開始懷疑那些觀察能夠信賴到何種程度。那時，他既已見到一切有關天體的公認學說都充滿著謬誤，所以一聽說望遠鏡能令人實際見天體較前深入得多，就準備著要聽到大量新鮮的和料想不到的現象；他那時只擔心觀察者不去仔細耐心的作出觀察卻急於開始去形成新的理論。可是現在，自從發現木星的衛星和太陽中的斑點等等以來，九年的時間已經過去了，還沒有新的重要發現，於是他不免對人們所看既較前深入甚多，而所見卻較前增加甚少這一層感到詫異，因而就開始懷疑不是在工具方面就是在觀察方法方面有某些缺點了。（關於整個這段話，基欽評論道：這裡提到木星的衛星，說到可能有許多中心，這表明培根到底準備接受眞理，只要眞理當時已經顯示出來。他所預見到的太陰圖已經達到很大程度的完善；太陽中的斑點也已於一六一〇年經哈呂歐〔Harriot〕首先發現〔弗勒提出，僧人薛安諾亦可稱爲

屬於第三種幫助的有測量竿、觀象儀以及類似的東西。這些工具並不放大視覺，只是對它加以校正和予以指導而已。

此外，或許還有其他事例，能說明其餘感官的直接的、個別的活動，但卻不能於已知消息之外有所增添。這種事例無助於我們當前的目的，所以我就略而不提了。

四〇

（一七）**傳票的事例**——這是借用法庭的一個名詞，也叫作**召喚的事例**，意思是說它能把原來不出現在當前的對象召喚出來。這也就是說，這種事例能把不可感覺的對象變現爲可感覺的對象；辦法則是借著能夠直接覺知的事物來把無法直接覺知的事物顯示出來。

一個對象逃開人們的感官，不外乎以下幾種原因：一是由於它的距離；二是由於中間有物體隔擋；三是由於它不適於在感官上做出印象；四是由於它在量上不足以打動感官；五是沒有足夠的時間使它起作用於感官；六是由於它的感應非感官所能承受；七是由於感官已先

此項發現者」，並從而計算出太陽依其自身之軸而轉約二五日又七小時一周。培根之審慎是無可厚非的，雖然他之急於斷言「這種實驗竟止於這點很少的發現」則不無可議之處。——譯者）

被其他對象所塡塞、占據，以致沒有接納新的運動之餘地。[308]這些狀態主要是有關於視覺，其次則有關於觸覺。因爲這兩種感官之供給訊息是無限的、所涉及的對象亦是廣泛的；至於其他三種感官則除直接於並有關於其特定對象的東西外便不能提供什麼訊息。

在第一種情況中，即在一個對象因遠距之故而成爲不可覺知的情況中，要想把這對象顯示於感官，辦法只有拿其他能夠在較遠距離外打動感官的東西與它連接起來或者來代替它。例如烽火示警，鳴鐘爲號之類便是。[309]

在第二種情況中，當對象隱藏於包圍著它的間隔物體之中而又不便打開的時候，要想把它顯示於感官，辦法只有借助於它表露在外的部分，或者借助於它從內部流露出來的部

---

308 弗勒指出，在上述七種情節中，第一和第四兩種初看似與門戶的事例無別。但分析培根所舉的具體例子，就可看出他心目中是在分別兩種對象：在這裡，對象本身無法知道，只有借標記或癥兆才知道；在門戶的事例中，對象本身是能夠偵察出的，只要有足夠強有力的工具。

309 基欽認爲這與門戶的事例無別，望遠望的例子亦適用於此。弗勒則認爲兩種對象有別（見前注），故於此舉電報爲例。就作者本意而言，自以弗勒之說爲合。但今日電視之發明已使「對象因遠距之故而成爲不可覺知的情況」根本動搖，換言之，只要有足夠強有力的工具，遠距離外的對象亦可直接被覺知而無須借助於標記或癥兆：這樣說來，這一情況還是合於門戶的事例的。——譯者

分。例如人類身體的狀況可以借脈搏、尿液等等的情形而有所察知。[310]

在第三和第四兩種情況中，[311]轉變的辦法適用於很多數的事物，我們在對自然進行查究中應當從一切方面尋求這種辦法。例如，空氣和元精以及其他在整個質體上是稀薄而精微的物體，顯然就是既看不見亦觸不到的。要對這類物體進行查究，我們就必須完全求助於轉變的辦法。

---

310 「把不可感覺的對象轉變爲可感覺的對象」，有一個極好的事例，見於霍普金斯（Hopkins）和儒勒（Joule）新近所做一項關於判定各種質體在巨大壓力下的熔化點的實驗。把所要試驗的質體裝在一個管子裡，完全看不見。事前先把一小塊磁化過的鋼放在上面，只要那東西保持爲固體不化，它就被托住不墜。在器具旁邊裝置一個磁針，管內的鋼塊當然會使它產生一定度量的偏離。一旦溫度達到了熔化點，那塊鋼就沉下去；而它之下沉乃是由磁針的運動表示出來的。（若以現代醫學上的X光攝影爲例，這又近於門戶的事例了。——譯者）

311 關於第三種情況，基欽注解說，如以化學方法來偵察一些氣體便是一例；又如以一塊銀片感受日光，從而發現日光中引起化學變化的性質，這又是一個好例。

關於第四種情況，基欽認爲門戶事例中所舉顯微鏡之例也適用於此。弗勒則認爲不當。他說，溫度計（這是培根自己所舉的）在這裡是一個好例，而熱電氣的微變測溫器則更好些，因爲這些都**標示**出溫度的微增，爲感官所覺察不到。——譯者

舉例來說。假定所要研究的性質爲被包在可觸物體之中的元精的活動與運動。我們知道，凡我們所熟識的可觸物體都含有一種看不見和觸不到的元精，好比被包裹在衣服裡面。由此就發生了元精在可觸物體中的那種奇異而有力的三重性的過程：元精如被釋放，它就把質體收縮和乾化；如被扣留起來，它就把質體軟化和熔化；如果既非完全被釋又非完全被扣，那麼它就會對質體進行賦予形象、產生肢體、加以同化、消化、排逐和組織，以及其他類似的活動。所有這三種過程都是借著其明顯的結果而顯示於我們的感官。

先看第一種過程。在一切可觸的無生物體之內，被包著的元精首先要繁殖自己，並可說是在攫食那些安排和準備好以供其攫食的可觸分子，從而把後者也消化、經營、轉化成元精；然後一起逃出去。元精的這種經營和繁殖是借著重量減少這一結果而顯示於我們的感官。因爲在一切乾癟過程中，量總是要減少些的；不僅原先存在於物體之內的元精的量減少了，而且那原先是可觸而現在則有些變化的物體本身的量也減少了；因爲元精是沒有重量的。且說元精的釋出或發放，這是由金屬生鏽和其他類似的腐壞過程顯示於我們的感官的；[312]這過程在發生初步生命之前截止，因爲那是屬於第三種過程的事。由於元精在緊密的物體當中找不到孔隙或通路可以逃出，於是不得不把可觸分子本身驅趕在前面，因而它們

312 弗勒注明，生鏽是由於鐵和氧起了化合作用。鐵和其他許多金屬一樣，感受潮溼的空氣就會氧化。——譯者

也就和元精一起逃出，由此就發生鏽這類的東西。至於在有些元精放出之後（乾癟隨之而來）而發生的可觸分子的收縮，這不僅是顯現在物體的增硬上面，而且更多是由發生在物體上的裂縫、縮癟、皺紋、皺褶等現象顯示於我們的感官。例如木頭的分子是發生皸裂和癟縮、皮膚則起皺褶；尚不止此，如當元精驟然爲火熱所放出的時候，分子還會發生如此急遽的收縮以致捲曲。

第二種過程則正相反。當元精遭到扣留而又爲熱或類似的東西所擴張、激時（像在比較堅實或比較強韌的物體所發生的那樣），物體卻是被軟化了，例如白熱的鐵；或者是變成流質了，例如各種金屬；又或者是變成液體了，例如樹膠、蠟和其他類似的東西。我們在上面看到熱對某些質體則使之硬化，[313]在這裡又看到它對另一些質體則使之熔化；這兩種相反的動作是很容易理解的：因爲在前者元精是發放出去的，在後者元精則是受到刺激和被扣押的。就這兩種動作來說，熔化乃是熱和元精固有的活動，硬化則是可觸分子僅在放出元精的場合下所特有的活動。

再看第三種過程。如果元精既非完全被釋放又非完全被扣留，而僅處在封閉空間之內做試驗和實驗，並且所遇到的又是一些善於服從和敏於追隨的可觸分子，能夠任元精吸引帶

---

313 弗勒注明，熱所引起的硬化乃是由於潮溼逃散，或是由於質體中的某些化學變化。——譯者

動，如果在這種情況之下，那麼，隨之而來的就是一個有機物體的形成，一些機體部分的發展，以及一切其他出現於植物和動物質體中的有生命的活動。所有這些動作之所以顯現於我們的感官，主要是靠我們去仔細觀察那些由腐壞作用而生出的小生物如蟻卵、蠕蟲、蒼蠅以及雨後之蛙等等的生命的開端、初形和最初的努力。應當指出，對於生命的產生，熱度的溫和性和質體的柔順性兩者都是必要的。只有這樣，元精才既不致被催迫得決突而出，亦不致在分子的頑強性之下被禁錮，且反而能把它們像蠟一般加以捏塑。

我們在這裡看到，關於元精的一種極其高貴的、有其多方面應用的區分（就是說，有截斷了的元精，有僅是分枝出的元精，有既是分枝又屬細胞性的元精；第一種是屬於一切無生質體的，第二種是屬於植物的，第三種是屬於動物的），是借這種變化的一些事例而擺明在我們眼前了。

同樣由這些事例我們還看到，一個比較精微的組織和結構是視覺或觸覺所不能覺知的（雖然整個物體許是看得見或觸得到的）。因此關於它們的消息我們亦只有用這種變化辦法來取得。說到結構上的差異，其最根本的和最主要的一點就在占據同一空間亦即具有同一體積的物質的多少之別。至於結構上的一切其他差異（那不外是關於同一物體中分子的不同，和關於分子的排列與位置），與這一點比較起來都只算是次要的。

再舉一例。就假定所要研究的性質爲物質的伸張或會聚情況在一些物體之間的比較。這也就是說，要比較研究一下每個物體中有多少物質占據著多少空間。自然中有一對好比孿生的命題是再眞確不過的，就是說，「無物生於無」、「無物化爲無」；物質的絕對量或總數是保持不變、無增無減的。[314]同樣眞確的是，相同空間或相同容積所含的物質是依物體之不同而有多有少的，[315]例如在水之中就多些，在空氣之中就少些。因此，若說一定體積的水能夠變成相等體積的空氣，那就等於說有點東西能夠化爲無；同樣，若反過來說一定體積的空氣能夠變爲相等體積的水，那就等於說有點東西能夠生於無了。濃密與稀薄這兩個抽象的概念，儘管使用得很分歧混亂，實在說來就是從物質有多有少這種情況抽引出來的。我們還必須認定第三個命題亦是足夠確定的，就是說，某些物體之中物質數量的或多或少，在比較之下是能夠加以計算並且能夠列出精確的或近乎精確比例的。[316]因此人們完全有根據來斷言，

---

314 弗勒注明，這條原理就是現在所說物質不滅的原理，與之平行的另一原理則是所謂能量守恆。這些法則都是一下子直接成爲最高的概括，也是科學中最光輝的原理。

艾利斯在英譯本注中指出，培根在這裡把一句並非出自經驗的箴言斷稱爲絕對確定，這是值得注意的。泰萊夏斯亦曾明言肯定這同一教條，雖然不像培根這樣著重，見所著*De Rerum Natura*第一卷第五章。——譯者

315 弗勒注明，關於這條和前條命題，參見培根另一著作*Historia Densi et Rari*（艾利斯和斯百丁英譯本《培根全集》第二卷第二四三—二四四頁）。——譯者

316 基欽注明，培根在這裡是要說明衡量重量必須有一標準，並以密度重量爲標準。他取酒精爲比重標準，我們現在則以水代之。——譯者

若要把酒精積到相等於一定體積的黃金所擁有的物質的數量，其所需空間要比那黃金所占的空間大二十一倍。[317]

現在要說，物體中物質的積量及其相互間的比例是借重量而顯示於我們的感官的。因爲重量相應於一個物體中物質的數量，其可觸分子中的物質的數量；至於元精及其所含的物質量則是不能以重量來計的，因爲它寧是減少重量而不增加重量。[318]關於這個題目，我曾製作一個很準確的表，把一切金屬、主要石類、木類、液類、油類以及許多其他自然的和人工的物體的重量和體積都記錄下來。[319]這是一個在許多方面都大有用處的，既可作新知的獲取，

---

317 弗勒指出，這是不正確的；鍛金比重對純酒精比重的比率爲19.36:0.80即約爲24.2:1，鑄金比重對純酒精比重的比率則爲19.258:0.803即約爲24.07:1。——譯者

318 基欽指出，培根似乎認爲他之所謂元精是一種物質，並且可能是可稱量的。這裡所說這樣的元精則似乎是指自然中的氣體。

弗勒注解說，這句話必是說動物元精而不是說粗糙元精；因爲培根在*Historia Densi et Rari*一書中（艾利斯和斯百丁英譯本《培根全集》第二卷第二五六頁）和別的地方曾說到粗糙元精比空氣尚較厚密（空氣在他則認爲是無重無輕的），而動物元精則具有積極輕或絕對輕的性質。關於空氣無重之說，參見*Sylva Sylvarum*一書中第二九項實驗。——譯者

319 弗勒注明，此表見於*Historia Densi et Rari*一書中（英譯本《培根全集》第二卷第二四五—二四六頁）。——譯者

也可作爲實踐的指導。這個表還揭示出不少出乎人們意料之外的事物。其中有一條很重要的發現，就是我們所知道的一切各式各樣的可觸物體（我的意思是指相當緊密、不虛軟多孔並大部分充滿空氣的那些物體），其比重都不超過一比二十一的限度；[320]——由此可見，自然界，至少是主要的、和我們有關的那一部分自然界，乃是這樣有限的。

我又曾想到，不可觸物體或氣體與可觸物體間的比例不知能否加以計算，這亦值得試驗一下。我曾以如下的設計進行嘗試。[321]拿一個約能容納一盎司的小玻璃瓶，我之所以要用小的器皿，是爲了使用較少的熱就可以產生蒸發；把酒精注滿到接近於它的頸，我之所以選用

---

320 基欽指出，培根把比重比率限於21:1，又把虛軟多孔的物質排除不算，這些都是荒謬的。弗勒也指出，表中按動物元精而排列的物體或許是培根認爲虛軟多孔的物體。否則，21:1的比率限度便不能成立。白金比金子還重，醇精比酒精還輕。白金比重對醇精比重的比率爲22.069:0.723即約爲30.5:1。——譯者

321 基欽指出，這裡所述的實驗說明培根在進行勞動（這是他力求減輕的）中如何缺乏用具和工具。現在有了抽氣機，已填上這一特定實驗中的空白了。弗勒注明，在*Historia Densi et Rari*一書中（第二五七頁），培根亦敘述了同樣的實驗。那裡得出的結果是，酒精化爲蒸氣後比原先爲酒精時所占空間大三二〇倍還多。同樣的兩個實驗，而結果不同，這是由於蒸氣的溫度有所不同，因蒸氣的壓力隨溫度而急遽增長，並且，溫度愈高，其增長率比溫度本身就愈大。——譯者

酒精，因爲從上述表中看到，在所有可觸物體（即凝合得很好而不是中空的物體）之中，它乃是最稀薄的，也即在一定空間內含有物質量最少的一種。把酒精和小瓶加在一起的重量察看準確，然後再拿一個約能容納一夸脫的袋子，把其中的空氣盡可能全部排出，直至袋子的各邊都合攏起來，並用油把袋子輕輕地揉搓一道，堵住任何孔隙（假如有的話），以使它更爲嚴密。這樣做了之後，我就把小瓶的口插入袋子中，用繩把兩者纏繞著紮緊，並用蠟塗封，以使它黏合得更密、紮束得更緊。然後我就把這小瓶放在一盆熊熊熱炭上面。這時，受熱而膨脹而氣化的酒精所發出的蒸氣就開始逐漸把袋子撐起，四方如帆一樣的張開。這個情況一發生後，我立即把玻璃瓶從火上拿開，放在一塊氈毯上，以免它驟然受冷而碎裂。同時並在袋子上刺一孔洞，以免蒸氣在停熱之後又化爲液體回到瓶中，以致打亂我們的計算。然後我解掉袋子，來稱量瓶中所餘的酒精，算出有多少酒精化爲蒸氣或空氣。把原先爲酒精時在瓶中所占的空間和以後變氣體後在袋子中所占的空間比較一下，我們就清楚的看出，物體的這一變化使它自己比以前膨脹了一百倍。[322]

再以程度甚低感覺不到的冷熱作爲有待研究的性質舉例來看。這乃是借著前文所述那

---

322 在*Phaenomena Universi*一書中（英譯本《培根全集》第三卷第七〇五—七〇七頁），培根還敘述了以水來進行的同樣實驗，並得出了與用酒精進行實驗的比較結果。——譯者

種溫度計而顯示於我們的感官。[323]這樣的冷和熱本身是觸覺所無法知覺到的，但熱使空氣膨脹，冷使空氣收縮。而空氣的這種脹縮仍非視覺所能看到，但空氣的膨脹使水降低，收縮使水升高。如此才得以把這性質顯示於視覺，不到這時不行，不是這樣亦不行。

再舉一例。假定所要研究的性質爲混合物體。意即，要研究水、油、酒精、灰、鹽以及其他類似的東西究竟含有什麼混合成分；或者說舉一個特定的事例要研究牛奶含有多少分量的奶油、凝乳和乳水等等。這些混合成分，若單以可觸的成分來說，是借著人工技巧的分解來顯示到我們感官面前的。但其中元精的性質則非我們所能直接覺知，這是借可觸物體在其分解活動和過程中的不同運動和努力而揭示出來的，亦是借其刺激性質和侵蝕作用以及在分解之後的不同顏色、不同氣味和不同滋味而揭示出來的。應當說，人們在這方面確曾以蒸餾法和他種人工分解法下過苦功，但並不見得比迄今慣用的一些實驗有較多的成功。這是因爲他們只在暗中摸索、只是盲目撞路、只作辛苦的努力而缺乏智慧的努力；而最爲糟糕的是他們從不企圖模仿自然，而竟使用猛烈的熱和過強的能力，以致把事物隱祕特性和交感作用所主要依存的較爲精微的結構破壞掉。在進行這種分解時，他們亦不記取或注意我在別處曾指出過的一種情形，那就是，當用火或其他手段去折磨物體時，有許多原先並不存在於複合物

323　參見第二卷語錄一三第三八項事例。——譯者

之內的屬性就由火本身或其他用來施行這種分解的物體本身傳送而來；因而就發生出許多莫名其妙的差錯。[324]例如，我們絕不能假定那由於火的活動而從水中發出的全部蒸氣乃是原先存在於水這個物體之中的蒸氣或空氣；事實上，這蒸氣的絕大部分乃是由於火的熱引起水的膨脹而創造出來的。

這樣看來，我們若要對無論自然的還是人工製造的物體進行精細的試驗，來辨別純粹的與複雜的、較優的與較劣的物體，我們就應當參考到這一章節；因爲這種試驗能把不能直接覺知的事物借著能夠直接覺知的事物而顯示到我們感官面前。因此我們應當以更加注意從各部分來尋求和蒐集這種試驗。

再說第五種情況。很明顯，感官的活動是在運動之中進行的，而運動則是在時間之中進行的。因此，如果物體的運動慢到或快到與感官活動所用的時刻不成比例，感官就完全無法感覺到它，前者如鐘錶的指針，後者如短槍的子彈。過慢而無法感覺到的運動通常是很容易

324 參見第二卷語錄七。——譯者

借運動的積累而顯示於感官的。[325]至於過快的運動則迄今還無法有效的加以計量；[326]而對於自然的查究卻要求在某些情節上做到這一點。

在第六種情況中，即當感官因對象的力量過強而遭受障礙時，變化的辦法不外兩種：或是把對象搬得距離感官較遠一些；或者是把它的影響削弱一些。關於後者，不外是插入一個能夠削弱對象但卻不致把它取消的中間物；[327]或是避免對象過強的直接感應而接受其反射，例如借一盆水中的反射來觀察太陽。

說到第七種情況，即感官為一個對象所壓滿而沒有餘地來容納另一對象，這是幾乎完全限於對嗅覺而言，[328]與我們當前所談的事情沒有多大關係。

關於把不可感覺的對象變化為可以感覺的對象的辦法，或是說關於借著能夠直接覺知的

---

325 弗勒注說，還有比鐘錶指標更慢的運動，亦可相當準確的加以計量，如大陸之沉、海洋之進退、瀑布之逐漸減退等等都是。——譯者

326 基欽注明，對於高速度的運動，現在已能借電來加以計量。——譯者

327 弗勒注說，如使用有色眼鏡就是一例。——譯者

328 弗勒指出，這無疑是各種感官所共有的缺點。我們往往在日光閃耀下便無法辨清各種物體；在馬車或火車顛震中便聽不清聲音；在劇痛時便感覺不到輕觸；在辛辣膩甜等烈味下便嘗不出清淡滋味。輕柔較細的感覺總是被較強較粗的同類感覺所壓倒，這是大家都熟知的事實。參見第二卷語錄四三末段。——譯者

事物把無法直接覺知的事物顯示到我們感官的各種方式，說來就是這樣。

但是這種變化辦法有時並非施於人類感官，而是出自他種動物，其感官在某些情節上比人類感官較爲敏銳的一些動物。例如對於某些氣味，狗的感官就特別靈敏；又如空氣在沒有外來的光線照明時本有一種隱伏的光，只有貓和梟以及其他類似的夜視動物才能感覺到。泰萊夏斯說得對，空氣自身當中固有一種光，[329]微弱到對於人們以及大多數動物的眼睛幾乎沒有什麼效用；有些動物在暗中能視，乃是因爲它們的感官能適應於這種光，而不能說它們能夠無光而視，或是憑藉內光而視。

還要知道，我現在所討論的乃是感官的一些缺陷及其救濟辦法。至於說到感官的錯覺，

---

329 弗勒注明，泰萊夏斯此說見其所著*De Rerum Natura*第一卷第三章。在該書第四卷以及別的地方，泰萊夏斯對於光的問題作了極其艱苦的討論，意謂空氣是自身有光的，因空氣總含有一些熱，而光則是熱的附帶伴侶。培根在*De Principiis atque Originibus*一書中曾對泰萊夏斯的各項意見作了精心的敘述，其中也提到此說。見英譯本《培根全集》第三卷第一〇六頁。

基欽指出，泰萊夏斯此說（培根對它是同意的）現在是完全破滅了。空氣並非自身有光。即使在黑夜間，空氣中也浮有少數光線。貓梟等之所以能夠夜視，只是因爲牠們的眼睛有特殊結構，比人眼易於捕捉到這種微光。——譯者

則須歸到感官及感官對象問題上另作特定的探究。[330]不過感官的一個最大的錯覺卻須在此一提，那就是說，感官對於自然的劃分總是參照著人而不是參照著宇宙；[331]而這只能靠理性和普遍的哲學才能加以矯正的。

四一

（一八）**路程的事例**——這也叫作**旅程的事例和逐步的事例**。[332]這種事例指出自然運動的逐步進程。這種事例與其說是它逃開人們的感官，毋寧說是人們不加觀察。人們在這方面眞是粗疏到了不可思議的程度。他們之研究自然竟是斷斷續續；並且總是在物體已經完工和完成後才加以研究，而不是在它們進行工作時，就自然的加以研究。可是一個人如果眞

---

330 弗勒注明，參見*De Augmentis Scientiarum*第四卷第三章（英譯本《培根全集》第一卷第六一〇—六一三頁）。——譯者

331 參見第一卷語錄五九和四一。——譯者

332 弗勒指出，這種旅程的事例很難與轉變的事例（第二卷語錄二三）分清；或許可以說，前者是涉及觀察這初步過程，而後者則涉及推理這繼起過程。基欽指出，這兩種事例都觸及隱祕過程的領域，培根在本條末尾也說到這點。參見第二卷語錄六。——譯者

要考究一個工藝家的計畫和努力，他必不會滿足於僅僅看到這項工藝的原料和完成後的成品，而必定更願意親在現場觀看這位工藝家是如何勞動和進行工作的。對於自然的查究亦應當採取同樣的途徑。舉例來說，我們如果要探究植物的成長，我們第一步就必須從播種開始注意，觀察這種子（這是很容易做的，可以把埋在地下的種子逐日取出來，仔細的觀察種子第二天、第三天、第四天以至數日後是如何變化）在什麼時候怎樣開始萌芽和生長，如何充滿了精氣；第二步再看它如何開始頂破表皮，長出鬚根，只要泥土不是太硬的話，又是如何稍稍向上生長；說到長出鬚根，還要看它有的如何向下發爲根，有的如何向上發爲莖；在泥土較爲鬆軟的地方又是如何向旁發出；此外還有許多這一類的事情。又如關於卵的孵化，我們也應當以同樣辦法進行考察。在這裡，我們會很容易的觀察到如何活化和組織的全部過程；會看到哪些部分是由蛋黃進展而成，哪些部分是由蛋白進展而成。再說到要探究那種由腐壞作用而產生的動物，[333]我們亦應當採取同樣的途徑。至於要對完備的動物[334]實行這種

---

333 開薩聘納（Caesalpinus，一五一九—一六〇三年，義大利自然哲學家）認爲一切動物都可由腐壞作用而生，並謂此爲亞里斯多德之說，見所著*Quaestine Peripat*一書第五卷第一章。亞里斯多德此項意見似又經亞弗樂阿（Averrois，一一二六—一一九八年，阿拉伯醫生與哲學家）加以推展。卡丹（Cardan，一五〇一—一五七六年，義大利醫生與數學家）則斷言老鼠可出於自然生育，是不容爭辯之事，見所著*De Rerum Varietate*一書。開薩聘納亦曾提到老鼠這一事例，但不像卡丹那樣深有自信。值得指出的是，亞里斯多德

雖曾談到老鼠的巨大生殖力，甚至曾說老鼠因舐鹽而得胎，卻未提出老鼠可能產於腐壞作用。巴拉西薩斯（Paracelsus，一四九三—一五四一年，瑞士醫生兼煉丹術家）還說，凡產自腐壞作用的動物都多少有毒。泰萊夏斯的意見則謂，比較完備的動物無法由腐壞作用產生，因爲產生這種動物須具備必要的溫度條件，而這是除靠動物體熱之外便無法滿足的。

（弗勒注明，亞里斯多德關於動物生命起源的見解概見於*Historia Animalium*一書第五卷第一章。其自然生育論除數見於此書外，還數見於*De Generatione Animalium*，特別是第一卷第一六章及第三卷第一一章。他曾說，自然生育是出於腐壞物質中的潮溼；又曾說，鰻魚乃惟一的有血然而既非胎生亦非卵生的動物，云云。弗勒接著指出，培根對於動物生於腐壞作用之說看來亦是信而不疑的，參見*Sylva Sylvarum*一書中第三二八、九〇〇兩項實驗及*Historia Densi et Rari*一書（英譯本《培根全集》第二卷第二六四頁）。直到勃朗尼（Sir Thomas Bronre，一六〇五—一六八二年，英國醫生與宗教思想家）寫著《對流俗謬見的探討》（*Enquiries into Vulgar and Common Errors*，一六四六年發行第一版）一書時，看來還接受此說而無所質疑。例如他說：「牛之腐壞而變爲蜜蜂，馬之腐壞而變爲黃蜂，都不帶著原來的形象而出現。人體中排泄出的汗液則化生蝨子。」此外還有同類的話（見第二卷第六章）。他似乎甚至還相信老鼠是自然生育（見第三卷第二八章）。上述這些學說，直到哈維（W. Harvey，一五七八—一六五七年，英國著名醫生，血液迴圈的發現者）於一六五一年發表其偉大論著*De Generatione Animalium*以後始最後獲得澄清。——譯者）

334 所謂完備的動物一般是指不能由腐壞作用而生的那種動物而言。

探究法，若把胎兒從子宮割出，那當然是太不人道了，[335]這只有靠流產或打獵等提供一些機會。因此在這方面對於自然只好比是進行一種夜間偵查，因它在夜間倒比在晝間表露得較多；而那些根據流產或打獵等來進行的研究亦好比是一種夜課，因為這裡的燭光雖是微弱的，但卻不斷地點燃著。

對於無生命的質體亦應當做同樣的嘗試。我自己在查究用火膨脹液體方面就曾這樣做過。[336]水的膨脹有一種方式，酒的膨脹有另一種方式，醋的膨脹方式又不同，酸葡萄酒又不同，而牛奶和油更各有其甚不同的膨脹方式。[337]只要把它們分別放在玻璃器皿內（在那裡什

---

335 弗勒注明，培根實不反對活體解剖。*New Atlantis*一書中有一段話，開頭是這樣幾句：「我們還有許多園囿，養著各種禽獸，不僅當作珍奇觀賞，亦作解剖試驗之用，藉以探知對人體可以有何作為。我們於此看到許多奇異的結果：例如奪去其似屬要害的某些部分而仍能延續生命，又如使某些表面上已經死亡的動物復活起來，以及諸如此類的事。我們還對它們試用毒藥和別的藥物，外敷的和內服的都用。」（英譯本《培根全集》第三卷第一五九頁）*De Augmentis Scienliarum*裡面還有更加明顯的一段話，大意是一方面接受了塞爾薩斯對於解剖活人的譴責，一方面則認為若對禽獸進行活體解剖即可調和功利觀點與人道觀點（見英譯本《培根全集》第一卷第五九三頁—五九四頁）。——譯者

336 弗勒注明，膨脹是那時化學家們常用的一個名詞，指一種質體接受另一種質體後所經歷的變化。——譯者

337 弗勒注明，參見*Historia Densi et Rari*，英譯本《培根全集》第二卷第二六八—二六九頁。——譯者

麼情況都可以辨得清楚），用文火漸漸燒沸，就可以很容易的看到這些不同的過程。關於這些事情，我現在只簡單的提到一下；打算在以後說到發現事物的**隱祕過程**時再作比較詳確的論述。[338]讀者要常常想到，我在此處並不是要討論事物本身，而只是在舉例罷了。

四二

（一九）**補救的或代用的事例**——這亦叫作**避難的事例**。這種事例能在感官完全無能爲力時提供給我們消息；因此我們在求專用的事例而不可得時，便逃到那裡去求補救。代替之道有二：一是逐步的接近，[339]另一是類推。[340]舉例來說，磁石吸鐵的動作是不見有任何中

338 弗勒注明，參見第二卷語錄五二末段。《新工具》的這一部分，培根並未寫出。——譯者

339 基欽指出，人們會認爲如第二卷語錄一三所述的各種程度表就具有這種功能。——譯者

340 關於類推這一點，基欽指出，像巴特勒主教（Joseph Butler，一六九二—一七五二年，英國著名神學家）就是以自然界的法則推用於對上帝的道德的和宗教的法則的探究。在一切題目上，虛妄的類推，即表面上的而不是眞正的類比，曾不斷成爲謬見的源泉，沒有比這更有誘惑力也更有危險性的了。類推必須限於同質這一嚴格界限之內，否則就要導向錯誤。在這界限之外，類推當然亦能給一些啟發，指出一些或然性；但在這界限之內，類推這種論據則是強有力的，幾乎具有結論性。例如哈維的偉大發現，就是因見到植物中瓣膜對於

間物能夠完全加以阻擋的。把金子擱在中間不能使它停止，把銀子、石頭、玻璃、木頭、水、油、布或各種纖維物以及空氣、火焰等等擱在中間亦都不能使它停止。但是，經過精細的試驗，我們可能會看到某種中間物就比其他任何中間物較能削弱磁石的特性，當然是相對的，也就是說在某種程度上。譬如說，磁石隔著金子來吸鐵，就不如隔著占據同樣空間的空氣那樣容易吸引鐵，或者說，要隔著一塊熾熱的銀子也許就不像隔著一塊冷的銀子那樣吸引鐵；以及諸如此類的狀態。我並沒有親自做過這些試驗。但在這裡提出這類實驗作爲代用事例的舉例也就夠了。[341]又如，凡我們所熟知的物體沒有在靠近火邊時而不吸收熱的。但是空氣吸收熱就比石頭快得多。[342]這些就是以逐步的接近來實行代替的例子。

汁液如何，而推知靜脈中的瓣膜對於血液也是如何。這兩個情形是同質的，也就是說，這是生物成長的一個原理，這兩者個情形是在同一條法則之下的。——譯者

341 弗勒注明，培根所提出的這問題甚至至今尚未得到解答，因爲進行實驗時總有各種各樣的影響，最爲棘手。不過，當磁石在一定距離之外吸鐵時，其間若有鉍或一般所謂反磁性的質體加以阻擋，可能看到在效果方面產生一點可覺察到的影響，假如我們有充分的工具和計量手段的話。金和銀都屬於反磁性的質體之列。——譯者

342 空氣是很差的異熱體，已見第二卷語錄一二第18、20項及一三條第三、五項事例下的注說。說到石頭，弗勒指出，培根泛言石頭而未區別哪種石頭，這也失之於粗疏。——譯者

以類推來作代用物無疑亦是有用的，不過它的準確性較低，所以應用時應帶著一定的判斷。使用類推來把不能直接覺知的事物提到感官所及範圍之內，其辦法不是對那不能覺知的物體本身進行一些可以覺知到的動作，而是把與它同族的可以覺知的物體加以一番觀察。舉例來說。假定我們是在探究元精的混合，而元精卻是不可見的物體。我們首先知道，一個物體與飼養或提供養料給它的物質之間似乎有一定的密切關係。我們又知道，火焰的養料似乎是油和多脂肪的質體，空氣的養料似乎是水和多水分的質體；因為火焰得到油的揮發則旺盛，空氣得到水的蒸發則加。因此，既然空氣與火焰的混合非感官所能捕捉到，那麼我們就要來察看水與油的混合，這卻是明顯的展示在我們感官的。現在且看油與水，它們在受到混合或攪拌時，融合得並不十分完好，可是在草類以及在動物的血液和肢體之中卻很微妙和很精巧的交融在一起。由此就可推想，火焰與空氣在氣體中的混合可能亦有類似的情況。這

343 雷蒙（Du Bois Raymond）對動物電的研究是一個好例。雷蒙製出一具筋肉的電氣模型，不僅使他的基本結論即任何橫切面對於任何縱切面都是陰電關係這一結論獲得一種例解，並且使同一切面的兩個不同部分之間的更為複雜的關係也獲得一種例解。

（弗勒注解說，近代科學中有一個好例，就是把振盪或波動推用於熱、光、聲等現象。弗勒還指出，培根在下面所述的第一個例解純粹是幻想的。其第二個事例中的類推則頗切合於事實。——譯者）

344 參見第二卷語錄三六最後一例及其下有關的注說。——譯者

就是說，它們兩者雖不易以簡單混合的方式融合，但在植物和動物的元精中似乎是融合在一起的；特別因爲一切有生命的元精[345]都侵蝕浸潤的質體作爲自己的正當養料，而浸潤恰恰含有水分和脂肪這兩種性質。

再假設我們不是要探究氣體間更完好的混合，而只是要探究它們的混合；這也就是說，要探究它們還是很便於混合在一起，或者還是譬如說像某些風吹、蒸氣或其他氣體並不與普通空氣相混合，卻保持小球小點的形式懸浮在那裡，不但不容進入或混合於空氣，倒竟爲空氣所破壞。這件事，若直接從普通空氣和其他氣體方面來看，由於它們太精微的緣故，亦是不能顯示於感官的。但是若透過影射或借觀的途徑，則我們亦可想見這件事會到如何的程度。我們可以從有些液體如水銀、油或水等所發生的情形，可以從空氣散入水中生起水泡而發生分裂的情形，還可以從比較濃厚的煙的情形，最後還可以從空氣中塵土飛揚的情形等等，我們可以從這些情形來想見這件事會到如何的程度；而在所有上述情節中我們看到是沒有混合現象發生的。可以指出，我這裡所舉述的這種借觀對於當前的問題不是沒有裨益的，只要我們有努力的探明氣體中究竟能否具有像在液體中所見到的那種獨異性；如果能有的話，那麼就可以且方便的應用類推來把這些影射作爲代用的事例了。

345 弗勒注解說，所謂有生命的元精，培根認爲是由空氣和火焰所組成。——譯者關於這些補救的事例，雖然我曾說它們只是在缺乏專用的事例時才作爲最後的救援來提供消息，可是我們還應該瞭解，即使專用的事例就在手邊，它們亦仍有很大的用處，我的意思是說在參證前者所提出的消息方面仍有很大的用處。關於這些，等我循著正當進程而講到**歸納法的一些支持物**時，[346]再更詳細的加以論究。

四三

（二〇）**分割的事例**——這在另一意義上亦叫作**喚醒的事例**。所謂喚醒，是指它喚醒理解力；[347]所謂分割，是指它分割自然界；根據後一意義我有時又稱它爲德謨克利特式的事例。[348]這種事例能使理解力想到自然界中奇妙的精微，從而觸動它，喚醒它去注意、觀察並作適當的查究。例如：一小滴墨水竟能布作出字跡或線條。銀竟可鍍爲金絲。[349]像在皮膚中

346 參見第二卷語錄二一。按照原計畫，這一部分即緊排在享有優先權的事例之後，但培根終未寫出。——譯者

347 基欽注解說，有些事物極爲精細隱微，往往逃避開人們的注意；這種事例則迫使人們去加以注意。——譯者

348 基欽注明，這是指其原子論而言，參見第一卷語錄五一。——譯者

349 沃萊斯頓（W. H. Wollaston，英國物理學家兼化學家，發明明亮攝影箱和角度計。——譯者）將金線裹入銀的圓筒中，把它們一起抽出，然後用熱亞硝酸把銀分解掉，即得極其精細的金絲：這個方法或許就是由這裡得到提示而想出的。

所見的那種極小的蠕蟲[350]竟亦具有元精，並且還有變化過的組織。一點番紅花竟能染紅一大桶水。一點麝香泌液竟能熏遍一大片空氣。一炷香竟會彌漫成如雲的煙。差別極細的各種聲音，例如音節繁促的口語，竟可透過空氣而播向四面八方，甚至即在相當減弱之後還可以穿過木頭和水的隙孔；並且竟還發來回聲，而回聲竟也極爲清晰和迅速。光和顏色竟能以很快的速度，在很大的範圍內，帶著很豐富精妙的多種影像來穿過玻璃和水這些結實的質體，並且還經受曲折和反射回來。還有磁石的活動竟能透過一切種類的物體，甚至最緊密的物體也能透過。綜觀上述種種，尤其奇怪的是一方面它們像是都透過一個一視同仁的中間物（如空氣便是），一方面它們各自的活動卻又互不相涉。這就是說，在同一時間之內，空氣中竟湧過如此多明確可見的物象、[351]入耳清晰的音節、撲鼻可辨的多種香氣，如紫羅蘭、玫瑰花等等的香氣；加之以冷熱的感覺；此外還有磁石的影響：一切（我說）都同時並進，而彼此互不相妨，彷彿各有各的道路和途徑，從不互相衝突。

可是在這些分劃的事例後面還要補充一些我所謂分劃有限度的事例，這也是有用的。就

---

350 參見第二卷語錄三四下有關的注。——譯者

351 弗勒注明，舊時有一種視覺理論，謂發射物或者影像是由外在對象投出而傳給眼睛；培根這句話中的用語尚帶有此說的痕跡。——譯者

如上述各種情節，雖然種類不同的活動是互不相擾，互不相妨，但同一種類的活動卻有一個壓倒以至湮滅另一個的情形。[352]例如日光足以掩滅螢光；炮聲足以壓沉雜聲；濃香足以壓倒柔香；強熱足以壓倒微熱；又如一片鐵置於磁石與另一塊鐵之間亦足以破壞磁石的活動。[353]關於這一點，我也要在適當的地方，即在講到**歸納法的一些支持物**時再來加以討論。

352 弗勒注明，這種現象當然是由於當一種感官受到高度的刺激時，同類另一低度的刺激對它就不產生影響。參見第二卷語錄四〇第七點下有關的注。——譯者

353 弗勒指出，這個例子要加上某些條件限制才算眞確。一塊磁石能發展其磁性於鐵中（這叫作磁性的傳授或相應），因而那塊鐵本身也變成一塊磁石，往往轉過來又資助另一塊鐵，如此遞傳下去，視磁石的力量和鐵塊的大小如何而定。我們看到鐵屑如何黏附於磁石，就是這個原理的一個習見的例證。但是當然，磁性的傳授是有限制的，系列中的最後一塊鐵，由於本身所帶的磁力極其微弱，便無法資助另一塊鐵。這就成爲培根在這裡所舉的例子。但還有這樣一種更常見的情況：第一塊與磁石相接觸的鐵或由於其本身體積大，或由於磁石力量小，或由於其本身體積既大而磁石力量又小，一開頭就無法支持多少重量。培根心目中所指的或許更是這種情況。——譯者

四四[354]

關於說明感官的事例已如上述。這些事例，在我們的題目上說來，其主要的用處是在知識部分；因爲知識是以感官爲起點的。但我們整個的任務應完結於事功。如果說知識乃是事情的開端，那麼事功就是事情的終結。因此我們還要進一步講到那種對於動作部分特別有用的一些事例。這有兩類，數量有七個，而亦可冠以一個總名稱作**實踐的事例**。動作部分的缺陷不外兩類，因而事例方面的優先權也就相應的分爲兩類。動作方面的缺陷一則是使我們歸於失敗，二則是使我們負擔過重。先說動作的失敗（特別是在各種性質業已經過努力的查究之後），主要原因乃在不擅規定和計量物體的力量與活動。說到對於物體的力量與活動的規限和計量，不外透過四條途徑：一是透過空間上的距離，二是透過時間上的點刻，三是透過量的集中，四是透過特性的優劣。[355]若我們不把這四點考量得很充分和很仔細，那麼我們的科學雖或在理論上處理得不錯，但在實踐上一定是無效力的。根據這個觀點，我就把對這四

---

354 以上所述二十種事例屬於優先事例的第一部類，即關於知識的一類。自本條以下，進入第二部類，即關於動作的一類，也稱爲實踐的事例。這又分爲兩部分：一是幫助動作免於失敗的，統稱爲數學的或計量的事例；二是爲動作減輕負擔的，統稱爲嘉惠的或仁慈的事例。參見第二卷語錄二一下有關的注。——譯者

355 下文二一—二四這四種事例分別相當於這四點，讀去自明。——譯者

點有用的四種事例歸為一類，統稱為**數學的事例**或**計量的事例**。

說到動作使我們負擔過重，這不外三種情況：一是有無用的東西混雜在內，二是使用工具太繁瑣，三是某項特定工作所需要的質料和物體太大。[356]因此，針對這些情況，凡有事例能夠把實踐導向對於人類最為有用的對象，或是能夠使動作少用工具，或是能夠節省質料和供應，那就應當認為是寶貴的事例。我把對這三點有用的三種事例亦歸為一類，而統稱為**嘉惠的**或**仁慈的事例**。以上七種事例，我現在就要分別加以討論，並以此來結束我的題目中關於事例的地位或優先權這一章節。

四五

（二一）**測竿或尺度的事例**——這亦叫作**範圍或界限的事例**。[357]我們知道，事物的能力

---

356 下文二五—二七這三種事例分別相當於這三點，讀去自明。——譯者

357 基欽注明，這種事例是就空間對事物的關係來計量事物，例如各種天文儀器、溫度計、六分儀等等。關於精確計量的價值及標準，可參見赫薛爾所著《自然哲學論》第一一五—一二四節。

弗勒引Playfair的話來批評培根在方法方面的缺點說：「關於培根的方法問題，我還要指出另一點，就是他對於尺度的事例，也就是那種能對物理數量提供準確計量的事例沒有予以充分的重視。他把這種實驗僅當作有

和運動之發揮作用與發生效果是在一定距離點上，不是無定限或偶然的，而是有定限的和固定的。因此，在查究各個性質時要查明並注意這些距離，對於實踐是最有益處的，不僅足以防避實踐失敗，並且能夠擴展和增加它的能力。這使得我們有時能夠擴展能力所及的範圍，也可說是把距離縮短，如使用望遠鏡就是一例。

大多數能力是在明顯的貼靠下才發揮作用和發生效果的。例如兩個物體之相撞，若非彼此接觸，則一物便無法把另一物推開。又如像藥膏那樣的外用藥物，若不接觸身體，便無從施其特性。再如味覺和觸覺的對象，若不與相應的器官接觸，亦不會打動那些感官。

亦有一些能力是在一定的距離外發揮作用的，雖然那距離很小。關於這些能力，迄今還

助於實踐的事例來加以介紹；其實這在歸納法的理論部分或在確認事物的原因本質方面實具有無限的價值。舉一例來說，物理天文學中發現了一條重要眞理，就是月亮是靠引力之力而留存在其軌道之內，而同一力量在地球表面上則引使石頭下墜到地。這個命題，不論還有人怎樣疑其爲不眞，若要加以解證，卻非靠那種能對數量予以準確的幾何計量的觀察和實驗不可。首先必須把地球的半徑、下墜物體在地球表面的速度、月亮的距離以及月亮在其軌道內的速度，這四項因素以極大的準確性判定下來，還要把它們合起來用某些從運動法則演繹出來的定律來加以比較，然後才有可能發現出上述兩個力量之間的關係。這個發現一經做出，還跟著帶來瞭解證的證據。這樣看來可見尺度的事例，在這裡和在許多其他情節上，在物理的理論部分當中是具有極端的重要性的。」——譯者

只觀察到少數，雖然實際上一定比人們所臆想的要多得多。舉普通的例子來說，如琥珀或黑玉可以吸草；水泡彼此靠攏時就各使對方解體；[358]某些瀉藥會使人體體液下降；[359]以及類此等等。還有磁石吸鐵以及兩磁相吸的那種磁力，亦是在一個固定而狹窄的活動範圍之內來動作的；[360]至於如果有從地球（在表層底下一點）[361]放出的磁性，在指極性方面起作用於一個鋼針，這種活動卻是在很遠距離之外來動作的。

再看，如果還有像地球與重物體之間，或月球與海水之間（這從每半月發生的漲潮與退潮看來是極其可能的），或恆星界與行星之間（後者被前者吸升至遠地點）那種借相應而動作的磁力，這亦必是在更遠距離之外來動作的。[362]此外還有某些物料能在遠處外著火，如

---

358 參見第二卷語錄二五末尾有關的注。——譯者

359 舊時有一條醫學理論，謂腦爲鼻涕發源和所在地；鼻涕從腦部下注，遂在其他器官中引起疾病——catarrh（黏膜炎）一字猶存有此說之意。某些瀉藥則據稱能引鼻涕下降。培根的這句話即承襲此說。

360 弗勒注明，關於兩塊磁石之彼此相吸，參見吉爾伯特所著*De Magnete*第一卷第五章。——譯者

361 弗勒注明，參見前注同書第一卷第一七章。地球可比作一塊極大的磁石，其磁極雖有偏差，總多少接近於地極，其中性線則以頗大程度的銳角與赤道相切。——譯者

362 弗勒注明，參見第二卷語錄三六（第三例）和三七及有關的注。——譯者

人們告訴我們說巴比倫那裡的石油精就曾發生過這事。還有熱亦能漸及於很遠的距離；冷亦是這樣，甚至在北冰洋碎裂飄浮著的冰塊經大西洋而飄向加拿大海岸時，加拿大的居民在很遠距離之外就能借它們所發出的冷氣而感覺到它們。香氣（雖然其中看來總有某種實體的發射）也能在相當遠的距離之外作用於我們的感官，凡航行於佛羅里達或西班牙某些部分的人們都感到這一點，因爲那裡有成林的檸檬、橘子和類似的香樹，還有成叢的迷迭香、薄荷和類似的香草。最後還有光的照射和聲音的感應亦都是在極大距離之外來動作的。

但不論這些能力的活動距離是大是小，它們總之都是有限的，亦是固定於事物的性質之中的。因此它們亦各有其一定而不可逾越的限度。這個限度不是依據受作用物體中的物質和體積或數量，就是依據起作用的能力的強弱程度，再不然就是依據能力活動於其中的中間物的助力或阻力；這三點都是應當加以考察並計算的。此外，所謂強力運動如投射物、槍彈、輪盤等等運動的能量，既然它們同樣有其固定的限度，亦是應當加以考察和加以計算的。

我們也看到某些運動和特性，在性質上與上述那種要借貼近而無法在距離外來動作的運動和特性正正相反。這就是說，有些運動和特性要在一定距離之外而不能在貼近之下動作；也有些運動和特性是當距離愈短時動作愈弱，當距離愈大時動作愈強而有力。例如視覺的活動在貼近時反而就不好，必須要有間介和距離才行。不過關於這一點，我記得有一位誠實可信的人曾確切的告訴我，他本人曾因患白內障而受眼科手術，當一根小銀針插入眼中第一層膜以圖把翳膜挑開並推向眼角時，他竟極其清楚的看到那針掠過眼珠。[363]這事也許是眞的，但若說到大的物體，若非達到眼珠這個圓錐體的頂點，即物件發來的若干光線在一定距離之外輻輳於那一點，則顯然是無法看得清楚的。還有老年人看東西，稍稍有點距離就看得較好，十分貼近反而不行。又如投出的東西，若在太小的距離之內，其撞擊力反不及稍稍遠些之強。[364]這些以及類似的事物就是要就距離方面來計量運動時所應注意觀察的。

還有一種本位運動的計量亦不可略而不論。這就是要計量那種非前進的而是圓圈式的運動，亦就是要計量物體之擴張爲較大的圓形或收縮爲較小的圓形。因爲在運動的計量當中，我們必須探究物體（依其性質）對於壓縮或擴展能夠從容自在的承受到什麼程度，要探究它到哪一點上就開始抗拒，直至最後無法在多承受。例如一個吹起的袋子受壓時，它可以容許把空氣壓縮到某種程度，但如果壓力再有增加，空氣就無法承受，而袋子也就破裂。

關於這件事，我還曾用一個精細的實驗來更加準確的試過一回。我拿一個輕而薄的金屬小盅，就像餐桌上盛鹽用的那種小器皿，把它口朝下扣入一盆水中，這樣它就把腔中所含的空氣亦帶到水底了，在盆底預先擺下一個小球，把小盅落在它身上。於是我就看到，如果這

363 基欽指出，這個病人的這一宣稱恐無多大價値。——譯者

364 基欽指出，事情並非這樣。起首的速度總是最大的，除非一個球是向下運行的。——譯者

球是小得與盅腔相稱，那麼空氣就把自己收縮在較小的空間，只是擁擠在一塊，而並不排擠出來。但如果這球太大，使空氣退讓也不自在，那麼這不能忍受更大壓力的空氣就把小盅頂倒在一邊，而自身則升到水面成爲氣泡。

我不僅試驗了空氣所能承受的壓縮，我還試驗過空氣所能承受的擴展。這是用下述的設計來進行的。我拿一個空的玻璃製蛋狀物，其一端有一個小孔，以猛力經小孔把空氣吸出，立即用手指堵住小孔，把它放進水中，然後移開手指。於是我就看到，空氣既經抽吸而擴展到超過其自然的體積，這時就掙扎著要往回收縮（假如這玻璃蛋不是投入水中，它就會帶著嘶嘶之聲把空氣吸進去），於是就吸進充分的水以使自己能恢復其原有的範圍或體積。[365]

由上所述，我們已經確知比較稀薄的物體（如空氣）是容許收縮到可觀的程度的。但可觸物體（如水）之忍受壓縮則困難得多，只能到較小的程度。至於它們究竟能夠忍受到什麼

---

365 這個解釋是完全無法令人滿意的。一種眞確解釋的依據應是空氣壓力的原理，則這條原理看來確是直到托里切利（Torricelli，一六〇八—一六四七年，義大利物理學家。——譯者）才第一個提出來。這個試驗如果是在虛空中做的；那麼水就不會進入蛋內，除非蛋是投到可觀深度的水中，或者蛋內眞空的情況比所描述的辦法能夠做到的要完善得多。

程度，我曾用下述實驗作過一番查究。我做了一個空的鋁球，約可容兩個品脫的水，其厚度亦足能承受相當大的力量。我在球身鑽一個孔，把水灌滿在球內，然後用鉛汁把孔封上，這時球身已成爲十分堅實的了。然後我便用重錘把球身的兩對邊砸平。這樣一來，水就必然緊縮在較小的空間之內，因爲只有球形才是容量最大的形狀。後來連錘擊都不能使水再退縮了，我還用石磨或壓榨器再壓，直到水再也不能忍受更多的壓力，竟至透過堅實的鉛而滲出來，像細的露珠一樣。我於是就來計算經錘壓而失去的空間，從而得知這就是水忍受壓縮的程度，而這只是在猛力拘束之下才能達到的程度。

說到更堅實、更乾燥或更緊密的物體，如木頭、石頭和金屬之類，它們所能承受的壓縮或擴展則比水還要少，並且是很難感覺到的。因爲它們在受到這兩種力量時，不是用破裂開的辦法，就是用向前移的辦法，再不然就是用其他種種努力來把自己解脫出來；像在木頭或金屬的彎折中、在借彈簧而運動的鐘錶中、在投射物中、在錘擊中、以及在無數其他運動中，都顯示出這些情形。所有這些事物以及對於它們的計量，我們在查究自然當中都應當加以勘探和規定，做得精確也好，用估計的辦法或用比較的辦法也好，這就要視情節而定了。

四六

（二二）**時序的事例**——也叫作滴水的事例，這是借用古時那種貯水而非裝沙的鐘漏的意思。這種事例是以時間來計量自然，正如測竿的事例是以空間來計量一樣。一切運動或自然的活動都是在時間中進行的；有些較快，有些較慢，但無不依事物性質之規定而有其固定的時刻。即使那些看來是驟然的和（如我們所說）瞬間的活動，在延續方面也是有度可計的。

我們首先看到天體旋轉的完成是可以時間計的；海潮的一來一退亦是這樣。一切重物體向地和一切輕物體向天運動的完成，固然隨所吸動的物體以及它們運動所經的中間物而有不同，但亦各有其一定的時刻。猶如船的行駛、動物的行動、擲射物的由一點到另一點，亦都是在時間中進行，而其時間（在積累下）亦是可以計量的。說到熱，我們常見孩子們冬日在火焰中浴其雙手而不見灼傷。我們還見玩把戲的人能以敏捷而平衡的運動把貯滿酒水的杯子倒過來又翻回去，而液體並不灑出。其他類似的事情還有很多。至於物體的收縮、膨脹和爆發，依照物體和運動的性質，有的雖然比較慢，亦是在一定的時間中進行的。聲音亦不例外，例如砲彈爆炸，聲聞三十英哩以外，靠近發射地點的人就比距離較遠的人先能聽到。甚至視覺，其活動算是最快的，看來也需要一定的時刻才能完成。例如有些東西運動得太快，像短槍發射的子彈便是這樣，我們就不能看見。其原因就在槍彈過眼所占的時間比視覺所得影像產生印象所需的時間要少一些。

這個事實連同其他類似的事實時常引起我的一個疑問，即不知那雲淨星明的天空，是當其存在時立刻就爲我們所看見，還是稍後才爲我們所看見；這也就是要問，在我們觀看天體方面是否有實在的時間與看到的時間之差，一如天文學家們要計算實在的位置與看到的位置來校正視差那樣。若說天體的影像或光線能經過這樣廣大的空間立刻傳到我們的視覺而不需要一段可覺察到的時間來旅行到我們眼前，我曾認爲這是太不可信的事。我曾疑心實在的時間與看到的時間之間總有一段可觀的間隔。但是這一點懷疑後來完全消除了。[366]因爲之後我想到，距離已使星的眞體與我們所看到的影像相較之下在量上看來有無限的損失和無限的縮減；因爲我同時還注意到，僅僅是白色的物體尚能在很遠的距離外（至少六十英哩外）立刻就爲我們地球這裡所看到，而天體的光在照射力上無疑不僅比鮮明的白色要高出若干倍，就是比我們所知道的各種火焰的光也要高出若干倍。再者，從天體日轉所顯示的其本身運動的那種高速度（這一點曾使一些持重的人們都深感驚訝，竟至因而寧願相信地球運動說）來想，由彼而來的光線的這種突發運動（雖然我已說過其速度是可驚的）亦是更容易令人相信的。而最有力的理由在我看來還有一點，就是說，假如實在與視覺之間果眞有一段可覺察到

---

366 培根在瞥見這一眞理之後，在這裡又讓它從手裡滑落了。

的時間間隔，那麼天體的影像勢必要屢屢爲在該時間中生出的雲彩以及中間物中的類似障礙所遮斷、所擾亂了。以上專論對於時間的簡單的計量，就講到這裡。

但我們不僅要就一些運動和活動自身來加以計量，更要著重就其相互間的比較來加以計量，因爲這種計量有其卓越的用處和極其廣泛的應用。我們知道，砲彈發出，我們是先看到閃光而後聽到爆裂聲，雖然砲彈必然是先擊動空氣然後火光才能發出。這看來是由於光的運動比聲的運動較快的緣故。我們還知道，視覺之接受可見的影像比消除它們要較快一些。例如一條琴弦經以指彈動後，看來就像有兩條或三條；這是由於舊影像尚未消逝新影像又已來臨的緣故。又如一個旋轉的戒指，看去就像一個圓球；夜間持火把疾行，看過去就像火上有個尾巴；其道理亦都在此。[367]伽利略的關於漲潮退潮的學說亦是建築在各種運動速度不平衡這一點上面的；他假定地球轉動得較快，水跟不上，因而水就先擠作一堆而後又降下來，就像一盆水在迅速擺盪時的那種情形。[368]但應指出，他的這一設想乃是根據一個不能被人認可

---

367 培根對這裡所列舉的現象都提供了正確的解釋，只有關於振動中的琴弦一點，其解釋不盡完整。他所講的那種分明的或似乎分明的影像，是與振動中的琴弦的一定部位相應的。

368 這樣陳述伽利略的潮水學說，是不準確的。依據這個學說，潮水是由地球表面上不同之點的變異著的速度所引起，而變異著的速度則起於地球的兩種運動，即繞其軸心和循其軌道兩種運動的組合。培根似乎沒有看到，要解釋潮水，這兩種運動是主要的。

的假設即所謂地球運動說的；而且他對於海潮每六小時一次的運動亦是知之不詳的。

要說明我現在所論究的對於運動的比較計量法——不僅論究這事情本身，而且還論究到它的卓越的用處（這在上文剛剛說過），一個顯著的例子便是用火藥開礦。在這裡，我們看到只要用極小量的火藥就能炸開極大量的土石、建築，並使其砂石飛揚於空中。其原因無疑是在這裡：驅迫著的火藥中的膨脹運動比抗拒著的重力的運動要快許多倍，以致先發的運動在反對的運動尚未開始時已經過去，因此一開頭抗拒就幾乎等於零。又如關於投射物，我們知道把物體抛得最遠的不是沉重的一投，而是迅捷的一射，其原因亦在此。還有動物身體中爲量甚小的動物元精，特別是就著像鯨魚或象那種身量龐大的動物來說，若非由於元精運動甚快而軀體進行抗拒甚慢之故，那是不可能帶動偌大的身量並使它俯仰自如的。

自然幻術（我現在就要談到它）總是以小量的物質來克制和支配遠較大量的物質。這種動作實亦以此點爲其主要的基礎；就是說，它總是設法使兩個運動之一借其較快的速度在另一運動未及活動之前就發動並取得效果的。

最後還要指出，這種最先與最後之別在每一自然活動上都應加以注意觀察。例如泡製大黃，首先提煉出來的是它的瀉性，以後才是斂性。又如用醋浸紫羅蘭時，亦看到類似的情形：花的香甜氣味先被提煉出來，然後則提煉出其比較塵濁的部分，而那就破壞了香氣。因此之故，所以若把花在醋中浸上一整天，所提收的香氣反要大見薄弱；而如果把花只浸一刻鐘就取出來，再換浸新花（因紫羅蘭中的香氣是很少的），到六次之後，浸漬的結果就會豐富到這樣的程度，雖然花浸醋中（不論怎樣換浸）總共也不過一小時半的工夫，可是卻留下像紫羅蘭本身那樣濃厚的最宜人的香氣直到整整一年之久。但應注意，這香氣是要到離這次浸製一個月之後才能把它的全部力量集攏起來。再如，在拿香草搗碎在酒精當中來進行蒸餾時，我們看到首先出現的乃是一種無用的水質的黏液，然後是含有酒精較多的水，最後才是含有香氣較多的水。在各種蒸餾當中，像這類值得注意的事實還可以看到很多。現在作爲舉例，說到這裡也就夠了。

四七

（二三）**分量的事例**——這亦叫作**自然的劑量**（借用醫藥學的一個名詞）。[369] 這種事例是依物體的**分量**來計量附存於其中的特性，並表明特性的**方式**依靠物體的**分量**到怎樣程度。首先，有某些特性只附存於一種宇宙性的分量，即那種與宇宙的組織結構相應和的分量。例如地球是屹立不搖的，其各個部分則要墜落。又如海水才有漲潮退潮，河水除由海湧

---

369 基欽指出：這種事例是要計量出量對力的比率。這對化學和藥物學特別有用，正是這種比例的準確性才使化學成爲一門眞正的科學。——譯者

入外則是沒有的。其次，幾乎一切特定的特性都是依物體分量之大小而活動的。例如，大量的水腐臭得慢，小量的水腐臭得就快。酒和啤酒，釀於瓶中的比釀於桶中的要先熟而適於飲。草若沒於大量液體之中，所得到的是泡的作用而不是浸的作用；若沒於小量液體之中，所得到的則是浸的作用而不是泡的作用。同樣，對於人的身體來說，盆湯沐浴是一種效果，微水滴灑是另一種效果。又如輕露從不由空氣中降落，而是分散和融合於空氣之中。再看哈氣於寶石上，那微薄的潮氣隨即消逝，有如風散輕雲一般。又如磁石，一片碎的磁石就不能像一整塊磁石吸引那樣多的鐵。以上是一方面的例子。另一方面，亦有一些特性卻因量小才有較大的效果，例如要鑽一個東西，尖的頭比鈍的頭鑽得較快；又如一塊磨尖的金剛石能夠切削玻璃；以及類此等等。

我們還不可停留於這種無定限的關係之中，而要進而探究一個物體的分量與其特性的方式之間具有什麼**比例**。人們會自然的相信兩者是相等的，例如，假設一個一盎司重的槍彈落地需用若干時間，那麼一個兩盎司重的槍彈落地就要快一倍；但事實並非如此。[370] 再說各

---

370 基欽指出：這裡關於物體降落的速度的說法是饒有興味的，這表明培根雖未提到伽利略，卻願意接受他的一些原理。亞里斯多德的一條教題認爲，重量不等的物體以不等的時間在相等的距離中降落；伽利略實爲勇敢地否定這一教題的第一人，他提出的證據就是那次著名的實驗，即把一個十磅重量和一個一磅重量同時從比薩斜塔（Pisa）上擲落下來。——譯者

種特性與分量的比例又是各不相同，並且差異很大。因此對於這些的計量都必須求之於實驗，而不可求之於似然或揣度。

最後還要指出，在查究自然時，我們必須確定物體要產生何種結果需要有何等分量（亦可說是藥劑）；還必須隨時警戒，不要太多或太少了。

四八

（二四）**競爭的事例**——這亦叫作**優勝的事例**。[371] 這種事例指示出各種特性相互之間的優勝與屈服；指示出哪些特性是強而得逞的，哪些特性是弱而退讓的，因爲物體的運動和努力亦有其複合、分解和錯綜關係，正不亞於物體本身。因此我要首先舉陳運動或活動特性的主要種類，以便把它們集在一起而就著力量這一點來更清楚的加以比較，並從而把競爭的或

---

371 基欽注明，參見第二卷語錄二四。

基欽還指出，有些事例，培根稱爲「抗拒」的事例，是很對的；至於又都賦予一個屬名，叫作「運動」，那就不大對了。「運動」這個名詞這樣用來是很含混和不恰當的，它包括到多種抗拒性和「惰性」的趨勢，包含著一切質體普遍具有的抗拒消滅的特性。運動，作爲一種極其簡單的動作來加以界說，如伊比鳩魯（Epicurus）定爲「地點的變易」，那是正確的。——譯者

優勝的事例指出和指定得更加明確。

第一種運動是物質中的**抗拒**運動。[372]這是物質的每一個別部分所固有；物質憑著它才絕對的拒絕遭受消滅。任何火、重量、壓力、暴力，以至任何長時間歲月，都不能把物質的，哪怕是極小極小的任何部分化爲無，它總永遠在那裡占著某些空間。你無論把它置於何種窘境，它總會借改變形式或改變位置把自己解脫出來。如果這些都不行，它就原封不動存在下去。總之它絕不會走到消滅或不復存在的途徑上。這種運動，在經院學者們（他們幾乎總是從事物的結果及其所不能方面，而不是從其內在原因方面來爲事物命名和下定義的）說來，就是「兩個物體不能同在一個地方」這條原理，或者就叫作「防止體積相入的運動」。[373]關於這種運動，沒有必要來舉什麼例子，因爲它是每一物體所固有的。

第二種運動是我所謂的**連接**運動。這就是說，物體不能忍受把自己在任何一點上從與另一物體的貼近中拆離開來，彷彿深以相互連接相互貼近爲樂的樣子。這種運動在經院學者們

---

372 拉丁本原文爲motus antitypioe。第一個使用這名詞的是亞里斯多德。（基欽注道：antitypioe意爲物質的不滅性，是我們所知的一種普遍的性質。——譯者）

373 基欽注明：參見第二卷語錄三六第六例。

說來就叫作「防止虛空的運動」。[374]例如水被吸起或在唧筒中的時候，肌肉爲吸血器所拔的時候，便都表現出這種運動。又如罐頭上若僅鑿一孔，其中的水就停著不流出來，非把罐口打開讓空氣進入才行。此外還有無數同類的例子。

第三種運動是我所謂的**自由**運動。[375]這就是說，物體總是要逃脫非自然的壓力或張力而恢復到適合於自己的性質的體積。關於這類運動，我們亦有數不清的例子。先看逃脫壓力方面，如水在經人游泳和有船划過時的運動，空氣在有物飛過和有風飄蕩時的運動，以及鐘錶當中發條的運動，便是一些例子。這裡我們還可舉一個小小的例子，那就是從孩子們的空氣槍來看空氣受壓時的運動。孩子們常拿一條赤楊枝或類似的東西，把它挖空，兩頭各用軟木塞或類似的東西堵住；然後用通條把這一頭的軟木塞或不論什麼塞子推向另一頭，而在還沒有接觸到另一頭的塞子時，那塞子就砰然一聲發射出去。至於說到逃脫張力方面，如經過抽吸而存留在玻璃蛋內的空氣便顯示著這種運動；又如弦、革和布在張緊後都要回彈，除非經長久持續而受有太大的力量；此外還有許多類似的現象都顯示出這種運動。這類運動在經院學者們說起來時是名爲「依照四大元素性的模式的運動」。這個命名眞可謂「不思之

374 基欽注明，參見第一卷語錄六六。——譯者

375 基欽注明：這裡所謂「自由」即伸縮性的動作。——譯者

甚」了，因爲這類運動並非水、火和空氣所特有，而是各式各種堅實的質體，如木、鐵、鉛、布、羊皮紙等等所都有的；這些物體在體積上都各有其適當的限度，在這限度以外是不易再把它吸拔到什麼可觀的程度的。由於這個自由運動在所有運動中最爲顯著，又有其無限的應用，所以我們如果是明智的話，就該充分地把它辨認清楚。有些人竟極其粗心地把這個運動與上述抗拒運動和連接運動混在一起，就是把逃脫壓力與抗拒運動混爲一談，把逃脫張力與連接運動混爲一談；好像是說，物體受到壓迫時之所以退讓或擴張乃是爲要避免體積的相入，受到伸張時之所以回彈和收縮又是爲要避免虛空的出現。其實，如果空氣在受到壓迫時有意要把自己收縮到像水的密度，或是木頭在受到壓迫時有意要把自己收縮到像石頭的密度，那就根本不必要有體積的相入，可是倒會有遠遠大於這些物體所實際受到的壓力。同樣，如果水有意要擴張到像空氣的稀度，或者石頭要擴張到像木頭的稀度，那就根本不需要有虛空隨之而來，可是倒會有遠遠大於這些物體所受到的張力施加在它們身上。由此可見，物體是永不會弄到體積相入或虛空出現的地步，除非凝化和稀化達到極限；而我這裡所說的兩種逃脫運動則離那兩個極限還很遠，還只不過是物體所具有的兩種欲求，就是物體要在其固結狀態中（或者說是要在其形式中，假如經院學者們喜歡的話）來保存自己；就是物體借緩和辦法和相應作用來加以改變外是不願驟然地離開固結狀態的。還有一點是人們尤其必要知道的（因爲許多事依據於此）：所謂強力的運動[376]（這在我們就叫機械的運動，但在德謨克利特闡釋他所說的一些基本運動方面是應當排列在甚至第二流哲學家以下的，卻叫作鞭策的運動）[377]不外就是這個自由運動，也就是逃脫壓迫趨向鬆弛的運動。因爲無論是在透過空氣的僅僅一擲或者一串飛行中，若非被推動的物體的各個部分都被推動著的物體影響和壓迫到超過其性質所能承受的程度，就不會發生所謂移動或地位的改變。實在說來只有當每個部分前後相接都在推頂著下一個部分的時候，整體才運動起來；而它還不是僅僅向前運動，同時亦做旋轉運動，這是由於各個部分意圖借此來解脫自己或把壓力分配得較爲平均之故。關於自由運動，我就講到這裡。

第四種運動我名之爲**物質**運動。[378]這種運動和上述第三種運動有幾分相反。在自由運動中，物體是懼怕、厭惡、並躲避新的體積，或說新的範圍、新的膨脹和新的收縮（這些名詞

---

376 基欽注明，參見第一卷語錄六六。——譯者）

377 拉丁本原文爲motus plagae，在第二卷語錄三五中已出現。英文本在那裡則譯作motion of percussion，我據以譯作撞擊運動；在這裡則譯作motion of stripe，我據以譯作鞭策運動：實則都應統一於前者。弗勒指出，培根對於德謨克利特向來是評價很高的，但在這裡卻貶抑了他。——譯者

378 拉丁本原文爲hyles。基欽注明，這是指膨脹的能力，即物質在某種情況下要膨脹其體積的趨向，例如熱或各種爆炸物就有這種情形。——譯者

都指同一件事），並盡其全力回彈，使其恢復原有的固結程度。反之，在物質運動中，物體則渴求一個新的範圍或體積，並且會迅速的、有時甚至以最劇烈的努力（如火藥的情況）奔到那裡。說到這種運動的工具，有個工具雖非惟一，但卻是有力的，或至少是最普通的，那便是熱和冷。例如，空氣一經張力所膨脹，像在玻璃蛋中被抽吸以後那樣，必在強烈欲求之下努力恢復其自身；但這時如果有熱加來，它就反過來渴想膨脹，渴求一個新的範圍，並且很容易的就過渡到一個新的形式（照他們的語法說）；而且在膨脹到某種程度之後，它竟根本不想返還，除非再用冷去招它回頭，而那已不是什麼返還，而卻是又一次新的變化了。同樣，水經壓力而收縮時，必進行抵抗，願意恢復其原先較大的體積；但這時如有嚴酷的和持續的冷插入干涉，它就自發的、欣然的把自己轉變到冰的密度；如果冷再繼續下去，並且不被熱所間斷，像在入地到一定深度的窖室或洞穴當中那樣，它還會進一步變成晶體或某種類似的物質，[379]永遠也不恢復其原來的形式。

第五種運動是**連續**運動。[380]這裡所謂連續不是指一個物體與另一個物體之間那種簡單

379 基欽指出，這樣說明鐘乳石的起源，眞是古怪的武斷，完全不對。——譯者

380 基欽指出，這也絕對不是「運動」，而是凝集力吸引的結果，因有凝集力，同一塊體的分子乃聚在一起。參見第二卷語錄二五隱微的事例第一點。——譯者

的、原始的連續（因爲那就成爲連接運動），而是說某一物體之內的自我連續。十分明確，一切物體都懼怕連續性的分解，差別只在怕的程度不同罷了。在硬的物體，像鋼或玻璃，對於中斷的抗拒是極端強烈的；即使在看來不見這種抗拒或只見微弱抗拒的液體之內，這種抗拒也不是沒有，而是確然有在那裡（雖然其力量是在最低的程度），並在許多動作中表露出來，如冒出氣泡、滴作圓形、簷流綴成細線、膠液多有黏性，以及類此等等。我們如試圖把中斷活動推展到細小碎物上去，則這種抗拒傾向表現得尤爲顯著。例如在臼中搗物、粉碎至某種程度以後，杵搗便不能再發生進一步的效果；又如細小的裂縫能夠拒絕水的鑽入；甚至空氣，儘管極其精微，也不能一下子就透過堅實器皿的縫隙，而只有經過長時間的漸透才行。

第六種運動我叫作**謀得**運動或**有求**運動。[381]這就是說，當物體被置於一些異質的和敵對的物體之間時，它只要找到一個機會可以逃開它們而與另外比較親近的物體（雖然這些物體

---

381 基欽指出，這可叫作擇取運動，就是說，物體有一種傾向，要與某一些質體相結合而不與另一些質體相結合。在這一專案之下可列入所有化學上的親和力（例如空氣中的氧對鐵）。培根對這些當然都不瞭解，也不瞭解毛細管的吸引作用，卻把它們與物質的這種選擇性混爲一談。古老的交感與反感說在培根心目中有很大的重量，雖然他也知道它們帶有不少幻想。——譯者

與它並無密切的結合）聯合，就要擇取後者而加以擁抱，彷彿對它們有所需求而獲得這個結合則算是一種利得的樣子（這名稱就是由此而來）。例如製成薄葉的金子或任何其他金屬都不喜愛周圍的空氣，因此一遇到什麼厚重的可觸物體（如手指、紙片，你可隨意來舉），立刻就貼附上去而且還不易扯開。同樣，紙、布和其他類似的東西亦和寓居在其細孔之中的空氣不相投契，因此它們都樂於吸收水或其他溼氣來排逐空氣。又如一塊糖或一塊海綿，一頭浸入水中或酒中，一頭高出水面很多，它們亦會把水或酒逐漸地吸到上方。[382]

由此，我們就可在拆解和分解物體方面推得一條極好的規律。意即（且不提那種能為自己打開道路的腐蝕劑和強水），某一堅實物體如果找到另一物體，對於它頗相適合，並比那作為必要性而與它混合著的東西較為協調和較為親近，那麼它立刻就自啟自弛，將後者排逐而接納前者。還要指出，這種謀得運動亦非僅在直接貼近之下才有其活動或存在。例如電（關於這個東西，吉爾伯特及其後繼的人們曾撰出許多故事），就不外是物體經輕柔摩擦的刺激後的一種傾向，即不擅容忍空氣而只要有其他可觸物體近在身邊就要加以擇取的傾向。[383]

382 基欽指出，這是由於毛細管的吸引力。——譯者

383 基欽指出，這是眞夠大膽妄為的了，所謂「物體經輕柔摩擦的刺激後的一種傾向」云云，在與吉爾伯特的小

第七種運動我叫作**大趨聚**運動。[384]這就是物體趨向性質與自己相像的大量塊體的運動；就是重物體趨向地球，輕物體趨向天邊的運動。對於這種運動，經院學者們曾用**自然運動**一詞來加以指稱。這是出於膚淺的考慮：不是因爲外面沒有明顯的東西能夠產生這種運動（所以他們就設想這種運動是內在於事物本身之中，如事物本身所固有的），或許就是因爲這種運動永無消歇。這個亦不足爲奇，因爲天和地是終古常在的，而大多數其他運動的原因和根源則有時出現，有時不見。因爲這種運動永無消歇，而當其他運動消歇時立刻就被察覺到，於是他們就認爲它是永久的和固有的，而一切其他運動則是外加的。應當指出，這種運動從事實看來可是眞夠微弱和遲鈍的，除在體量相當大的物體外，它一遇到其他運動在動作著的時候，總是盡讓和屈從於它們的。人們儘管專注於這一運動甚至幾乎看不到一切其他運動，可是所知卻微乎其微，因爲他們在這方面是糾纏在許多錯誤之中的。

第八種運動是**小趨聚**運動。[385]這是說，一個物體之中的同質分子要與異質分子分離開來

心而眞確的試驗相比之下，可以說沒有照見什麼眞理。——譯者

384 基欽注明，這是指凡本質相同的各別物體在置於相近地位時，都有趨於結合的傾向，例如兩滴水銀相靠近時，就互相吸引，合而爲一。參見第一卷語錄六六。——譯者

385 基欽注明，凡同質分子一經混合就結在一起，這種情狀多數都可用比重來解釋。另外，一些化學手段也可用以說明，例如碳酸放進石灰水時就構成石灰的碳酸鹽。——譯者

而自己結合在一起；這亦是說，整個的物體之間因質體相類之故而相互擁抱和相互懷蓄，有時並從相當距離外相吸相收到一起。例如牛乳在擺過一刻之後，乳精就升到上面來；而在酒，糟粕則沉到底下去。這並非僅因輕重的運動之故致使有些分子上升有些分子下沉，更主要的原因乃在同質分子有聚在一起和結爲一體的欲求。這種運動在兩點上是不同於上述有求運動的。第一點，後者之中有一種惡意的相反性質作爲一個更強的刺激物，而在這個運動之中（只要沒有什麼東西阻礙它或束縛它）分子則是以友誼而聯合，即使在沒有異己性質來挑起競爭的情況下也是如此。第二點，這裡的結合較爲親密，亦可說像是經過較多的選擇。在上述有求運動中，只要躲開敵對的物體，本無密切關係的物體也會聚到一起；而在這個運動中，各種質體則是借密切關係爲紐帶而牽在一起，亦可說是合爲一體的。還要指出，這種運動寓存於一切複合物體之中，若不是物體中還有其他傾向和需要來加以束縛抑制，來干涉所說的這種結合，它是會很輕鬆的把自己表現出來的。

說到對於這種運動的束縛，一般不外來自三條途徑：一是物體的鈍性，二是一個有勢物體的阻遏，三是外面的運動。先說物體的鈍性。很明確，每種可觸質體當中都或多或少寓有某種鈍性及厭惡地位的改變，因此除非受到刺激，否則總是寧願照原樣停留而不肯變到更好的地步。要除掉這種鈍性，可以借助於三個事物：或是借助於熱、或是借助於同族物體的突出的特性、或是借助於活躍而有力的運動。說到熱在這方面的幫助，我們知道，正是根據這一點，所以逍遙派曾把熱界說爲「分離異質分子而聚集同質分子的東西」；而這個定義是遭受到吉爾伯特的揶揄。他說，像這種界說法無異於把人界說爲種植小麥和種植葡萄的東西，這乃是單就結果而且是那些特定結果來下的定義罷了。而且這個定義還有更爲糟糕的錯誤，在於：像它所舉的那些結果又並非出自熱所特有的本性（因爲冷亦同樣能做這事，我在後文將有說明），而只是間接與熱有些關係；那些結果乃是原於同質分子具有聯合的欲求，熱不過只是幫助除掉原先束縛著那個欲求的鈍性罷了。至於說到從同族物體的特性方面得到的幫助，這由裝鐵磁石可以看得很清楚。在那裡，磁石驅動了所裝的鐵的特性，使它借質體的同類性來留住另一塊鐵；這亦就是說，鐵的鈍性是被磁石的特性驅除掉了。再說到由運動得來的幫助，這從木箭射木之例可以看到。我們知道，一支木箭要比一支裝上鋼頭的箭入木較深，這是由於質體同類之故；而這亦就是說，木頭的鈍性是被疾急的運動驅除掉了。這兩個實驗是我在前面關於隱微的事例中（見本書第二三七頁）已經說過的。[386]

再說有勢物體的阻遏對這個小聚趨運動所造成的束縛。這從冷對於血和尿的分解作用中可以看到。我們知道，只要那些物體什麼時候還充滿著活躍的元精——那是作爲整個物體的主宰在命令和約束著其他一切種類的各個分子的，其中的同質分子由於受到約束之故就老不能聚在一起；可是一當元精被蒸發或被冷所窒息的時候，分子由於從約束中得到解放，就按

386 基欽注明，參見第二卷語錄二五。——譯者

照它們自然的欲求聚在一起。我們看到，凡含有一種強烈的元精的物體（像鹽和類似的東西）都能保持原狀而不趨於分解，亦就是由於有個有勢力的、發號施令的元精在貫徹其穩固而持久的約束之故。

再說到外面的運動對這個小趨聚運動所造成的束縛，這從動搖物體足以防止腐壞一例中可以看得最爲明白。我們知道，一切腐壞都有賴於同質分子的聚合，由那裡才逐漸發生舊形式（他們這樣稱呼它）的消滅和新形式的生成。因爲腐壞是替新形式的產生鋪平道路的，但須以舊形式的解體爲前奏，而這事本身卻正是同質分子的聚合。那如果不遭到阻礙，實在就是一種簡單的分解；但如果遇到各種各樣的障礙，所發生出來的就是腐壞，而這乃是一個新的產生的初形。但是假如（這是現在問題之所在）有外面的運動經常在進行騷擾，那麼這樣聚合的運動（這是一種微妙而柔弱的運動，需要得到外面事物的寧靜）就被擾亂而停頓下來，像我們在無數事例中所見到的那樣。舉例來說，如把水每日加以攪動或使之流通，就能防止它變成腐臭；又如風足以免除空氣的染疫；又如倉中積穀若經常翻動便能保持純淨；總之一切東西若從外面受到搖動就從裡面腐壞得比較緩慢。

最後我還必須提到，物體中分子的聚合又是形成硬化和乾燥的主要原因。我們知道，一當元精或變成元精的溼氣從某一多孔的物體（如木頭、骨頭、羊皮紙以及類似的東西）逃出之後，那比較粗壯的分子就積極的相吸相收在一起，從而就生出硬化或乾燥的結果。這種結果，我認爲其大部分原因是在這個相伴和結合的運動，那個防止虛空的連接運動則關係較少。

至於說到物體從距離外的聚合，那是罕見的，但也比一般觀察所及的要多。我們看到，水泡足使水泡解體；瀉藥借質體的同類性能引體液下降；一個提琴的弦能使另一個提琴的弦響作同調：這些都可說是這種運動的例解。我猜想這種運動在動物的元精中亦很得勢，雖然我們一無所知。無論如何，它在磁石和磁化了的鐵當中總是再顯著不過的。現在我們既提到了磁石的各種運動，我們就應當仔細加以辨別。磁石中有四種特性或四種動作，不應當混淆而應當分別開來，雖然人們在驚異與讚歎之下一直把它們混爲一談。第一種是磁石對磁石的吸引，或磁石對鐵的吸引，或磁化了的鐵對鐵的吸引。第二種是它的指極性，同時亦帶有磁針的偏角。第三種是它透過金子、石頭、玻璃以及每個東西的能力。第四種是它從石到鐵和從鐵到鐵傳送其特性但卻不傳送其質體的能力。但我現時在這裡所說的卻只是這四種特性中的第一種，即它的吸引力。另外還有一個極堪注意的事例，就是金子與水銀之間的吸引運動：金子甚至已如軟膏，對水銀還能加以吸引；我們又常見在水銀蒸氣之間進行工作的人們口中總銜一塊金子，用以吸收那不然就要鑽入腦袋和骨頭的蒸氣，而這樣一來那塊金子也就立刻變成白色。以上是講小趨聚運動，就到這裡爲止。

第九種運動是**磁性**運動。[387]這種運動雖然和小趨聚運動屬於同類，但若考慮到它是在遠距離外並且對大的塊體進行動作；特別是若考慮到它在大多數場合並非以貼近開始，亦不像一切趨聚運動那樣導向貼近，而是除把物體提起或使物體膨脹之外便再沒有什麼；那麼就值得來作一番分別的查究。譬如說，月亮把水提起或使潮溼的東西擴張；又譬如說，星界把行星吸升到它們的遠地點；再譬如說，太陽把持著金星和水星，使它們的離角永遠不能超過一定的度數；所有這些運動像是就不能恰當的歸入大的或小的趨聚運動之內，而卻像是一種中道而變的和尚未完成的趨聚運動，因此它們自己就該單另構成一個類別。

第十種運動是**逃避**運動。[388]這種運動是小趨聚運動的正反面；這就是說，物體出於一種反感要逃開敵對的物體，亦要使敵對的物體躲開，總之是要把自己與它們分離，或說是拒絕和它們摻在一起。這種運動雖然在某些狀態上看來像是小趨聚運動的一個偶變或結果，因爲

387 基欽注明，這是試圖以磁性來解釋引力的某些或然的（在培根看來只是或然的）眞理。——譯者

388 基欽注釋說：這裡是對現時所謂「拒力」的一種粗略的描述。牛頓的試驗證明，一片透鏡放在一塊平玻璃上，總保持著一英寸的一三七分之一的距離。這種拒力的起因或許是「熱」這個奇妙的質體，假如熱可算物質的話。鮑斯可維奇（Boscovich，一七一一—一七八七年，義大利數學家、天文學家、物理學家）認爲，構成物體的許多原子以因距離不同而強度和種類各異的力量彼此相互作用著。關於拒力的一個最好的明顯的例證就是兩個相同磁極的互拒作用。——譯者

同質分子要聚合便自然必須趕掉和排出異質分子，但是我們仍應把它劃開，把它形成一個單獨的類別，因爲在許多狀態上看來，逃避的欲望比結合的欲望要占優勢。

這種運動在動物的排泄物中是顯著的；在對於一些感官特別是嗅覺和味覺方面有氣味的東西中亦是這樣。例如臭的氣味是這樣爲嗅覺所深惡痛絕竟至借相應作用在胃口上引起一種惡逆運動；又如辣的和苦的滋味是這樣爲顎或喉所深惡痛絕竟至借相應作用而引起搖頭和打顫。其他事物當中亦有這種運動，可以從某些形式的反動看出。[389]例如在空氣的中界那裡的冷就像是從天體範圍排出冷性的結果；又如地下的很大熱氣和燃燒亦像是從地球內部排出熱性的結果。因爲熱與冷之間，當小量時就相互抵銷；但如是大量彷彿形成正式兩軍時，其衝突結果就是輪番相互排逐，取代彼此的地位。我還聽說，肉桂皮和其他香料若放在旁近地溝和惡臭的地方，其香氣就保持得較久，因爲香氣不肯發出來與臭味相摻和的緣故。至於水銀的情形是極其明確的，它依其自己是願意複合爲整個一片，但唾沫、豬油、松油以及類似的東西能阻止它這樣做；這是由於水銀的分子對那些物體有不良的相應，因而一有它們布在周圍它就引退不前；由此亦可見水銀分子要逃避那些物體的欲求比要和同類分子結合的欲求還要強烈。而這就叫作水銀的抑制。再看油與水不能混合的事實，這並非單純由於比重

---

389 基欽注明，參見第二卷語錄一二第24例以及第二卷語錄二七。——譯者

不同，而也是由於這兩種流質相互間相應不良之故，從酒精比油還輕可是卻與水混合得很好這個事實一看就明白了。但這種逃避運動的最顯著的表現還在硝石及類似的粗物體之憎惡火焰，如火藥、水銀、金子便都是這樣。至於鐵之逃開磁石的一極，據吉爾伯特充分的觀察，那嚴格說來不能算是逃避，而是在另一個更相宜的情勢中的一種契合和會聚。[390]

第十一種運動是**同化**運動，[391]或者叫作**自我增殖**運動，又或者叫作簡單的**生殖**運動。我這裡所指的不是完整物體（如植物或動物）的生殖，而是組織上有一致性的物體的相生。這就是說，這種物體把與自己有關的或至少是傾向於自己的另一些物體轉變爲自己的質體和性質。例如火焰臨到氣體和含油的質體時，就把自己增殖而生新的火焰，空氣臨到水和含水的質體時，也把自己增殖而生新的空氣；[392]植物和動物的元精臨到其養分中的或是水質或是油質的較精分子時，也要把自己增殖而生新的元精，而植物和動物的堅實部分，如花、葉、骨、肉以及類似的東西，則如別從其養分的汁液來化生新的質體以補充其所失。在這裡，我

---

390 參見吉爾伯特的《磁論》（*De Magnete*）第二卷第四章。——譯者

391 基欽注明，一一—一三這三種運動都屬這一類。所謂同化運動，如化學物品從別的物體中分解出與自己近似的分子和元素而加以同化，例如火焰耗用各種物體中的氧；還有一例，如胃接受並應用一切能轉化爲血液的東西，類此等等。——譯者

392 參見第二卷語錄三六最後一例及其下有關的注說。——譯者

勸大家誰也不要相信巴拉西薩斯[393]的異想天開的說法（我猜想他是讓他的蒸餾法蒙騙了），竟以爲營養是只由分化而得；竟以爲麵包和肉食當中含有眼、鼻、腦、肝的成分，在土壤的溼氣當中亦含有根、葉子和花的成分。他的意思是說，正如藝匠用分化的辦法亦即用削棄多餘之物的辦法從石頭或木頭的粗塊刻出花、葉、眼、鼻、手、足等等，同樣生命原理這內在的藝匠亦用分化和排去無用的辦法從食物引生出人身的各個肢體的部分。撇開這類毫無價值的話不談，有一點卻是極其明確的，就是說，植物和動物的各個部分，無論是同質的和有機的都一樣，首先以一定程度的選擇來吸收養分中的汁液，這是大家盡同或幾乎盡同的，然後把它加以同化，轉爲自己的性質。這種同化或簡單的生殖還不僅發生於有生命的物體，無生命的物體中亦有這種運動，如方才說過的火焰和空氣便是。再說，每一可觸的有生質體中所含的無生命的元精亦經常從事於消化較粗的分子，把它們轉爲元精，以便後來加以發射；而由此就發生減少重量和乾燥的結果，像我在別處所說過的。還有一層，在提到同化時，我們亦不可把積成（一般是把這和滋榮分別開的）和它分開；例如石頭之間的黏土積久就固結而轉成石質；又如齒垢積久就轉成與牙齒本身一樣堅硬的質體；以及諸如此類的情形。總

---

393 基欽注明，巴拉西薩斯（Theophrastus Paracelsus）卒於一五四一年。他的體系對醫學有重要關係。他頗稱敏銳；在化學知識方面是超越其時代的。但他的學說則最爲荒誕，誠如培根稱爲「異想天開」。他總是要在自然界的大宇宙之間做出類比。——譯者

之，一切物體之中都寓有一種要同化的欲求，亦有一種要與同質質體相結合的欲求；而這一特性亦是受到束縛的，正和後者一樣，不過束縛所施的辦法不同。關於這方面束縛所施的辦法以及如何逃避它們的方法，我們都應當竭盡努力來加以查究，因爲這是有關於老年生命力的重燃的。[394]最後還有值得注意的一點是，在上述十種運動中物體都似僅僅要求保持自己的性質，而唯獨在這第十一種運動中物體卻是要求繁衍自己的性質。

第十二種運動是**誘發**運動。[395]這種運動似乎屬於同化運動一類，我有時也用那個名字來稱它。因爲它和同化運動一樣，亦是散播性的、傳遞性的、轉移性的和繁殖性的；並且在結果方面亦和後者大體一樣。不過兩者在產生結果的方式上以及在題材上則有所不同。以方式說，同化運動彷彿是以權威和命令來進行的；它命令和強迫所同化的物體轉成進行同化的物體。而誘發運動則可以說是用技巧借漸誘來進行，並且是偷著來的；它只是把所誘發的物體招引到和安排到進行誘發的物體的性質。以題材說，同化運動所增殖、轉化的是物體

394 基欽指出，培根滿懷古代煉丹術士延年益壽的信仰。他對自己的健康深抱幻想。在Sylva Sylvarum一文中，他講到不少關於飲食等方面的想法。——譯者

395 基欽注明，這是指誘發和散播一種性質的傾向，如熱之散播，又如磁石把自己的性質給予鐵而自身卻並不失掉它。——譯者

和質體，譬如說，較多的火焰、較多的空氣、較多的元精、較多的肌肉是生殖出來了。而在誘發運動中所增殖所轉變的則只是特性，譬如說，生出了更多的熱、更多的磁力、更多的腐壞。這種運動以在熱和冷當中爲特別顯著。熱在致熱於一個物體時，並不借傳送原熱而散播其自身，而只是把物體的分子誘到那種作爲熱的模式的運動，就是我在關於熱的性質的初步收穫中所說過的那種運動。正因如此，所以要在石頭中或金屬中來誘發熱，就比在空氣中要慢得多和困難得多，原因就在那些物體不適宜和不方便接受誘發運動。由此亦可想到，地球中也許會存在著一些完全拒絕受熱的物質，因爲它們經過較緊的壓凝會完全喪失這種誘發運動一般所藉以開始的元精。同樣，磁石對鐵也能賦予其分子一種新的秉性和一個相應的運動而絲毫不損失磁石自身的特性。同樣，胚芽、酵母、凝乳以及某些毒藥之分別在麵粉、啤酒、乾酪和人身中誘發和引出一種連續不斷的運動，也是由於被誘發物體本身的條件和屈服性者較多，出於誘發物體的力量者較少。[396]

第十三種運動是**感染**運動。[397]這種運動亦屬於同化運動一類，亦是散播性的而且是最精微的散播性的運動。但我仍認爲宜把它另列爲一個單獨的類別，因爲它與前兩者之間有一點

---

396 這裡所提出的學說與同題的一些最新觀點幾乎相同。

397 基欽注明，所謂感染運動，是指原動體之傳送推進力不能一時或停，如光線就是這樣。——譯者

顯著的不同。簡單的同化運動是把物體本身實際上轉化了，所以可以移去原動者而無礙於後生者。例如先前的點著火焰或者先前的轉成空氣，對於後面生出的火焰或空氣就並無影響。同樣，誘發運動亦能在原動者撤走之後還繼續一段相當長的時間。如一個受過熱的物體在原熱移去之後，一塊磁化了的鐵在磁石撤去之後，一碗麵粉在胚芽撤出之後，便都是這樣。感染運動可就不同了。它固然亦是散播性的和轉移性的，但像是永遠要依賴著那原動者，那原動者一經移去或停止發生作用，它立刻就衰退而告結束；因此它的效果必定是只產生於一瞬，或至少是只產生於一段很短的時間。根據這種區別，所以我把同化運動和誘發運動叫作朱比特**的生產**運動，因爲其所生是可以存在下去的；至於感染運動則叫作**撒旦的生產**運動，因爲其所生是馬上被吞噬和吸食掉的。這種運動顯示在三件事物上：一是光線，二是音的振盪，三是磁力的表現，都是就其傳遞影響一點而言的。例如你若把光線移去，顏色和光的其他影像就都立刻不見。又如你若把原始的撞擊以及由此而生的物體的震盪取消，音響不一刻就消失下去。音響在行經其中間物時雖爲風所擾動，像波浪推進的樣子，可是我們必須仔細的注意到，那原始的音響並非隨共鳴之持續而始終存在的。[398]你把鐘撞響一下，音響像是持續頗長的時間；這就容易引得我們誤解，以爲在這整段時間中音響彷彿是浮在和掛在

398 基欽指出，關於聲的傳播，培根認爲是由一點到一點的前進，他稱之爲「共鳴」。這樣，他看來已行進到「聲的波動說」的邊緣了。——譯者

空氣之中；其實這完全不合於事實。因爲共鳴並非那原來的同一音響，而是它的反覆；試把被擊的物體穩定下來，就可以辨清這一點。例如把那被擊的鐘抱緊使它不能顫動，音響就戛然而止，亦不再起共鳴；又如帶弦的樂器，若在一彈之後再以手指（如對於豎琴）或以羽莖（如對於小瑟）輕觸弦索，則共鳴亦就立刻停止。再說磁力的表現，磁石一經撤去，鐵塊立即墜落。至於月亮誠然不能從海上撤去，地球誠然亦不能從下墜的物體撤去，因而我們就無法對那些狀態試行實驗，但原則總是一樣的。

第十四種運動是**配置**或**自位元**運動。在這種運動中，物體像是並不要求與其他物體結合或分開，而是要求得到位置，要求配置於其他物體之間，與它們並列。這種運動是一個很難解的運動，人們也不曾好好的加以查究。在某些狀態上它簡直像是沒有原因可說，雖然我相信並非如此。人們若問天體旋轉爲什麼要由東到西而不是由西到東，若問天體轉動所繞的極爲什麼靠近大小熊星而不靠近獵戶星或在天的任何其他部分，這似乎是近於發瘋，因爲我們對那些現象只應視爲觀察的結果和就是那樣的事實而予以接受。不過我要指出，固然自然界中無疑有某些事物是最後的而不能更有原因的，但上述那一層我認爲卻並不在其列，我以爲那是爲宇宙的某種諧和性和相應性所造成，不過還不曾爲我們所察及罷了。[399]而且即使我們

---

399 這種諧和性的最顯眼的事例是這一情況，即太陽系的一切運動都朝著一個方向，都是從西到東。（基欽指出，萬有引力的發現已說明了這一點，雖然不是像培根所想的那樣。——譯者）

承認了地球的運動是由西到東，同樣的問題還依然存在。因爲它還要繞著某個極而運動；而我們也就還可以問，這極又爲什麼在其所在而不在任何別的地方呢？[400]另外還有可以歸到這種運動的則是磁石的指極性、方向性和偏角。此外，在自然的和人工的物體之內，特別是在固體之內，分子間也有某種並列和位次，並有一種經緯和組織；那也應當仔細的加以查究，因爲若不懂得這些，便不能方便的來處理或管制那些物體。至於流質中的打漩運動，那是分子受壓，在未獲解放前要相互拯救，以便大家平均分擔壓力；則以歸入自由運動較爲恰當。

第十五種運動是**過渡**運動，或是叫**通行**運動。[401]在這種運動當中，物體的特性，視物體和活動特性的性質如何，亦視中間物的性質如何，或多或少要受到中間物的阻礙或者促進。例如，一種中間物適於光，另一種中間物適於聲，又一種中間物適於冷熱，又一種中間物適於磁性，類此等等。

---

400 這段話表明培根不懂得極並不是固定在什麼地方的；換句話說，他對歲差是無所認識的；這就進一步證明他對於數學、物理是多麼不夠注意。

401 基欽指出，在此項下可以列入有關力學中所謂「阻力介質中的運動」的討論。——譯者

第十六種運動是**王權的**運動（我這樣說），或者叫作**政權的**運動。[402]在這種運動當中，物體中占優勢的、統治的分子約束、鎮服、壓制、管理著其他分子，迫使後者或合或分，或止或動，以及如何排列，並不依照後者自己的欲求，而是看如何可以有助於統治分子的福利；所以說統治分子像是淩駕於屈服分子之上的一個政府或政權。這種運動在動物的元精當中是突出的顯著；在那裡，元精只要老是活躍有力，就總在節制著其他分子的一切運動。在其他物體當中，這種運動亦以較低的程度表現出來；例如我曾說到血和尿，那亦是要直到調和和維繫其各個分子的元精放射出去或熄滅之後才會解體的。這種運動還不僅限於元精，雖然說在大多數物體之中元精由於具有迅疾而銳利的運動之故總是成爲主人。在具有較大密度而不保有活躍元精的物體當中（例如在水銀和硫酸中），其較厚重的分子則成爲主人；以致這種物體非至借某種辦法擺脫這個羈絆和束縛後便很少有什麼新的轉化的希望。應該說明，既然這裡整節所舉的一系列的、分門別類的運動都不外是要借著這些競爭的事例來更好的查究運動的優勢，而我現在忽又提到運動自身之中的優勢，希望讀者們不要以爲我把論點都忘了。須知我在描述這種王權運動時，我所論究的不是運動或特性的優勢，而是物體中分子的優勢，正是這點優勢才使得現在討論中的這個運動成爲一個特定的類別。

---

402 基欽注明，這種是很模糊不清的，指的是物體中占統治地位的力量或性質控制著一切其他力量或性質。——譯者

第十七種運動是**自發的旋轉**運動。[403]在這種運動當中，凡樂於運動和所處地位便於運動的物體可以任其本性，順己而行，求歡於其自身，而不必依隨其他物體。物體看來不外是要做無端極的運動，或者是完全保持靜止，再不然就是趨向於一個端極，到那裡後則視其性質如何而或轉或止。凡物體處於適當地位，如果樂於運動，它就以圓圈的形式來動，而這就是永恆的和無限的運動。凡物體所處地位雖然適當，但卻憎惡運動，它就保持靜止。至於那些不處於適當地位的物體，則以直線的形式（作爲最短的途徑）來進行運動，以與和它自己性質相同的物體聯合起來。但這種旋轉運動在以下九點上是容有不同的：一是物體運動時所繞的中心；二是物體運動時所依的極；三是物體運動時所形成的圓周或軌道，視其與中心的距離如何而定；四是速度，視物體旋轉急速程度的大小而定；五是物體運動的方向，如由東到西或由西到東；六是物體運動離卻正圓形的程度，視螺旋線對中心點距離多少而定；七亦是物體運動離卻正圓形的程度，這是從螺旋線對於極距離多少來看的；八是這些螺旋線彼此相互之間距離的大小；九是各極自身的變異，假設極亦會動的話；不過這一點除與圓圈形式的旋轉外是概無關係的。還要指出，這種旋轉運動，在一般的和久已公認的意見說來，是視爲天體所固有的運動，雖然古代近代有些主張大地亦在旋轉之說的人們在這方面亦曾起過嚴重

---

403 基欽注明，參見第二卷語錄五末尾及第二卷語錄三六第二例。——譯者

的爭論。我以爲在這裡另有一個問題（假如還不是已成過去的問題）倒是較爲恰當的，那就是要問這種旋轉運動（且承認地是靜立不動的）是否僅限於天體，是否還可下傳到空氣和水。至於投射物的旋轉運動，如標槍、射箭、槍彈等等的運動，我是把它歸到自由運動當中的。

第十八種運動是**振盪**運動。[404]這種運動，若照天文學家們所理解的來說，我是不大相信的。但若到處仔細索查自然物體的傾向，那麼這種運動就呈現在我們面前，並且似乎應當單獨成爲一個類別。這乃是可以稱爲永久監禁狀態的一種運動；這就是說，當物體尚未十分找到自己的適當地位，卻又不是完全不安，只是永遠不停的震顫著和動盪著，既不滿足於現狀而又不敢再向前進，這時就出現這種運動。像這樣的運動，我們在動物的心臟和脈搏中可以見到。一切物體，凡處於便與不便之間的中間狀態，一經攪動就奮求解放，被重擊回則又永遠力試者，亦必然都現出這種運動。

第十九種也是最後一種運動雖難符於運動之名，但不容爭辯也是一種運動，我把它叫作**安息**運動或**惡動**運動。[405]如大地塊體靜立不動，而其端極則動向中心——不是趨於一個假想

404 基欽注明，對於這種運動，培根是不大相信的。不過，脈搏似乎可以提到這裡而列爲運動之一種。——譯者

405 基欽指出，這裡仍使用「運動」一詞，正標誌著培根在文體方面的粗疏。這實際上是「惰性」，稱爲運動，可謂古怪的運動。——譯者

的中心，而是趨於聚合——，就是出於這種運動。[406]又如一切具有相當密度的物體都憎惡運動，亦是出於這種傾向。實在說來，這些物體的惟一傾向就是要求不動。縱有千方百計挑誘它們運動，它們總是盡其所能保持固有的性質；即使被迫動起來了，又總像是願求恢復其靜止狀態而不再動下去；至於在要求恢復靜止的努力當中，它們卻表現活躍，卻以足夠的靈敏和迅捷進行爭取，好像迫不及待刻不容緩的樣子。應當指出，關於這個傾向，我們只能看到部分的表現。因爲在我們這裡，由於天體的緩和和調和的力量，一切可觸質體不但不能壓縮到極度，而且甚至還摻有一定部分的元精。

如上所述，我已經舉陳了自然界中最普遍的一些運動、傾向和活動特性的若干類別或單純成分。在那些標題之下，自然科學的不小一部分亦已經勾畫出來。但我的意思卻不是說再無其他類別可以增添，亦不是說我所作的這些區劃就不能另依照自然界的眞正脈絡而劃分得更加精確，就不能再減到較小的數目。値得注意的卻是，我這裡所說的並不是任何抽象的區劃；並不像有些人那樣說物體有的是要求其性質昇華，有的是要求其性質繁衍，有的是要求其性質享有成果；亦不像另一些人那樣說事物的運動有的是趨赴宇宙的保存和利益，如抗拒運動和連接運動便是，有的是趨赴巨大整體的保存和利益，如大趨聚運動、旋轉運動和惡

---

406 基欽注明，參見第二卷語錄三五。——譯者

動運動便是，有的是趨赴特殊形式的保存和利益，如靜止不動便是。因爲那些論斷縱然是眞的，可是若不用物質中和自然結構中的眞實畫線來加以界定，它們便只是揣想的而沒有什麼用處。還要指出，我所舉陳的這些，就著我們當前的目的說來，即就著考量各種特性的勝敗從而找出競爭的事例這一點說來，已經是足夠並且是很得用的了。

我所舉陳的這些運動，有些是頗不可戰勝的；有些是較其他運動爲強，束縛、限制、擺布著其他運動；有些比其他運動走得較遠；有些在速度上超過其他運動；有些則是在護持、加強、擴大和加速其他運動。

抗拒運動是完全牢不可破和不可戰勝的。連接運動是否亦是這樣，我還不能確定。因爲我還沒有把握能夠確定地說是否有一種虛空，無論是集於一塊或者是散於物體的空隙之間。[407]但有一事我則確信無疑，就是，留基伯和德謨克利特[408]宣導虛空說時所持的理由（就

407 「vacuum permistum」是指散於物質空隙之間的虛空，「vacuum coacervatum」則指清楚的空的空間。關於這兩者的區分，參見亞里斯多德的《物理學》第四章第七節。培根不止一次提到過的亞力山大力亞的英雄（Hero of Alexandria）同意承認前者而拒絕後者。參見*Spiritalia*一書的引言。（基欽注道：在這裡，培根似乎懷疑通常所謂虛空是沒有根據的。而他所謂「集於一塊的」和「散於物體空隙之間的」虛空又是什麼意思呢？在下文第二卷語錄五〇中，他講到「散於物體空隙之間的空氣」（aer permistus）和「集於一塊並圍繞四周的空氣」（aercoacervatus et circumfusus），前者意爲摻雜於粉狀物質

是說，若是沒有虛空，那麼同物體就不能有時擁有和充塞著較大的空間，有時擁有和充塞著較小的空間）乃是虛假的。因爲物質明明能夠於空間中在一定限度內把自己或舒或卷，並不需有一塊虛空介入幫忙；因爲空氣中並沒有比金子中大兩千倍的虛空——那若照他們的假設則是應當有的。關於這一點，我是從氣體的特性的有力（不然氣體就會像微塵一樣飄浮在空的空間之中）和其他許多證據中獲得充分的確信的。至於其他各種運動，它們是視其力量、數量、速度、發射力以及所遇助力或阻力的對比而輪流爲支配者和被支配者的。

例如，有些裝鐵磁石能夠吸住和吊起比自己重六十倍的鐵；在這限度內小趨聚運動制勝了大趨聚運動；但重量若再增加，它就被壓制下去。一架有一定力量的槓桿能夠舉起一定的重量；在這限度內自由運動制勝了大趨聚運動；但重量若再增加，它就被壓制下去。一張皮革能夠展至一定的程度而不破裂；在這限度內連續運動制勝了緊張運動；但張度若再增加，皮革就告破裂，那就是連續運動又被壓制下去。又如水能夠從一定大小的裂縫流出；

中的空氣，後者則意爲空氣成爲一塊，圍繞並覆蓋著這種物質。我貿然分別試譯爲「部分的虛空」和「完全的虛空」。按：查拉丁本原文中（第二卷語錄五〇第一種方式）有此字樣，英譯本在該處未予照譯，似屬疏漏。——譯者）

408 基欽注明，參見第一卷語錄五一。——譯者

在這限度內大趨聚運動制勝了連續運動；但裂縫若是較小一些，前者就讓位而後者則得逞了。假如我們只把砲彈和硫磺裝入砲內，用火柴去燃放時便不能把砲彈發射出去；這是大趨聚運動制勝了物質運動。但如果施以火藥，那麼，硫磺中的物質運動由於得到物質中各種運動和硝石中逃避運動的幫助就能得逞了。關於其他運動，亦可以照此類推。這樣看來，這些顯示出各種特性的勝敗的競爭事例，連同其如何或勝或敗的情形與對比關係，實在是應當以敏銳而仔細的努力從各個方面來加以尋求和收集起來的。

同樣，我們對於那些運動如何敗退的情形也必須考察仔細。這就是說，我們要仔細的考察它們還是完全停止了，還是仍在繼續抵抗，但卻被壓倒著。因爲在我們這裡，物體無論就整體或就部分說來是沒有眞實的靜止而只有表面的靜止的。這個表面的靜止不外出於兩種原因：或者是出於平衡、或者是出於某些運動的絕對優勢；前者如天秤兩端上的重量相等則天秤便靜立不動；後者如帶有小孔的水罐，由於連接運動占著優勢之故，其中的水便保持靜止而不外流。[409]所應考察的是，我已經說過，這些退讓中的運動進行抵抗到什麼程度。譬如說，一個人被縛倒在地，捆住了手腳，或以其他方法綁緊，而他卻竭盡全力要掙扎站起，這時他的抵抗雖不成功，但抵抗則並不消滅。我想這件事的眞實情況（我的意思是說，這退讓

409 基欽指出，這裡又看到培根缺乏關於空氣壓力的知識。——譯者

中的運動在遇到他種優勢時還是直接被消滅，還是在我們不能看見之中繼續進行抗拒），雖然隱蔽在各種運動的衝突之中，卻或可在各種運動的會聚之中顯露出來。舉例來說，可借發射砲彈做試驗。我們先看一尊砲可把一個炮彈直射多遠；然後再試向上發射時的射擊力是否較向下發射時爲弱，因爲向下發射時，引力運動是和這一發射會聚起來了。

最後，我們還應把所見到的關於優勝的一些定則蒐集起來。舉例來說，凡所追求的利益愈屬普遍，運動就愈強而有力，這就是一條定則。例如，涉及全宇宙之所共用的連接運動就比僅僅涉及厚重物體之所共用的引力運動爲強。又如，除非在小的數量之下，凡目的在於私利的傾向都很難勝過目的在於公共利益的傾向。順便說一句，這些規律我希望亦適用於政治當中。410

410 基欽指出，這裡又看到培根喜作類比。……看來培根把這條放在很高的位置上，而其實是最壞的示範之一，因爲其中充滿著假象。其中劃分出一些奇想的也是不必要的子目，並未輔以奇想的術語；而將「欲求」、「引力」、「交感」、「抗拒」和「惰性」等竟一概名之爲運動。——譯者

四九[411]（二五）**暗示的事例**——這種事例足以暗示或指出什麼是對人類有用的東西。我們知道，僅僅權力和僅僅知識固然能提高人性，但並不能賜福於它。因此我們還必須在全體事物中蒐集那些對於人生最有用的事物。但要論列這些事物，須待我論究到實踐上的應用時才是更適當的地方。此外，就在每一特定對象的解釋當中，我也必留些位置給予**有關人生方面的圖表**，也即**人類所當願望的事物的圖表**。須知作出明智的願望正和提出明智的問題一樣，也不失爲知識的一部分。

五〇（二六）**多方有用的或廣泛應用的事例**[412]——這種事例關涉到多種多樣的情況，並且是

---

411 上文四五—四八這四條講的是數學的或計量的四種事例。自本條至五一條三條講的是嘉惠的或仁慈的三種事例。參見第二卷語錄四四的注。——譯者

412 基欽注明，這是指廣泛有用的，適用於多方查究工作的事物，其作用在於縮短查究的過程並使之易於進行。這種事例在這裡不能全面的予以查究，因爲它所涉及的幾乎都與物理學的發現有關。——譯者

常常出現的；因而它使人們節省不少勞力和重新論證。又，工具和設計等項，須待我論到實踐上的應用和實驗的方式時再述說。而有些已被發現和已見應用的工具和設計並將於各別技術的特定歷史中得到敘述。這裡，我只就著它們概述幾點，僅作爲這種普泛應用性的舉例罷了。

人們之施加動作於自然物體，除了簡單的把它們組合或分割之外，主要不外七種方式：一是排去一切能對它們發生阻礙和發生擾亂的東西；二是加以壓縮、擴展、激動和類似的動作；三是施用熱和冷；四是使它們持續存留在一個適宜的場所；五是遏止和規限它們的運動；六是利用特殊的交感作用；七是適時和適當的把上述這些辦法或至少其中某些辦法加以交替、連續和繼起使用。

先說第一種方式。到處繚繞和到處挨入的空氣以及各種天體所發出的光線就是產生很多擾亂的東西。因此凡有助於排除它們的事物就都有理由算在普泛有用的事物之列。例如我們在對物體施加動作時所用以盛放該物體的器皿的質料和厚度，又如借凝化和化學家們所謂封泥[413]來把器皿完全封閉的辦法，都可列在這一項下。把液體傾注在質體的浮面掩蓋住它，這亦是大有用處的事；例如人們把油倒在酒上或植物汁液上，它就像個蓋子一樣鋪在表面，極

413 拉丁本原文爲lutum sapientioe。基欽注釋說，這是一種組分，用以嚴密的封閉器皿的空隙。——譯者

好的護住，使它們免於空氣的侵害。還有粉狀物亦是很好的東西；它們雖含有摻入其中的空氣，卻仍能排拒四周氣體的力量；[414]我們常見把葡萄或其他果品保存於沙粒或細粉之中，就是此例。若用蠟、蜜、松脂或類似的黏性質體敷在物體上面，藉以把物體掩護得更加完密而與空氣和天體相隔絕，那亦是很好的辦法。我還曾把一個器皿或其他某些物體置入水銀之中，觀察它的效果，知道在一切能夠用以環浸其他質體的質體之中，水銀乃是密度最大的一種。還有洞穴和坑井，在阻隔太陽熱力和侵蝕物體的無遮空氣方面，亦有很大的用處；德國北部的人們即用它們來當穀倉。把物體沉浸水中，亦有同樣的效果；我記得曾聽說，有人把幾瓶酒縋入深井之中去浸涼，因偶然疏忽之故而一置若干年，再取出時，那酒不但不曾變酸或變淡反而大見醇美；這看來是由於其分子有了更加細密的混合之故。再說，若是需要把物體安放在水底，譬如說安放在河底或海底，既不要接觸到水，又不要封閉在堵嚴的器具之內，而要求周圍只有空氣；那麼，有一種用以在水底對沉沒船隻進行工作的工具很有用處，它使得入水的人能夠在水底存留一段長時間，不時呼吸空氣。這機器是金屬製成的一種空的鐘形物體，把它與水面平行的下沉，它就把所含的空氣都帶到水底。它像一個三腳架，其高度略低於人身；入水的人感到呼吸困難時就可把頭伸入鐘的空部，呼吸一下空

414 英譯本在這裡似有疏漏處，參見第二卷語錄四八的注。——譯者

氣，再繼續進行工作。我還聽說有一種機器或說是一種船隻能把人帶在水底航行相當一段距離。[415]既是這樣，那麼在這機器下方當然什麼物體亦定能容易的懸浮起來；正是爲了這一點我才來提到這一個實驗。

仔細而完全的把物體封閉，這還另有一種好處。這不僅能防止外面的空氣進入（這一點我已講過了），而且還能在我們對物體內部進行動作時防止物體的元精向外逸出。我們知道，凡要對自然物體施加動作，必須能夠確知它的品質；這就是說，必須做到沒有東西蒸發或流失。一方面有自然防止了任何分子的消滅，同時有技術防止了任何分子的損失或逃亡，只有這樣，才算在物體中做了深刻的改變。在這一點上，人們之間盛行著一種錯誤的見解，那如果是眞的話，就會使我們對於保存完好無所減損一層接近於絕望。這種見解就是說，物體的元精以及經高熱而稀化了的空氣，都不可能被保留在嚴封的器皿之內，而要從遠

---

415 據貝克曼（Beckmann）說，在近代，第一個明白提到潛水鐘的是芬夏斯（Fainsius），參見肖特（Schott）的引文。芬夏斯敘述過，有幾個希臘人於一五三八年在托雷多（Toledo）地方向查理五世（Charles the Fifth）及其宮廷展出一具潛水鐘。

英譯本編者補注道：培根這裡所說的比潛水鐘又有進展，是一種潛水艇，如特律貝（Drebbel，一五七二—一六三三年，英國人，第一艘潛水艇發明者）在一六二〇年所展出的那種。培根另在*New Atlantis*一書中也提到這事，可參見。

較細微的空隙中逃逸。引導人們形成這種見解的是這樣兩個常見的實驗：在一只杯中點上蠟燭或燃著紙張，把它倒置水上，結果就把水吸起；同樣，把一只吸血玻璃器就火上烘熱，扣在肌肉上，結果就吸起肌肉。人們由這兩個實驗就想像說，稀化了的空氣跑走了，空氣的量從而減少了，於是水或肌肉才借連接運動而代入其地位。[416]但這其實完全是誤解。須知空氣並非在量上有所減少，而是在空間上有所收縮；而且水的上升運動亦並非在火焰熄滅空氣冷卻之後才行開始；並且正因這樣，所以醫生們爲使吸血器更有作用起見，還把涼水浸過的海綿蓋在上面。如此，人們實在並無理由要如此擔心空氣或元精會容易逃出去。再說，即使說最堅實的物體也有空隙這句話是眞的，空氣或元精也並不輕易遵行這個極其細微的交通路線，正如水也拒絕從很小的裂口流出一樣。

說到第二種方式，特別應當指出，壓緊和這一類的強力方法對於本位運動和類似的運動方面，即如在機器中和投擲物中，實具有最有力的效果，甚至足以造成有機體以及完全寓存於運動之中的各種特性的毀滅。例如一切生命，甚至一切火焰和燃燒，都可借壓力來加以消

---

416 基欽指出，培根的這個說明是錯誤的。空氣受熱而膨脹，於是有些空氣跑掉了；然後，如把器皿口朝下放在水上或扣在肌肉上，並嚴密封住空氣的入口，空氣冷卻時便自收縮，於是外面空氣的壓力就把水或肌肉驅入器皿之內，使之升起。——譯者

滅，正如任何機器都會爲壓力所破壞和搗亂一樣。對於寓存於位置和寓存於分子之間的較大相殊性的各種特性，壓力亦同樣能起毀壞作用。顏色方面就有這種情節；例如一朵完整的花在搗碎之後，顏色就與前不同；又如同一塊琥珀，完整時與粉碎後顏色亦不相同。滋味方面亦是如此；例如一個生硬的梨和一個擠軟了的梨滋味就不一樣，這顯然是經擠軟過程而收聚了梨的甜味。但是說到要對內部結構一致的物體造成什麼比較顯著的轉化和變易，這類強力的方法就少能爲力了；這類物體並不由此而獲得一種常態和穩定的凝固性，而只能獲得一種過渡性的凝固，並且老是掙扎著要恢復和解放其自身。至於說到在那種內部結構只是近乎一致的物體（如空氣、水、油等類）當中，憑藉強力方法而引起的縮聚或稀化究竟能否成爲常態和固定並且竟變爲一種性質，這必須透過做些仔細的實驗才能確定。這可以首先借單純的時間延續來試驗，然後再借加施助力和相應作用的辦法來試驗。這一試驗，在我（如上文所述）前用重錘和壓榨器來壓縮鐵球中所裝的水直至它從球身滲出爲止的時候早就可以很容易的做出（只要當時我曾想到）。當時我該把砸扁了的鐵球聽其自然擱置幾天後再把水倒出，那樣我就會看出水是否立即重複占有其聚縮之前的體積。假如它不曾這樣，無論是立刻或者是過了不久之後，那麼我們就可斷稱這聚縮是常態了；假如它是這樣，那麼可見它又在恢復，而壓縮則僅是過渡性的。同樣，在我前就玻璃蛋中來擴張空氣的時候亦早可做出與此同類的試驗。當時我可以在把玻璃蛋內的空氣大力吸出之後猛然把它封緊；可以在封緊之後把它擱置幾天；然後再把封口打開，看它是否亦帶著嘶嘶之聲重把空氣吸入；還可把它投入水中，看它是否和另一未經擱置即行啟封的蛋一樣吸進同量的水。事情結果即便是這樣，至少亦值得我們試驗一下；因爲對於內部結構並非十分一致的物體，時間的延逝是要產生這種結果的。即如一根木棍受壓變彎，時間長了，它就不再恢復。但這種情況卻絕不可解釋爲在時間延逝之中木頭的量乃有所喪失；因爲就一個鋼盤來看，假如時間更增長了，亦會有同樣的情況，而鋼顯然是絕不會有所蒸發的。這個實驗，假如僅借時間的延續來看尚談不上成功，我們也絕不應輕率放棄，而應當再用其他有助的辦法繼續。須知我們如果竟能借使用強力而傳予物體以固定和永久的性質，這收穫可眞是不小的。因爲這樣一來，空氣就可借壓縮而變成水，[417]其他同類的效果亦都可產生出來；而人類對於強力運動又是比對於其他運動能夠掌握得多的。

第三種方式涉及無論在對自然方面或者在對技術方面施加動作時都稱重大的工具，那就是要使用熱和冷。必須說，在這兩者間，人類的力量顯然是跛著一足的。在熱這方面，我們有火，那比臨及我們的太陽或者比動物軀體的熱都強烈得多。但在冷方面，除非在冬季所得

---

417 基欽引用《新工具述要》（*Account of the Novum Organum*）有用知識叢書（*Library of useful Knowledge*）本第二部分第三一頁中的一句話注明：「畢歐（M. Biot）最先證明這一設想是有根據的，他成功地借壓縮氫和氧而造出了水。」參見赫薛爾的《自然哲學論》第三五八節。——譯者

的或在洞穴中所得的或借冰雪而得的之外，我們便別無所有；而這類的冷則僅略能和熱帶午時在山陵或牆垣反射之下而增強了的太陽的熱相提並論，因爲這類的熱和這類的冷是同爲動物在短時間內所能承受的。但是它們都不能和熊熊爐火的熱同日而語，亦不能和與此相當的何種冷度同日而語。由於熱和冷的情況有此不同，所以我們的一切東西都偏趨於稀薄、乾燥和耗損；而很少有東西趨向於凝聚和軟化，除非借用混合物和一些可稱來路不正的方法。正因如此，所以對於冷的事例就更應竭盡一切加以蒐集。這種事例看來可以求之於如下等項：可以把物體在嚴霜之下暴置在尖閣頂上；可以把它們放置在地下洞穴之內；可以把它們放置在爲此目的而掘築的深窖之中並且圍以冰雪；還可以把它們縋入井裡；把它們埋在水銀和金屬之中；還可以把它們投入水中，那是能夠使木頭化石的；還可以把它們埋在地下，像中國人製作陶瓷時據說就是那樣，聽說他們把土坯埋入地下四、五十年之久，成爲一種人工的礦物，傳給他們的子孫；此外還有許多類似的過程。再則，凡一切由冷所引起的自然的凝聚現象也都應加以查究，爲的是知曉了它們的原因之後便可以用技術來加以模仿。例如我們常見雲母和各種石頭上發生水珠；玻璃窗於一夜經霜之後清晨時便見裡面凝有水珠；地下蒸氣經冷就聚化成水，從而常常向上冒出氣泡。舉凡這一類的事物都是應當加以蒐集的。

除了能夠在觸覺上引起冷覺的東西之外，還有一些具有冷力的東西，也能發生凝聚作用。但這類東西似乎只對動物發生作用；很少對其他物體發生作用。這在藥物和膏藥方面有許多事例；其中有一些是促使肌肉和可觸分子凝聚的，如收斂性和濃凝性的藥劑便是；

另一些是促使元精凝聚的，如催眠劑便最爲顯著。催眠劑之凝聚元精可有兩條途徑：一是鎮靜它們的運動，一是驅迫它們奔跑。例如紫羅蘭、萵苣、乾玫瑰葉以及類似的溫和藥劑，借其清涼香氣，可以促使元精聯合，並鎮靜其急促無休的運動。又如當人驟然昏厥時，以玫瑰水施於鼻孔，亦會使散掉和過於鬆弛的元精恢復，彷彿是在保育它們似的。但像鴉片和同類藥劑，則是借其凶惡而有敵意的性質來驅迫元精拼命奔跑。所以若把它敷於外部，則元精立即逃離該處，並且不易重行流入；若把它吸入體內，則它的香氣一經升至頭部即驅迫腦室中所含的元精散向各方。而這些元精，既已這樣撤退，而又不能逃入其他部分，結果就集在一塊而凝聚起來，並且有時極度窒息而消滅下去。[418]但是另一方面，同樣的鴉片，如果吸量適中，亦確能借其第二期的附性（這是指那繼集攏之後而起的凝聚而言）來安撫元精，使它們變得更爲健壯，並且遏止它們的無用的、上火的運動；因此它在治病和延壽方面，貢獻亦是不小的。

此外，關於如何調配各種物體使它們便於接受冷凍一節，我們亦不可略而不談。這有許

418 基欽指出，這樣來描述鴉片的效果，是極端離奇和武斷的，幾乎可以認爲巴拉西薩斯式的諺語之一，那在培根說起來總是十足輕蔑的。關於他對「元精」的觀點，參見第二卷語錄二七、四〇以及第一卷語錄五〇。——譯者

多情況可說，我只提到一點：微溫的水是比很冷的水較易凍凝的。

還要說到，既然自然所供給的冷是如此吝嗇，我們就必須仿效製藥者的辦法——他們在得不到某種藥料時就採用他們所謂的替代品，例如以沉香脂來代替某種香樹汁液，以玉桂來代替肉桂。同樣，我們亦應當多方細察一下，看看有沒有什麼能夠替代冷的作用的事物，這亦就是說，要看看除冷具有引起凝聚這一本分的職能而外，是否還有其他能使物體凝聚的辦法。以迄今所見而論，這類凝聚方法看來不出四種。第一種是借單純的壓縮來引起凝聚。這並不能使物體保持恆久的凝縮，但若作爲輔助的辦法，或許也屬有用。第二種是借物體中較精的分子於較粗的分子逃出之後發生收縮而引起凝聚，例如在物體受火變硬的過程中，在金屬屢經驟冷的過程中，以及在類似的其他過程中，都有這種現象發生。第三種方法是，物體中有些最堅實的同質分子原先散處著，並與其他較欠堅實的分子混合起來，後來一經集攏，就產生凝聚現象；例如把昇華在粉末中的水銀恢復爲單純的水銀，它就凝聚而不再占那麼大的空間；又如在一切提清金屬渣滓的過程中亦都是這樣。第四種是透過交感作用，借一些質體的某種隱祕力量來獲致凝聚。這種交感或相應作用現在還很罕見；這亦不足爲奇，因爲當我們在發現模式和發現結構方面尚無所成就時，我們當然不能希望從交感作用的探究中取得多少收穫。沒錯，關於動物身體方面，的確有多種藥物，無論是內服的或者是外敷的，彷彿是借相應作用而凝聚，就像上文略曾說到的一些。但是在無生的質體方面，這種動作就很罕見了。有些記載中和一般傳說中都曾傳播著一個故事，說泰西拉或迦納雷群島[419]（我記不清是哪一個）的一個島上有一棵樹老在裂著口滴水，竟至在相當程度上足供當地居民用水之需要。[420]又，巴拉西薩斯曾說過有一種名爲「日露」的草，當中午酷日之下周圍一切其他草類都呈乾燥的時候，它竟滿含著露水。[421]不過這兩個故事在我看來都屬荒誕無稽。如果眞有其事，那麼這種事例可是非常有用，亦是最値得深究的了。至於那種五月時候在橡樹葉上所見的甘露，如人們所謂之神漿，[422]我亦不認爲是借橡葉中什麼特殊本性而凝成，那不過是露水普及一切樹葉之餘，獨在那組織完密而不像其餘樹葉那樣綿軟多孔的橡葉上能夠保存罷了。

---

419 基欽注明，泰西拉群島（Tercery Islands）現稱亞述群島（Azores）。——譯者

420 這棵怪樹，在莊斯敦（Jouston）所著*Dendrographia*一書（一六六九年在Frankfort出版）中曾有描述，見第十卷第四章。他所援引的權威之中有卡丹（Cardan，一五〇一—一五七八年，義大利物理學家和數學家，著有*De Rerum Variete*一書。——譯者），培根或許正是從他那裡引來這一故事。這棵樹據說是在弗樂島（Ferro）上見到的。

421 我在巴拉西薩斯那裡未能找到一點。不過，這看來是與他的露水學說相合的——他認爲，露水是從太陽和眾星滲出來的東西，若加抑閉，就會形成增多的星體。

422 基欽指出，像橡樹一樣，菩提樹和其他樹上也常有甘露。——譯者

至於說到熱，人們誠然享有豐富的儲量以及對於它的支配力量，但在某些細目並且是最爲需要的細目方面，考察和查究也還是不夠的，隨煉金家們怎樣說。人們對於強度熱力的效用是曾加以尋求並曾有所察見了；但對於較柔熱力的效用——那卻是最吻合於自然的方式的，則未予探查，因而亦就尙無所知。正因如此，所以我們看到在熱的一般使用當中總不出這樣一些情況：或則把物體的元精大大的激揚起來，像使用強水和其他化學油質就是如此；或則把可觸分子變硬，有時並因輕浮分子被放而固定起來；再不然就是把同質分子分隔開，同時把異質分子在粗糙的方式下合併並融混在一起；而最要緊之點還在把合成物體中的一些關節以及比較精微的結構打散而混亂起來。實則，我們對於較柔熱力的動作也是早應有所試驗和探查的。那樣，人們方能照著自然的榜樣，模仿著太陽的工作，來產生來引發較精微的混合物和較正常的結構體，像我在關於聯盟的事例那條語錄中所提示的樣子。423 須知自然動作之進行，與我們目前使用之下的火的動作遠不相同，其步驟是循序漸進，其安排亦緻密和繁複得多。只有當我們能夠借人工熱力和其他動作力量把自然的工作在模式上體現出來，在特性上完備起來，在分量上有所變化，並且還在時速上有所增加的時候，我們才算看到人類的權力眞正有了擴增。例如鐵銹的形成是徐緩的，而鐵的酸化黃粉則一下子就可

---

423 基欽注明，參見第二卷語錄三五。——譯者

形成；銅絲與碳酸鉛粉的情況亦是這樣；又如水晶須經漫長的過程而後產生，而玻璃則一下子就可吹成；石頭須經很長的時間生成，而磚頭則很快的就可燒出來。有鑑於此（再回到現在的本題來說），所以我們對於各種各樣的熱，連同它們的各種效果，一概應當努力的從各個方面蒐集而加以查究。這就是說，舉凡一切天體的熱，連同其光線是直射、是反照、是經過彎折以及是集合在引火鏡和一般鏡子之下等等不同情況；還有閃電的熱、火焰的熱、煤火以及各種不同燃料的火熱；單論火熱，又有封閉與敞開之別，直放溢流與經過不同構造的爐灶而有所修改之別，經過吹噓而激動與未經激動而靜穆之別，距離遠近之間亦有區別，所經中間物不同時亦有區別；此外還有各種溼熱，如水焐器皿的熱、[424]糞便的熱、動物外部和內部體溫的熱和乾草受悶的熱；又還有各種乾熱，如灰燼的熱、石灰的熱、熱砂的熱之類；總之，所有各種各樣的熱連同其各種不同的程度，都是我們所應當蒐集而加以查究的。

但是首要的問題還在，我們若用循序漸進和固定間歇的方式，以適當的距離遠近和時間

424 拉丁本原文爲「balnei marioe」，實應作「balneum maris」；這是指傳熱的一種方式，做法是把任一物體放入一個器皿，再把這器皿放入注上水的另一器皿，後者架在火上，前者及其所盛的物體就漸漸的變爲溫熱。（拉丁文爲balnei marioe。基欽注釋說：在蒸餾中，把要蒸的器皿放在一缸水中，而不是放在沙中，這種做法叫作水浴，拉丁文應作balneum marioe。按，這種傳熱法不一定要架在火上蒸，用燙火焐也行。——譯者）

長短，來控制熱力的施加和撤除，其效果和作用將會如何，這是首先應當加以查究和發現的。因爲這種有秩序的不平均狀態實在正是天體之女，亦是生成之母；須知從那種暴烈急遽、突來突退的熱力當中是不能希望到什麼重大結果的。這一點在植物當中最爲顯著；在動物的胎宫中，隨著孕婦之或動、或臥、或進飲食、或動情欲，熱就亦大不平均；最後，在大地的子宫當中——我的意思是說金屬和化石形成時的所在地，這種不平均狀態亦有其地位和力量。有些改良派的煉金家曾設想把燈火保持平均，借其穩定不變的溫熱便能達到他們的目的；由上述這一點看來，就更顯出他們的笨拙了。關於熱的動作和效果，我就說到這裡爲止。當事物的模式和物體的結構還未獲得進一步的查究和揭示之前，要把熱的那些問題澈底加以研究，條件是不成熟的。只有在認清了形式之後，那時我們才能尋求、使用，以至調整我們的工具。

第四種方法是憑賴持續，他好比作自然的管家和代賑人。我所謂之持續，是說把物體聽其自然的擱置相當一段時間，同時要確保它不受到一切外來的力量。因爲只有在外加的、倘來的運動被止住了之後，內在的運動才會完善展露出來。現在且看，時間的工作比火的工作要微妙得多。例如酒，若借火來醇化它，就不及借時間來得好。又如由火所產生的灰燼，就不如借歲月消解而成的各種質體的微塵那樣精細。同樣，凡借火力催迫而驟然形成的併合體和混合物總遠次於那些借時間而形成的。還要看到，凡物體借持續作用而得的變異了的結構，就如腐壞狀態，又會被火或任何強力的熱所消滅。這裡還應指出，當物體運動十分受到禁閉時，其中就會帶有一些暴力的東西。這就是說，這種禁閉是會阻礙物體的自發運動的。正因如此，所以我們看到，持續若是在敞開的器皿中來進行，便最適於分解；若是在嚴閉的器皿中來進行，便最適於混合；若是在部分封閉而仍有空氣進入的器皿中來進行，便最適於腐壞。總之，舉凡足以顯示持續的效果和作用的事例，我們都應仔細的從各個方面加以蒐集。

說到第五種方式，即對於運動的規限，用處可是不小的。所謂對於運動的規限是說一物體與另一物體接觸時就會阻礙、遏退、或者容許、導引該物體的自發運動。這個作用大部分寓於器具的形狀和位置之中。例如蒸餾器中正裝的圓錐體能幫助蒸氣的凝聚；容納器中倒置著的圓錐體能幫助把糖質中無用的東西排出。有時一種螺旋形的器具是需要的，有時又需要一個寬窄相間形狀的器具，有時則又需要別種形狀的東西。須知凡所謂過濾都是要使去接觸的物體對所接觸的物體放過其一部分而封鎖其另一部分。還須知道，過濾或他種規限運動的事又不限於從外面來做，而亦可由一物進入一物之內去做；例如把石頭投入水中去攏收水的塵濁分子；又如用蛋白可以澄清糖漿，其作用便在把其中較粗的分子粘住，從而除掉它們。至於泰萊夏斯把動物的形狀亦諉諸這種對運動的規限，說那是緣於子宮之中運輸養分的管道和皺褶，這卻是眞夠輕率和無知的。[425]他實在應該能夠指明在蛋殼之中亦同樣有所形成，而那裡卻並無皺褶或坎坷。不過若說在塑鑄的動作當中這種對運動的規限具有造形作用，這卻是眞確的。

說到第六種動作方式，即借相應性或背反性而進行的動作，這往往是深藏不露的。因爲所謂隱祕的和特有的本性，或所謂交感和反感，大部分都是哲學的腐朽。[426]並且，在未發現事物的模式和單純結構以前我們也沒有多少希望能發現事物之間的相應性。因爲所謂相應性不外就是模式與結構兩者之間的相互適應。

但事物間的比較廣泛和比較普遍的相應性則並非那樣隱晦難知。所以我現在就從它們說起。它們之間首要的和主要的歧義乃在：有些物體在密度稀度方面差別很大而在結構方面則

---

425 泰萊夏斯關於胚胎形成的學說根本上與加倫的說法一樣，就是說，首先必須有動脈等等系統在胚胎中形成，這些動脈與子宮表層上的相應各部相接，就規定出輸供養料的各個管道，從而間接規定著胎兒各個肢體的發展。看來他是沒有承認，蛋殼光滑而無褶坎這一點正足以反駁他的學說。實際上，他對這種學說所作的例解正是參考到一個在孵化期間剖開的雞蛋的各種現象。參見*De Rerum Natura*一書第六卷第四章和四〇章。（基欽注明，關於泰萊夏斯，參見上文第一卷語錄一一六。——譯者）

426 基欽指出，培根自己脫離這些影響又有多遠呢？他不是講過「硝石中的粗糙元精及其活動」，還講過如第二卷語錄四八中所舉的幾種運動嗎？——譯者

歸一致，另一些物體則在密度稀度方面一致而在結構方面有別。化學家們在其所謂「三大件」的第一性原質[427]中指出硫磺和水銀遍佈全宇宙，這是很不錯的。（至於他們又加列鹽這一項，卻是荒謬的，那不過只是爲要把土性的、乾燥的和固定的物體包入罷了。）我們從這兩者之中無疑可以觀察到自然當中諸種最普遍的相應性之一。在硫磺、油液以及油脂蒸氣、火焰或者還有星體這四者之間就有相應性。同樣，在水銀、水以及水蒸氣、空氣或者還有星際的純潔的乙太這四者之間亦有相應性。可是這兩個四位一組[428]或說是兩大族事物（各在其自己的界限之內）在物質量和密度方面差別極大，而在結構方面則頗一致，這在無數的情況中都可看到。另一方面，各種金屬則在分量和密度方面頗爲一致（與植物等等相比之下尤是如此），而在結構方面差別極大。同樣，以植物和動物來說，兩者在結構上的差異幾乎無從說起，而在物質量和密度方面差異就很有限。

其次一種最普遍的相應性乃是生物體與其保養者之間，也即物體元質[429]與含料之間的相

---

427 這個「三大件」說乃是巴拉西薩斯的化學哲學和醫學哲學的基本點，在他的著作中隨處可見，特別要讀一讀 *De Tribus Primis Essentiis*這篇短論，收在他的《哲學全集》第三卷中。

428 基欽注明，這兩個「四位一組」如下：（一）1.硫磺、2.油、3.火焰、4.星體；（二）1.水銀、2.水、3.空氣、4.乙太。——譯者

429 拉丁本原文爲**menstrua**。這是指任何種礦物所由以產生的質體，換言之，即一切礦物所以存在的質料因。參

應性。因此，我們必須探究各別不同的金屬在何種氣候裡，何種土壤中，以及何種深度下產生；同樣，關於寶石，我們亦要探究它是產於岩石之上還是產於礦穴之中；我們還要探究各別不同的樹木、灌木和雜草又是在何種土壤中生長得最好，亦可說最感欣欣向榮；此外，我們還要探究何種肥料，是各種糞便、白堊、海沙，或是焦灰等等，最爲得力有用，並要探究對於它們哪一種土壤最爲適宜而有效。還有，樹木和草木的移接和插枝，以及什麼植物在什麼本根上最能發達的原理，亦是大有賴於交感作用的。關於這一項，我聽說近來曾有人試就林木進行移接（這種實踐迄今尚僅限於果木的範圍），結果葉子和果子都更加壯碩，樹陰亦更見茂密，這乃是一個很可喜的實驗。同樣，關於動物的各種含料，也應依一般分類加以考察，並且要聯繫到其反面。例如肉食類的動物就不能借草以活，所以佛依蘭教派的戒律（雖然人類比其他動物較能以意志來控制肉體）在經過嘗試之後（他們說），由於實非人性所能忍受，就幾近於消滅了。[430]此外發生腐壞的各種不同物質（微小生物即因以產生）亦是

見阿格裡考拉（Agricola）所著*De Ortu et Causis Fossilium*一書第四第五兩卷，其中專論金屬和其他礦物的產生。他在那裡敘述了亞里斯多德、泰奧弗拉斯塔斯（Theophrastus，西元前三七一—二八七年，希臘哲學家。——譯者）等人的見解。

430 培根在這裡指的無疑是弗依蘭（Feüillans）會教規的嚴峻。Jean de la Barrière這個人，在以牧師掌管了弗依蘭的息斯特教堂（Cistercian abbey）十一年以後，於一五七三年出家避世。就在他掌管教堂的幾年中，他引

我們所應當觀察的。

生物體對其附從物的相應性（我在前面所說過的那些都可算作這一類）已是很明顯的了。此外還可增加一種，那就是感官對其對象的相應性。這種相應性，由於它最爲明顯，並且已受到充分注意和經過精細審查，是可能大有助於照見其他隱祕的相應性的。

但是關於物體間內在的相應性和背叛性，或者說是內在的友性和敵性（我幾乎是厭用交感和反感的字樣，因爲它們帶有若干迷信和虛假），人們卻不是把它們解說錯誤，或者把它們和無稽故事混在一起，就是因觀察不足而根本很少觸及。例如人們因見葡萄與甘藍種得相近時便都不茂盛，就說它們之間存有敵性；[431]其實這理由是很明顯的，那就是因爲這兩種植

進了一種極其嚴峻的生活規則。他的僧徒們在小吃時要跪在地板上，有些人還習慣於用頭蓋骨盛水來喝。他們戒食蛋、魚、牛油、油甚至鹽，只限於食用清水煮野菜湯和又粗又黑連野獸都不要吃的麵包。不久以後，他們把酒也戒掉了。教皇克來門特八世（Clement VIII）允許這個會訂定章則以建立管制。這些章則卻對生活方式過度嚴厲的作了限制，這是服從教皇，也是弗依蘭會一星期中竟有十四名僧徒死亡一事的後果。這些章則於一五九五年獲得批准。（拉丁本原文爲Folietani。基欽注釋說，這是指中世紀的蔬食主義者，他們實行畢達哥拉斯的教條。——譯者）

431 基欽指出，這種敵性，古人想得較此尤甚；他們認爲服食甘藍可以解酒。——譯者

物都是多汁而吸拔地力的，於是因相競而互削。又如人們因見玉蜀黍、莠和野罌粟三者都是必須在經過犁耕的地上才能生長，就說它們之間存有相應性和友好性；其實倒不如說它們之間恰是存有敵性，因爲後兩者乃是借玉蜀黍所排遺在地上的汁液才茁生出來，所以播種玉蜀黍於地就爲後兩者準備下成長的條件。諸如此類的錯誤解說是很多很多的。至於說到無稽故事，那更應當剷除淨盡。現在實在只有少數若干相應是爲準確可信的實驗所證實的，像磁石之與鐵，金子之與銀，以及類此等等。在對於金屬的化學實驗當中，亦有一些相應值得注意考察。而最大量的（假如人們可在這般稀罕之中來稱大量的話）相應還當求之於某些藥物之中，它們借其隱祕的（人們這樣說）和特有的本性，無論對於肢體，或是對於體液，或是對於疾病，或是有時對於個別的性質，都能有所影響。此外，月亮的運行和變化與月下物體的感受之間亦有某些相應，[432]諸如從農業、航海、醫藥，以及其他科學方面的實驗當中經過嚴格認眞的審查而搜到和認定的一些事例，我們亦不可略而不舉。要知道，關於比較祕密的相

---

432 基欽注明，關於月亮的相應：（一）農業方面——據認爲，月滿時會帶來合乎農時的天氣，特別在「收穫月」的情況下更是這樣。（二）航海方面——月亮在海上有影響，例如對潮汐的影響。（三）醫藥方面——人們設想月亮對某些疾病具有影響力，如癲狂症名爲Lunacy，猶存此說之遺跡。

按：Lunation一字，意爲太陰月；Lunacy這個字，若按字面直譯，應爲「月疾」，其症狀則爲精神錯亂。

——譯者

應性的事例愈是稀罕，我們就應當以愈大的努力去加以尋求；這須借助於誠信和忠實的傳說與敘述，只要這不是出自輕率或輕信，而是出於一種急切的和（姑且說）存疑的信實。[433]最後，還有一種物體間的相應性，在動作方式上或許是非不自然的，但在用途上卻是多方有用的，我們亦不可把它略去，而應當予以審慎的查究。這是指物體相互間傾於或憚於借併合或簡單並置的方式而聯在一起的趨向。我們常見有些物體可以很容易地融混和合併起來，而另一些物體就若感爲難和似有不甘。例如粉末最善與水混合，灰燼和石灰最善與油混合，餘可類推。我們還不應僅僅蒐集有關物體在混合這一點上有正反的事例，他如有關物體分子的並列的事例，有關它們在混合當中配置和排列情況的事例，最後還有有關它們在混合完成之後孰占優勢的事例，亦都是我們所當蒐集的。

最後要說到第七種動作方式，也即輪替使用前六種方式來進行動作的方式。但是，在我們對於前六種方式還未一一研求到更深一些的程度之前，想要就這第七種方式舉出什麼例子，那是不適時的。現在所要指出的是，這種適應著某些特定結果而把各種方式作一系列或一連串的輪替使用的方式，乃是最難發現同時亦是運用起來最有效用的事。而人們呢，雖說

433 基欽指出，這句話正表明培根自己治學的精神：一種健全的哲學必自疑始。——譯者

爲要做出任何稍有分量的事功這乃是探入迷宮的線索，[434] 卻總是在探究和實踐兩方面都絕無耐性的。以上是對於多用的事例的例解，講到這裡也就夠了。

五一

（二七）**幻術的事例**[435]——這是這樣一種事例，其中質料因或者能生因與其所產生的事功和結果對照起來很是弱小而不相稱；因而它們即使看來平常，實則卻像神奇；有些乍看是如此，有些甚至在注意考量之後仍覺神奇。實在說來，自然自身提供這種事例是很吝嗇的；自然究竟會要做些什麼，這在它的內涵一被攤開以後，在模式、過程以及結構都經發現以後，時間自將予以指明。依我現在的揣測來說，這種幻術的效果不外出自三種辦法：一是憑藉自我增殖，例如火、例如所謂特效毒藥、例如借諸輪遞轉而增強力量的運動，其中便都有這種作用；二是憑藉對另一物體的激勵和誘發，例如磁石勵起無數的磁針而絲毫無損於自己的特性，又如酵母和類似的東西，其作用便是如此；三是憑藉對於運動的制先作用，例

---

434 拉丁本原文爲filum labyrinthi。基欽指出，培根有一部較小的著作就名爲《探入迷宮的線索》。——譯者

435 基欽注明，這種事例是，偉大神奇的結果卻出自看來頗不相稱的渺小的原因。在這裡，培根似乎想到了科學的進步將展現出更大的豐收。——譯者

如前文提到的火藥、砲彈和地雷等等便是。在這三種辦法之中，前兩者需要有關相應性的知識，第三種則需要有關計量運動的知識。至於要問有沒有什麼方式來從最細小處[436]（照人們這樣說）來改變物體，來轉換物質的更精微的結構（這是每一種物體轉化所必需的事），使技術能夠在短時間內做到自然要以許多迂迴才能完成的事情，這卻是我現在尚無確證足資說明的一點。只因我在確實和眞正的事情上總是渴求最後與至高的東西，所以我永遠痛恨一切虛假和浮誇的事物，要竭盡全力來加以排除。

五二

以上論述事例中的顯貴或優先權，就到此爲止了。請讀者記住，在我的這部《工具論》中，我是在處理邏輯，而不是在處理哲學。[437]但由於我的邏輯對理解力的教導，宗旨不在使它以心靈的纖弱去攫取一些抽象概念（像普通的邏輯那樣），而在使它可以眞正的剖析自

---

436 拉丁本原文爲per minima。基欽注釋說，這大概不外兩種意思，一是指使用最小的工具，二是指透過無限小的空間。這裡或許是指後者。——譯者

437 基欽指出，通觀全書，可以看出培根不想把自己的這部《工具論》當作哲學的著作，而想當作工具性的東西。——譯者

然，可以眞正的發現物體的特性和活動，連同其在物質中被規定下的法則，所以這個科學的源頭就不是僅僅出自心靈的性質，而亦是出自事物的性質；因而其中隨處都點畫著對於自然的揣想和實驗以作我所宣教的這門技術的例子，那也就無足爲奇了。綜上所述，我們看到所謂享有優先權的事例凡二十七種，就是：獨出的事例、轉變的事例、明確的事例、隱微的事例、能資組成的事例、相契的事例、獨特的事例、出軌的事例、跨界的事例、權力的事例、友敵的事例、極限的事例、聯盟的事例、指標的事例、離異的事例、門戶的事例、傳票的事例、路程的事例、補救的事例、分劃的事例、測竿的事例、時序的事例、劑量的事例、競爭的事例、暗示的事例、多方有用的事例、幻術的事例。應當指出，這些事例的用處，這是它們優於普通事例的地方，有的是在有關知識部分，有的是在有關動作部分，亦有的是兼在這兩個部分。說到有關知識部分，它們當中有的是說明感官，有的是幫助理解力。幫助感官的，如上文第門戶的、傳票的、路程的、補救的及分劃的那五種明燈的事例便是。至於幫助理解力的，那又分多種途徑：有的是促進關於模式的排除法過程，如獨出的事例便是；有的是把模式的肯定面縮小和指點得更爲明切，如轉變的、明確的、友伴的和極限的四種事例便是；有的是提高理解力並把它指引到類別和共同性質上去，其中有的是直接這樣，如隱微的、獨特的和聯盟的三種事例便是，有的在程度上稍次一等，如能資組成的事例便是，還有的在程度上最低，如相契的事例便是；有的是當理解力被習慣帶上岔路時能把它糾正過來，如出軌的事例便是；又有的是把理解力指引到偉大的模式或所謂宇宙的結構，如跨界的事例便是；最後還有的是防護理解力免其入於錯誤的模式和原因，如指標的事例和分離的事例便是。再說到有關動作部分，這些事例當中有的是對實踐有所指點，有的是把它加以計量，有的是使它減少困難。指點實踐的，或則指示我們應當就著什麼開始，使我們不必再走回到舊的基礎，如權力的事例便是；或則指示我們應當企求些什麼，假設有了辦法的話，如暗示的事例便是。測竿的、時序的、劑量的和競爭的四種所謂數學的事例是把實踐加以計量。而多用的事例和幻術的事例則是使實踐減少困難的。

還應指出，在這二十七種事例當中，我在前文已經說過，有些是我們必須立即加以蒐集，不必等待對於一些性質的特別調查的。屬於這類的有相契的、獨特的、出軌的、跨界的、權力的、劑量的、暗示的、多用的和幻術的幾種事例。因爲這些事例或則說明和校正理解力與感官，或則一般的供給實踐以工具。至於其餘的事例，不到我們爲著解釋者的工作來製作有關某種特定性質的列示表時，還不必加以探究。因爲凡是標有和秉持這些優先權的事例及好比是普通事例之中的靈魂，並且如我開頭所說能夠以少抵多，所以在製作列示表時必須本著一切熱忱來加以查究，並把它們納入表內。至於我之所以有必要提前處理它們，那是因爲我在下文各處必須說到。現在，我要進而論究歸納法的一些支持和修訂，然後進而研究具體的東西、隱祕的過程、隱祕的結構，再進而研究前文第二十一條語錄中所依次提出的其餘各項。這樣做來，我最後就可以（像一個忠實誠篤的監守者）把人們的產業交付給他們，這時他們的理解力已經解放並且好比說已經成年了；由此而來的結果便只能是人類地位的改善和人類對於自然的權力的擴大。人類在一墮落時就同時失去他們的天眞狀態和對於自然萬物的統治權。但是這兩種損失就是在此生中也是能夠得到某種部分的補救的：前者要靠宗教和信仰，後者則靠技術和科學。須知自然萬物並未經那被詛咒者做成一個絕對的、永遠的叛逆，它在「你臉上流了汗水才可以吃麵包」這樣一個宗旨的作用之下，現在終於被各種各樣的勞動（當然不是被一些空口爭論或一些無聊的幻術儀式，而是被各種各樣的勞動）在一定程度上征服到來供給人類麵包，那就是被征服到對人類日常生活產生效用了。

培根年表

年代	生平記事
一五六一	一月二十二日，培根出生於倫敦。父親尼古拉．培根爵士（Sir Nicholas Bacon），擔任過伊莉莎白女王的大法官。母親安妮．培根是文藝復興時代的貴族才女。在如此家庭背景和社會關係下，才華出眾的培根很早就出入宮廷了。
一五七二	十二歲入學劍橋大學三一學院。
一五七六	劍橋大學畢業。
一五八二	取得律師資格。
一五八四	當選國會議員。
一五九三	當選下議院議員。
一五九七	出版《論說文集》，文筆優美，是值得一讀的散文。
一六〇二	受封為爵士。
一六〇五	出版了第一本書《學術的進展》，這是解釋培根見解的最早的一本書。
一六〇七	被任命為副檢察長。
一六〇九	出版《論古人的智慧》。
一六一三	被委任為首席檢察官。
一六一六	被任命為樞密院顧問。

一六一七	出任掌璽大臣。
一六一八	擔任詹姆斯一世手下的大法官，並被授予維魯拉姆男爵的稱號。
一六二〇	培根主要的著作《學術的偉大復興》出版了一部分，直到過世仍未寫完。《新工具論》出版。
一六二一	獲封為聖阿爾班子爵。但該年，培根被國會指控貪汙受賄，終生逐出宮廷，不得擔任議員和官職。培根因此而身敗名裂，從此不理政事，開始專心從事理論著述。
一六二二	出版《亨利七世的治理史》（Life of Henry VII）。
一六二六	感染風寒，一病不起，卒於四月九日。培根因留有許多遺著，專家學者協助整理出版了《論事物的本性》、《迷宮的線索》、《各家哲學的批判》、《自然界的大事》和《論人類的知識》。

索引

五畫

六畫

七畫

八畫

九畫

十三畫

十四畫

十五畫

十六畫

十七畫

十八畫

十九畫

二十畫

二十二畫

二十三畫

經典名著文庫041

新工具

作　　者 —— 培根（Francis Bacon）
譯　　者 —— 許寶騤
發 行 人 —— 楊榮川
總 經 理 —— 楊士清
文庫策劃 —— 楊榮川
副總編輯 —— 陳念祖
特約編輯 —— 張碧娟
責任編輯 —— 李敏華
封面設計 —— 姚孝慈
封面作者繪像 —— 莊河源
出 版 者 —— 五南圖書出版股份有限公司
地　　址 —— 台北市大安區 106 和平東路二段 339 號 4 樓
電　　話 —— 02-27055066（代表號）
傳　　眞 —— 02-27066100
劃撥帳號 —— 01068953
戶　　名 —— 五南圖書出版股份有限公司
網　　址 —— http://www.wunan.com.tw
電子郵件 —— wunan@wunan.com.tw
法律顧問 —— 林勝安律師事務所　林勝安律師
出版日期 —— 2018 年 12 月初版一刷
定　　價 —— 520 元

國家圖書館出版品預行編目資料

新工具 / 培根作；許寶騤譯．-- 初版 -- 臺北市：五南，2018.12
面；公分．—（經典名著文庫）
譯自：Novum Organum
ISBN 978-957-763-109-1（平裝）

1. 培根（Bacon, Francis, 1561-1626）　2. 學術思想
3. 哲學

144.32　　107018368